MW00659229

A-A

001

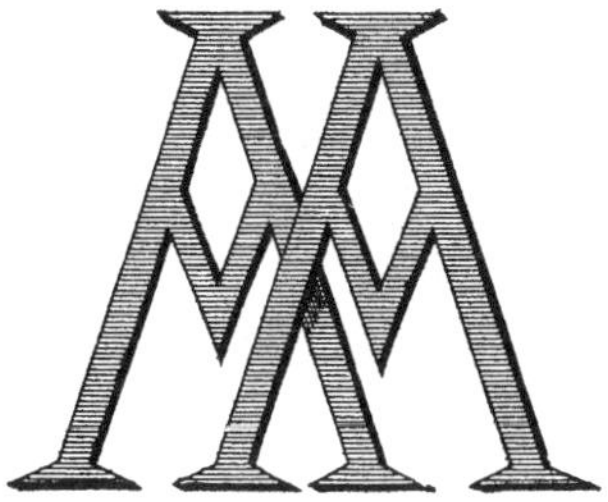

A A

002

A A

003

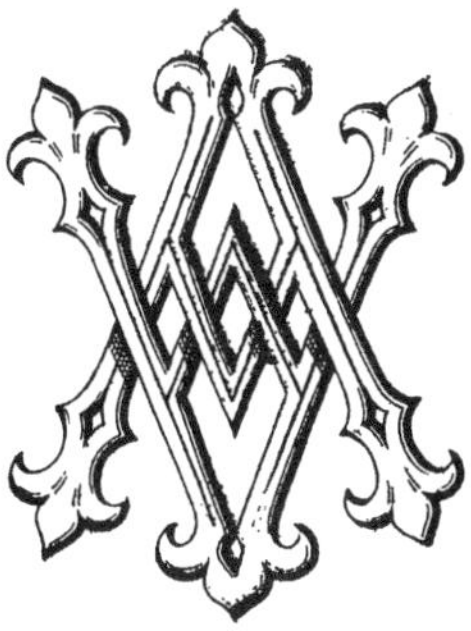

A A

004

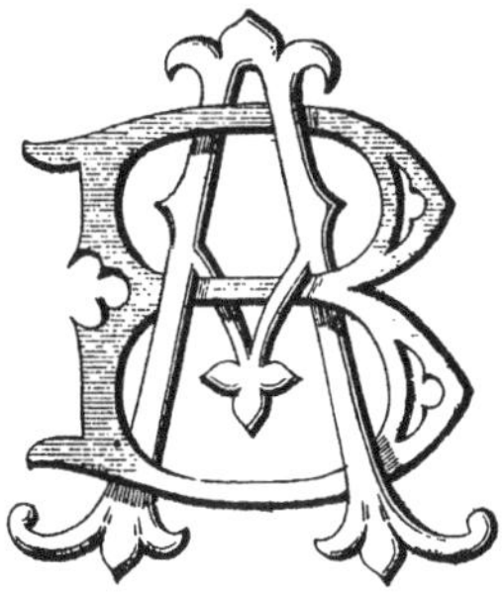

A B

005

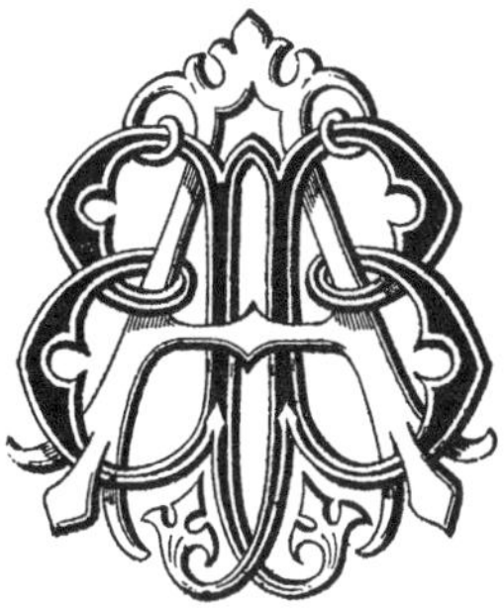

A B

006

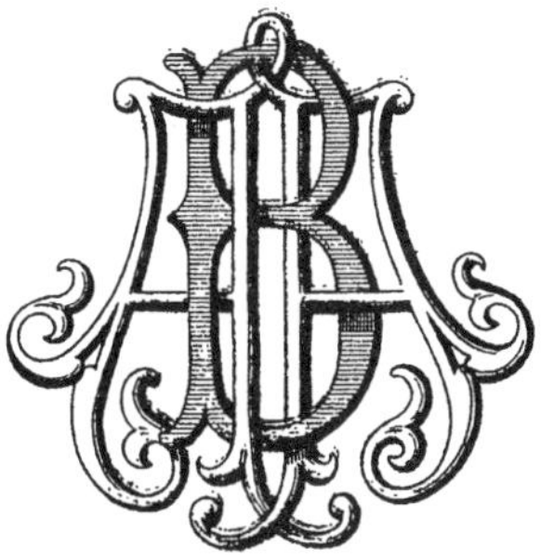

A B

007

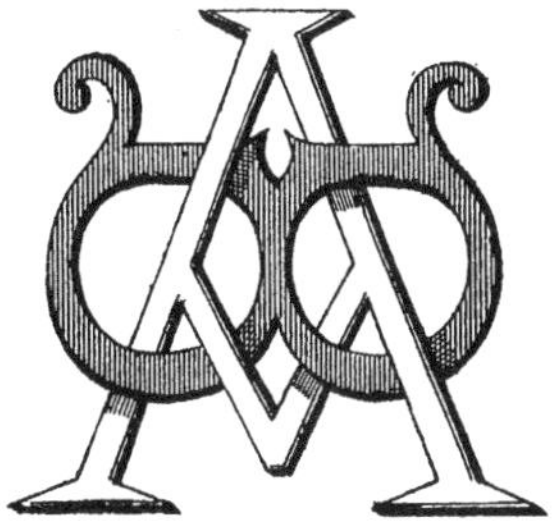

A B

008

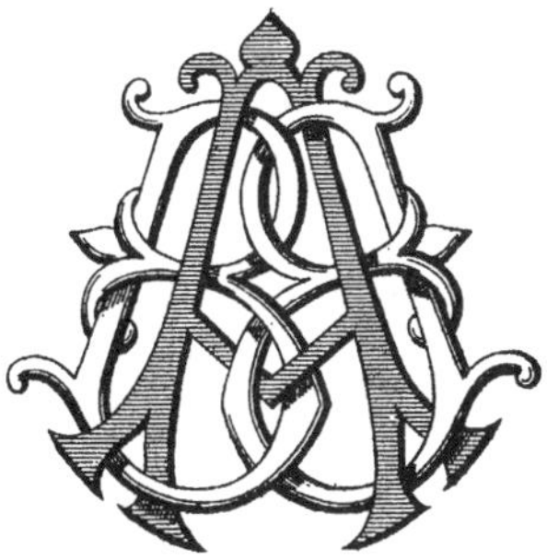

A B

009

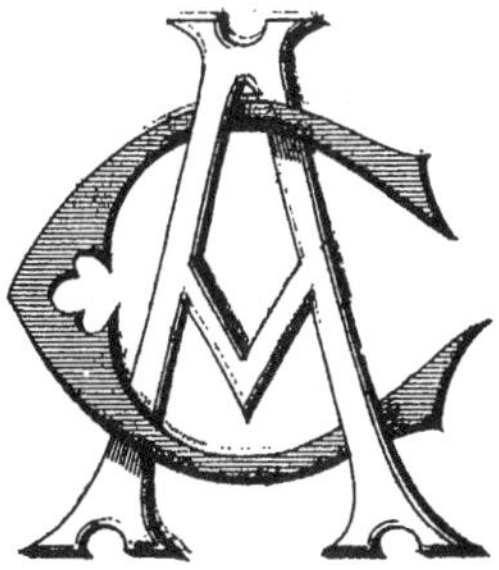

A C

010

A C

011

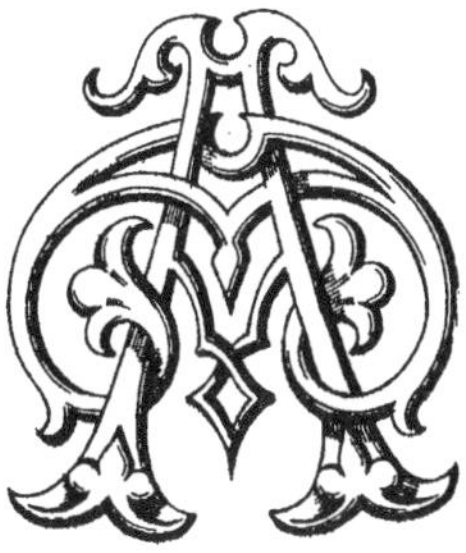

A C

012

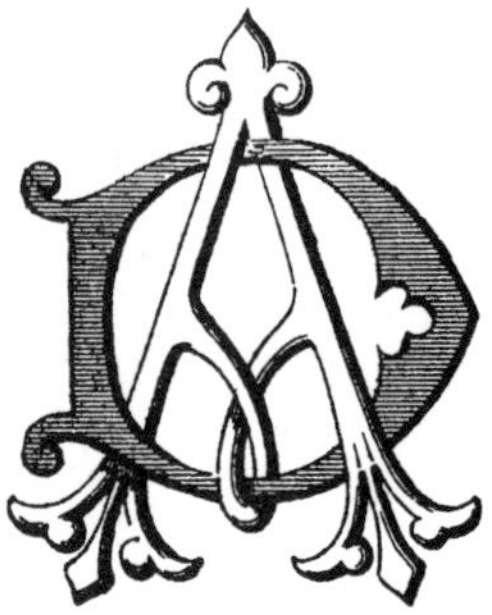

A D

013

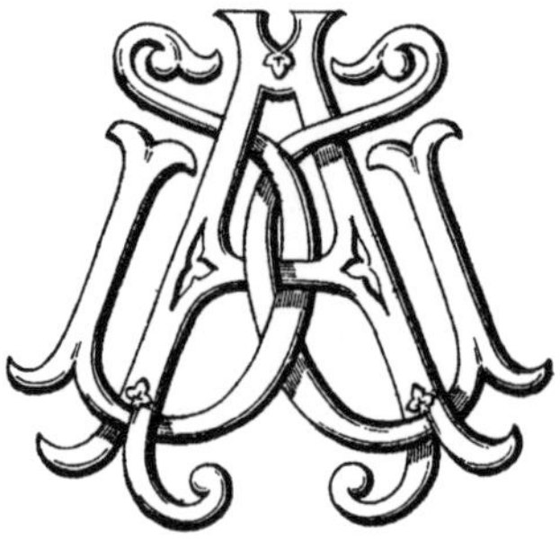

A D

014

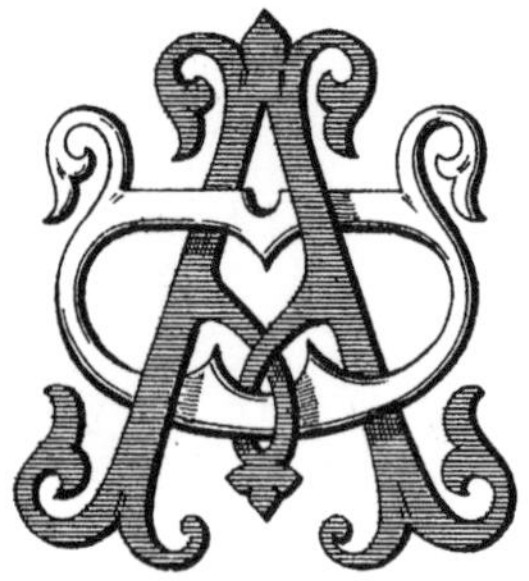

A D

015

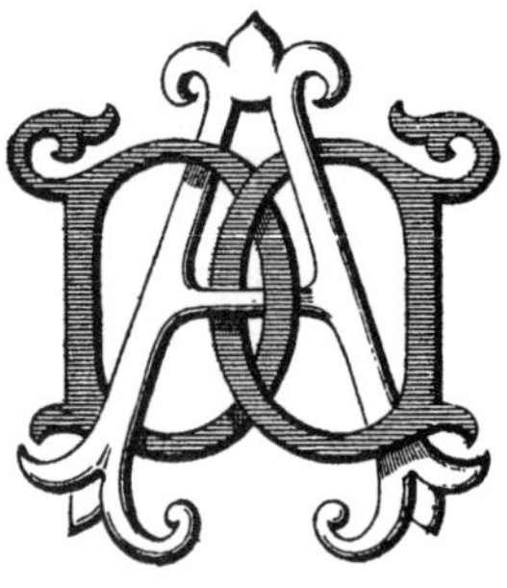

A D

016

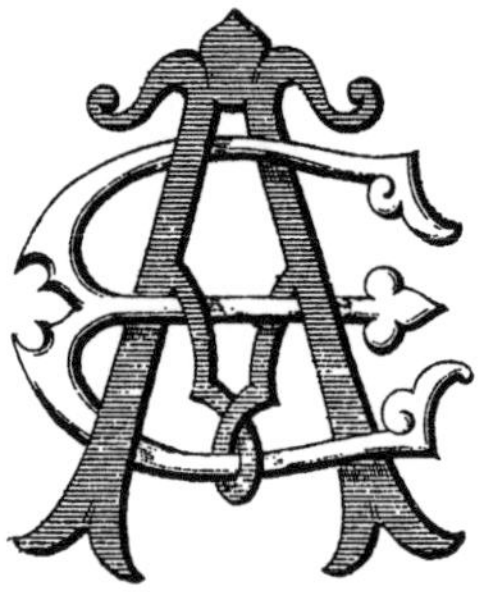

A E

017

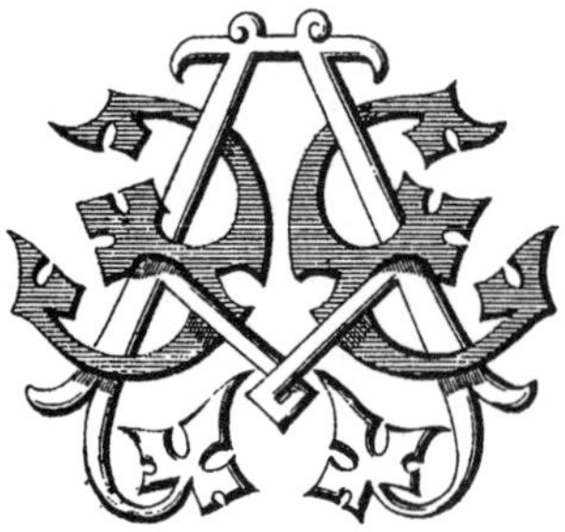

A E

018

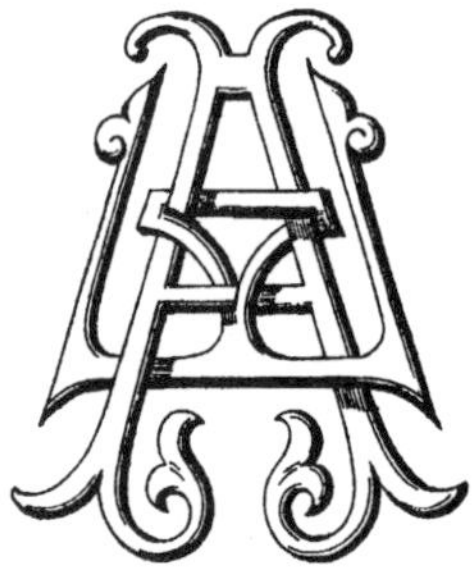

A E

019

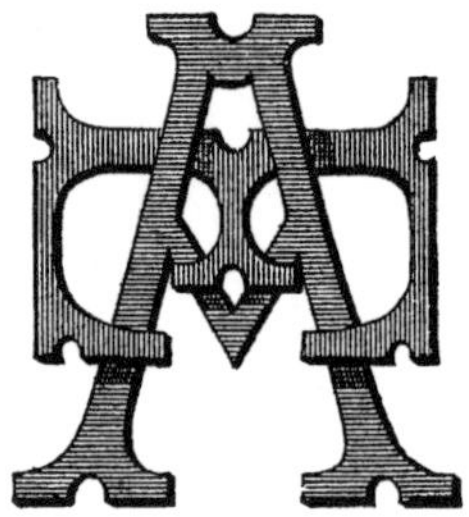

A E

020

A F

021

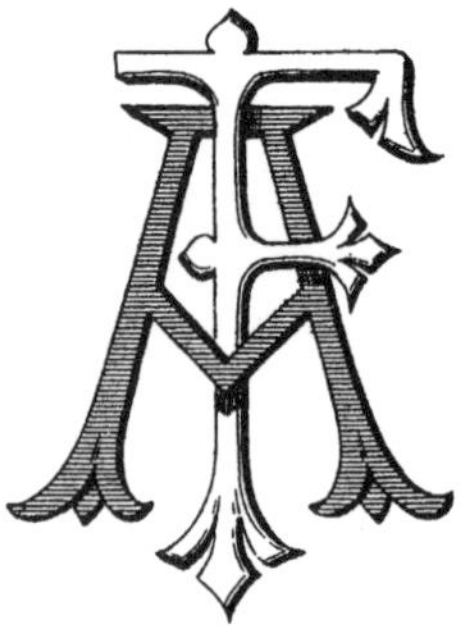

A F

022

A F

023

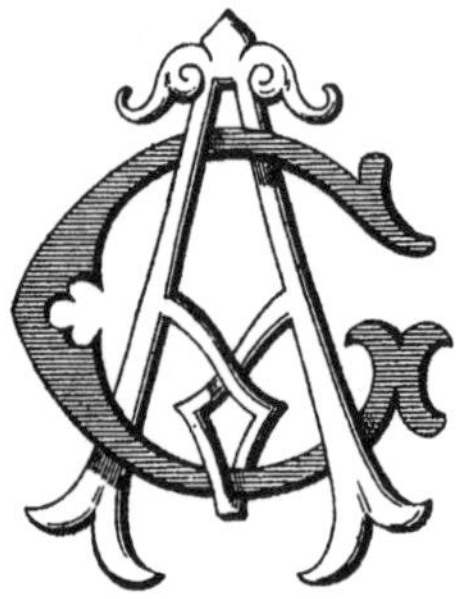

A G

024

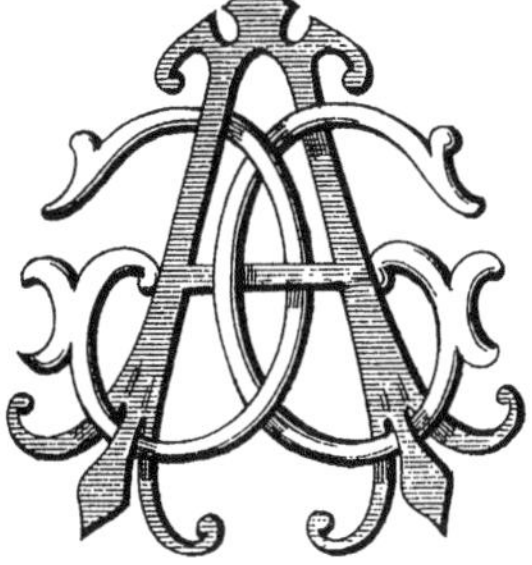
A G
025

A G
026

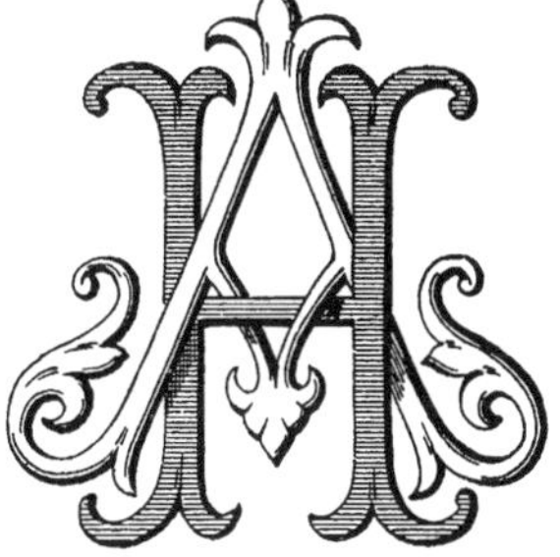
A H
027

A H
028

A H
029

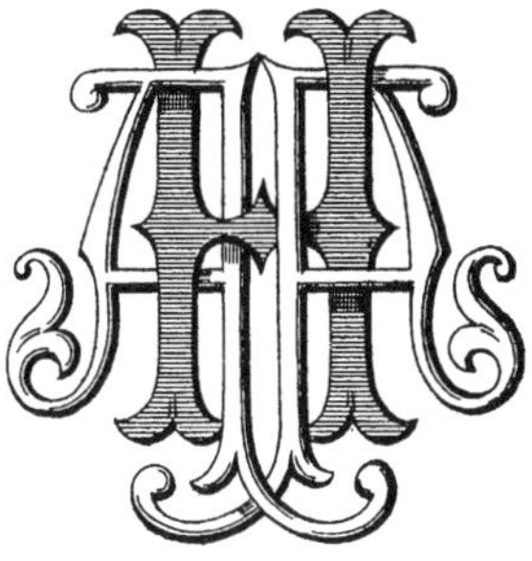
A H
030

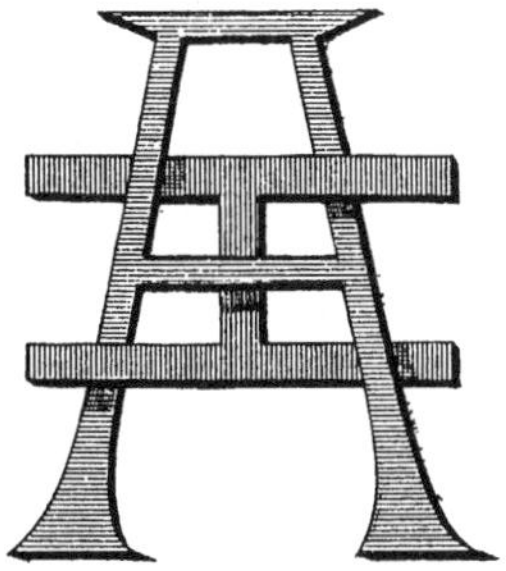
A H
031

A I
032

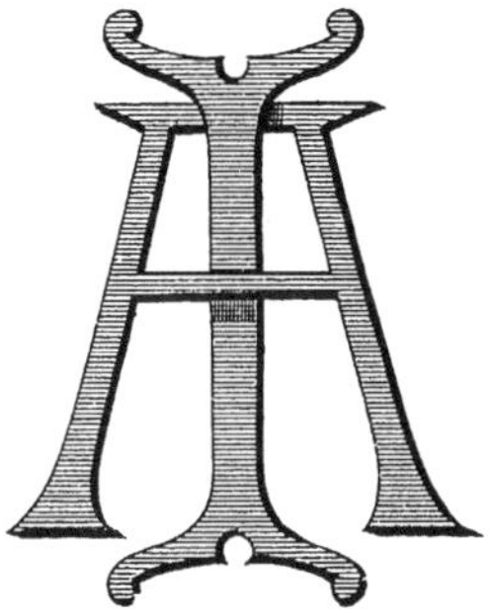
A I
033

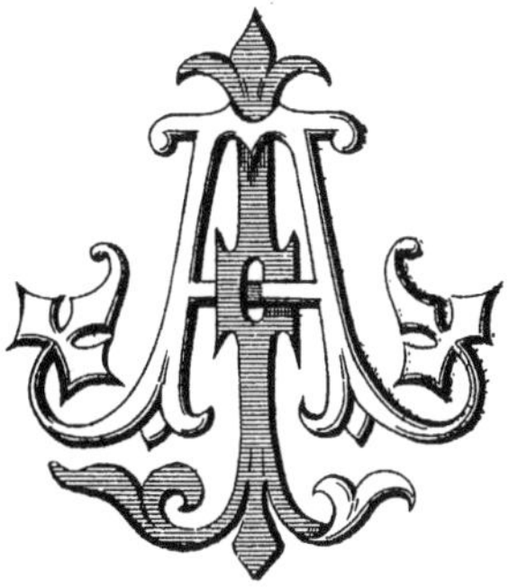
A J
034

A J
035

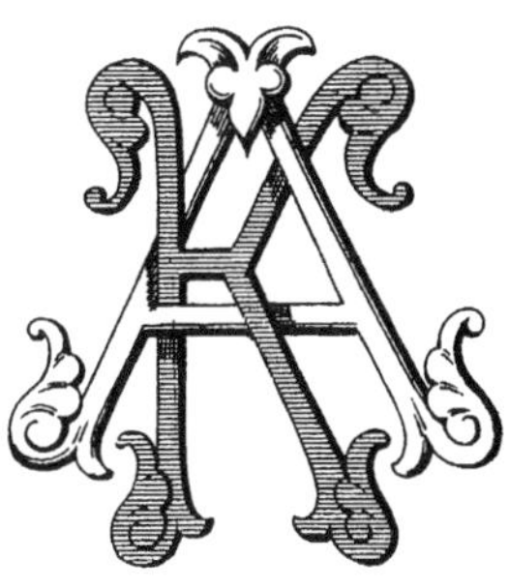
A K
036

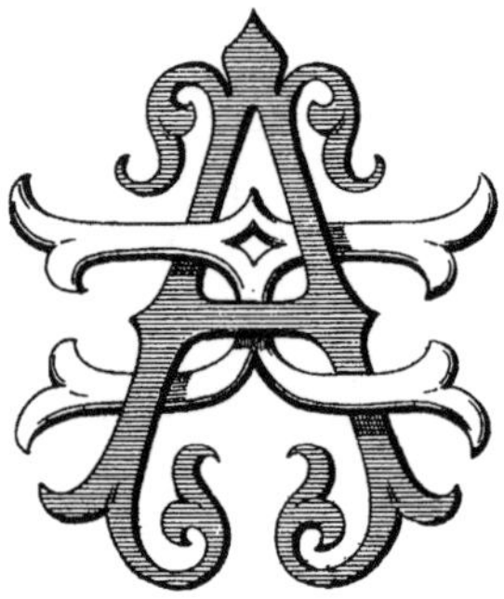

A K

037

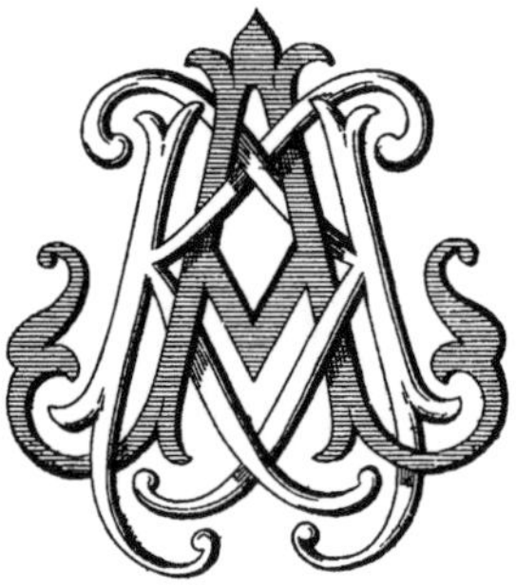

A K

038

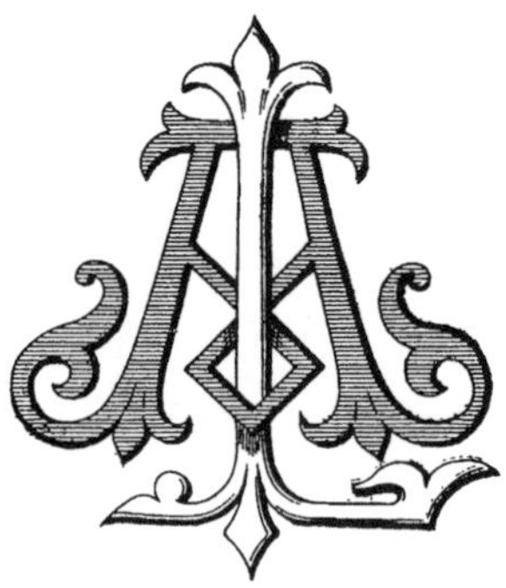

A L

039

A L

040

A L

041

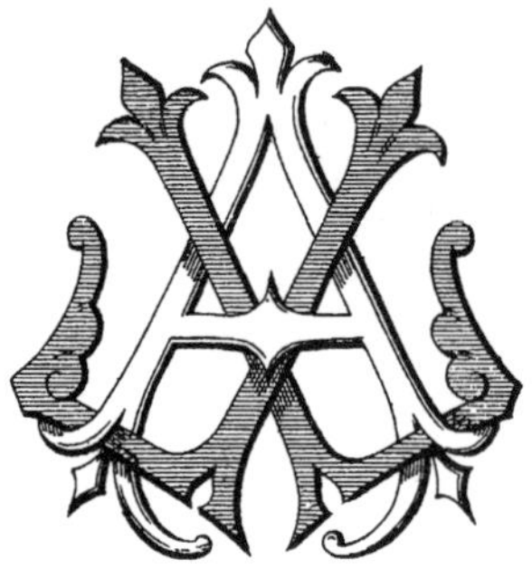

A L

042

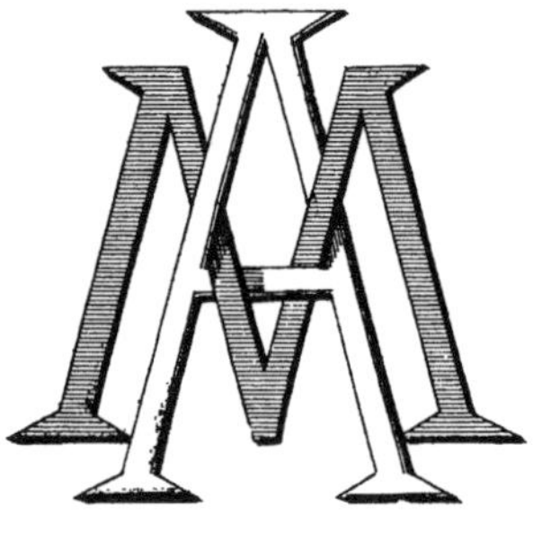

A M

043

A M

044

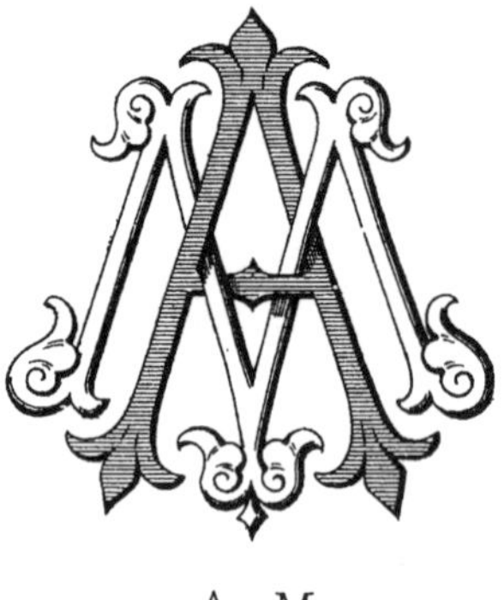

A M

045

A N

046

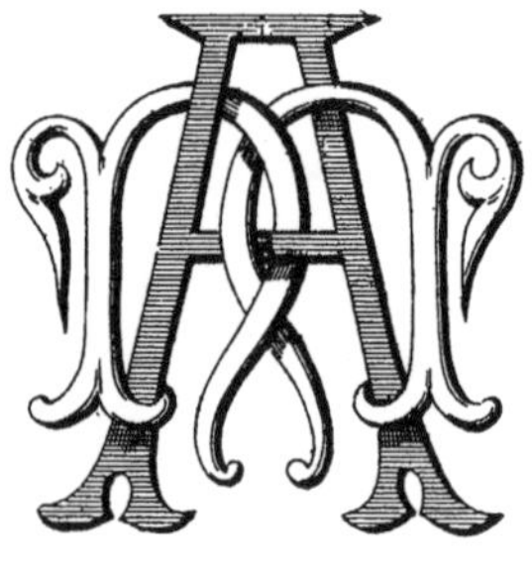

A N

047

A N

048

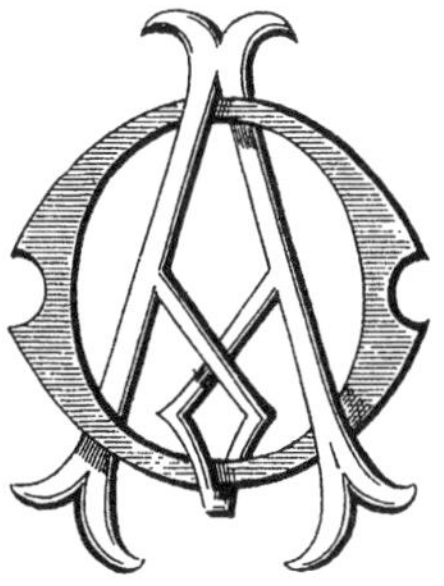

A O

049

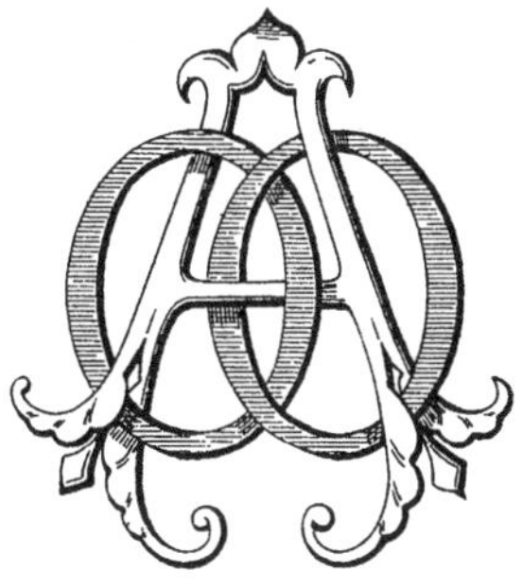

A O

050

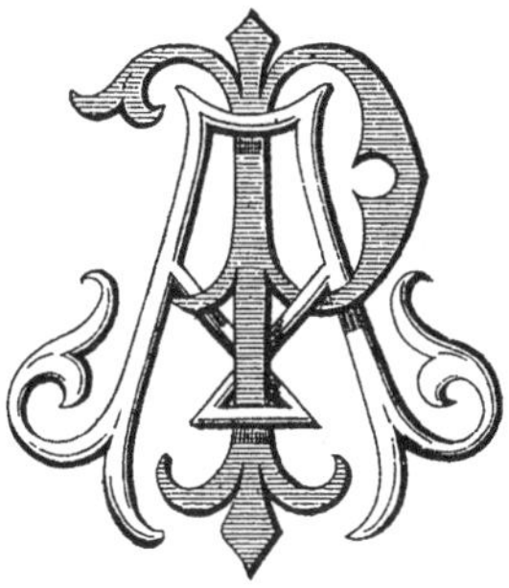

A P

051

A P

052

A P

053

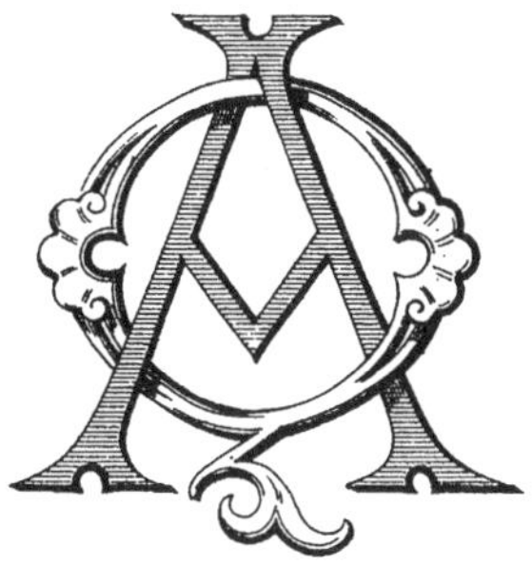

A Q

054

A R

055

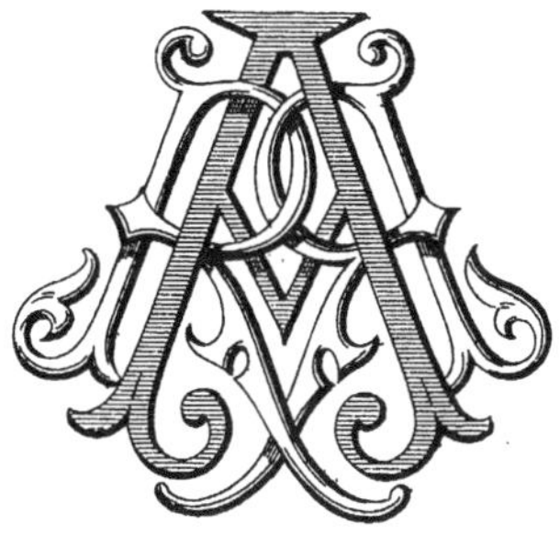

A R

056

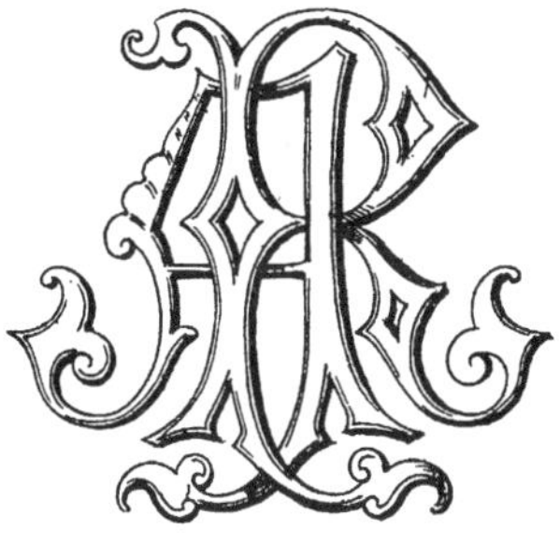

A R

057

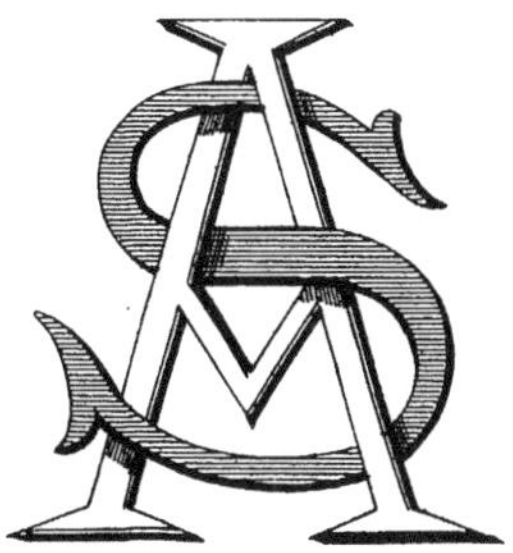

A S

058

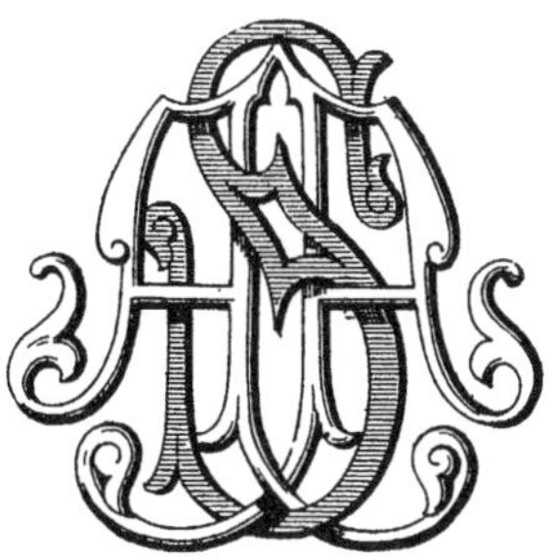

A S

059

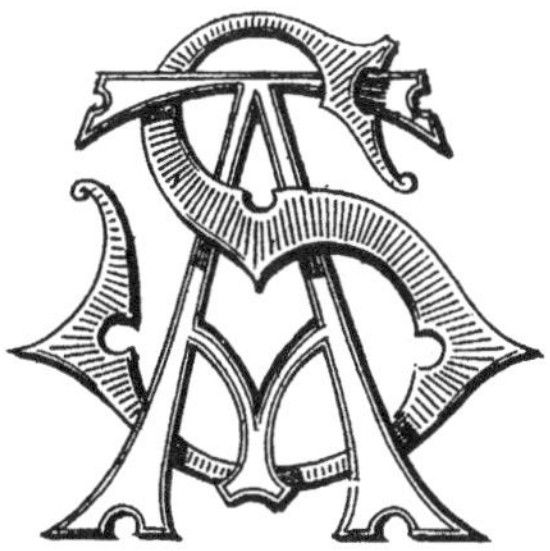

A S

060

A S

061

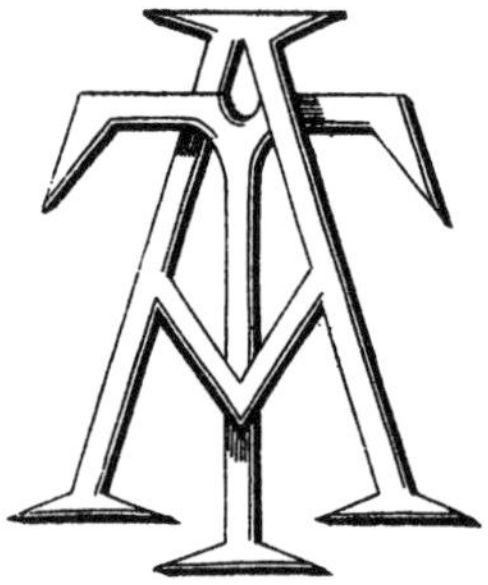

A T

062

A T

063

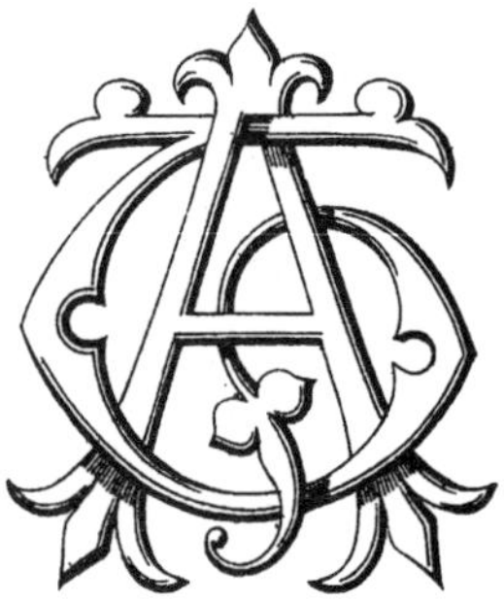

A T

064

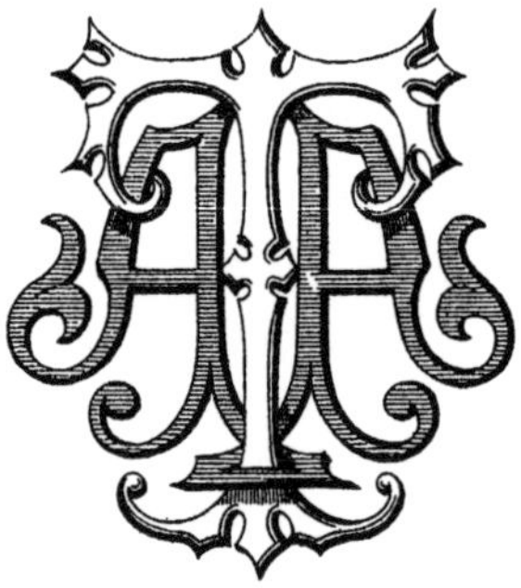

A T

065

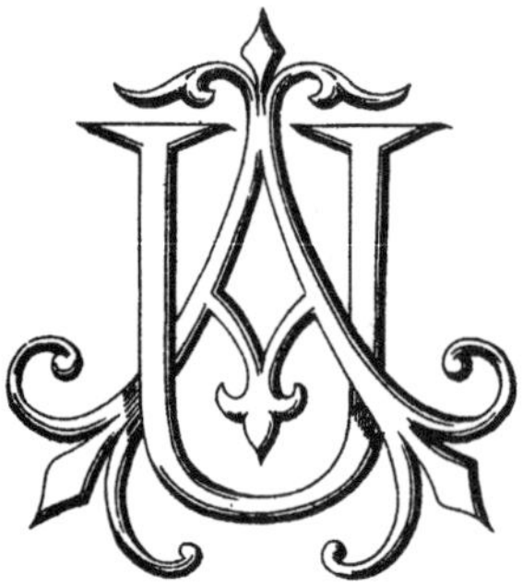

A U

066

A V

067

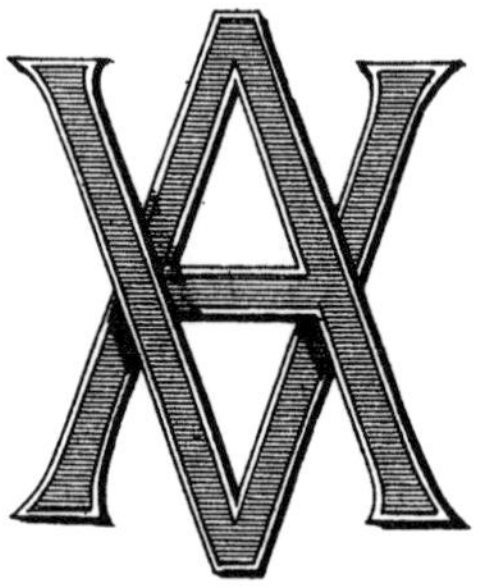

A V

068

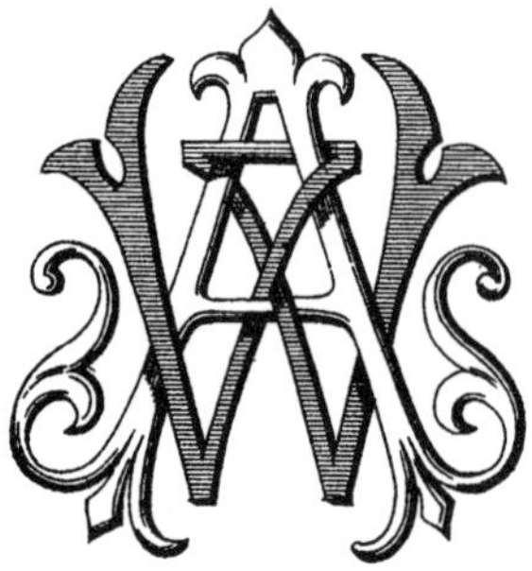

A W

069

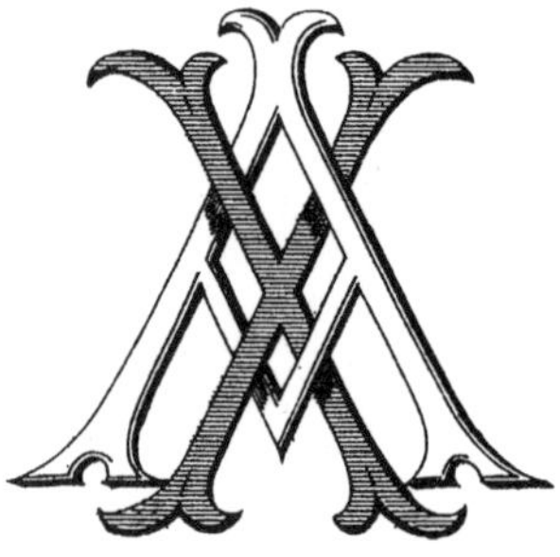

A X

070

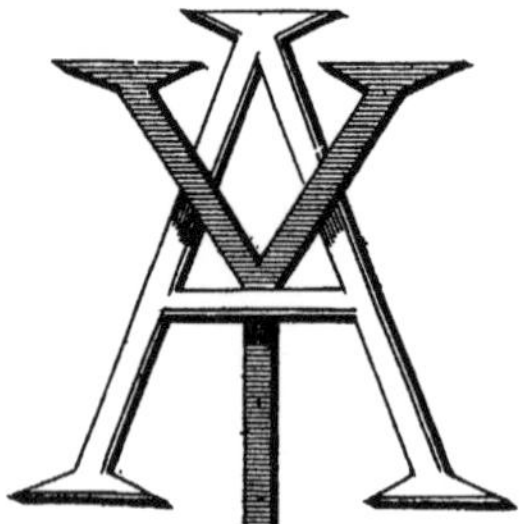

A Y

071

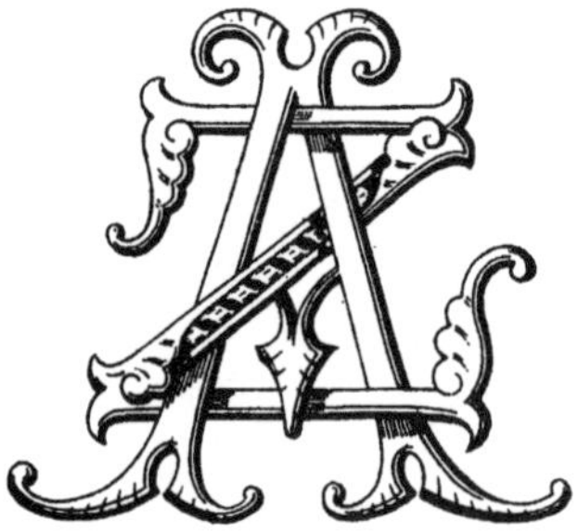

A Z

072

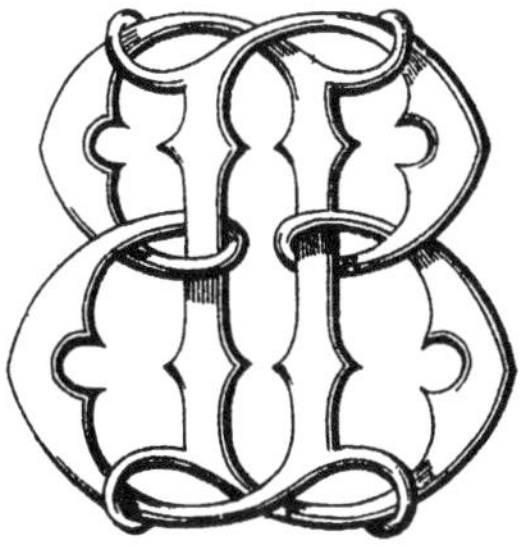

B B

073

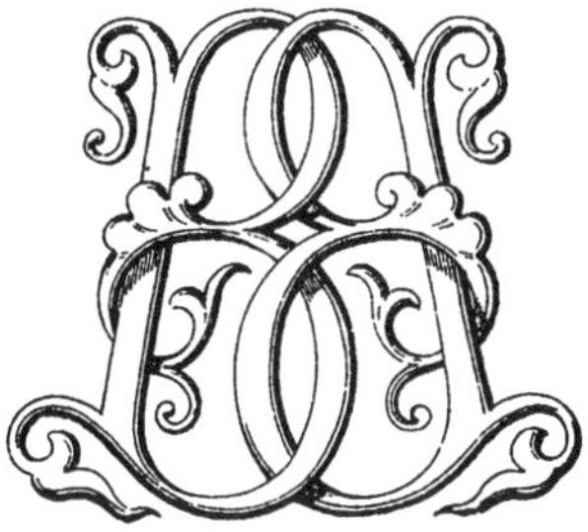

B B

074

B B

075

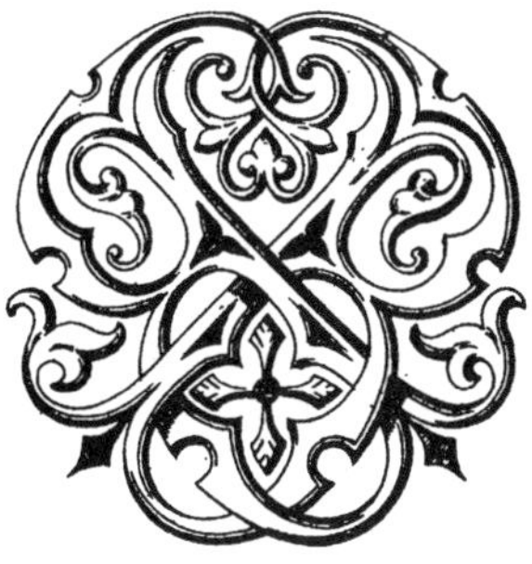

B B

076

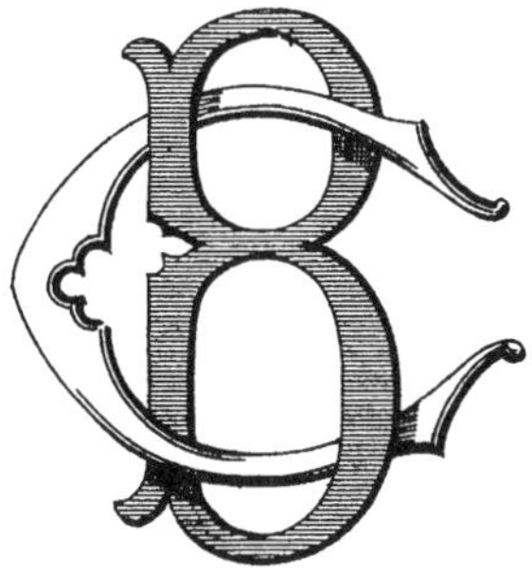

B C

077

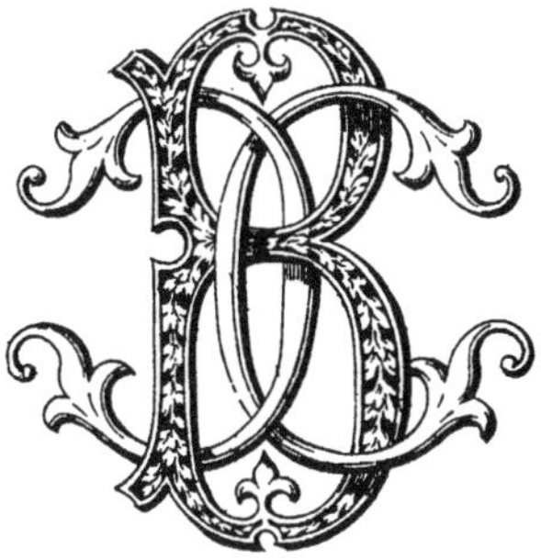

B C

078

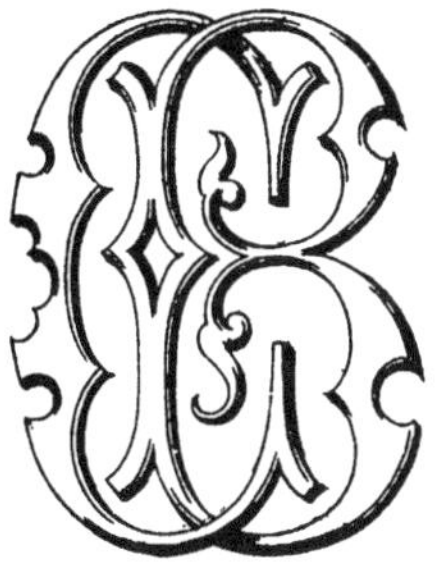

B C

079

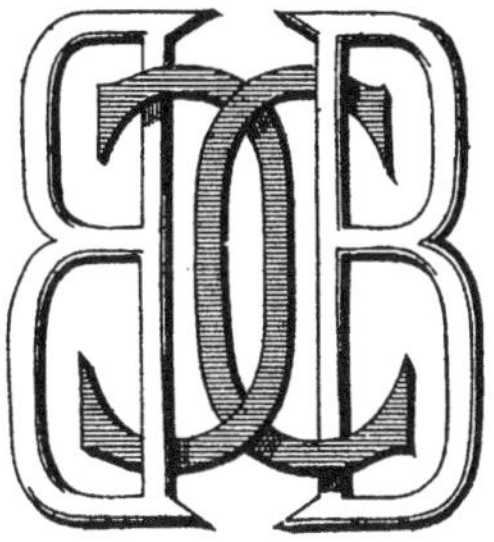

B C

080

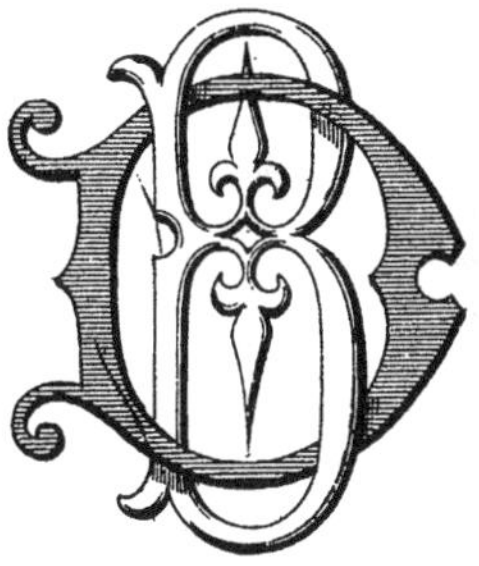

B D

081

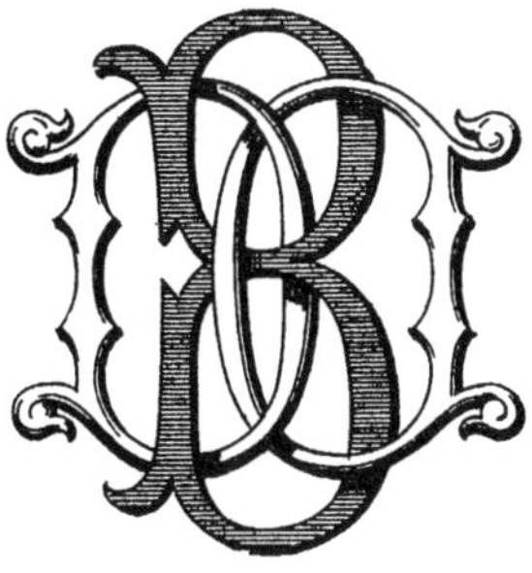

B D

082

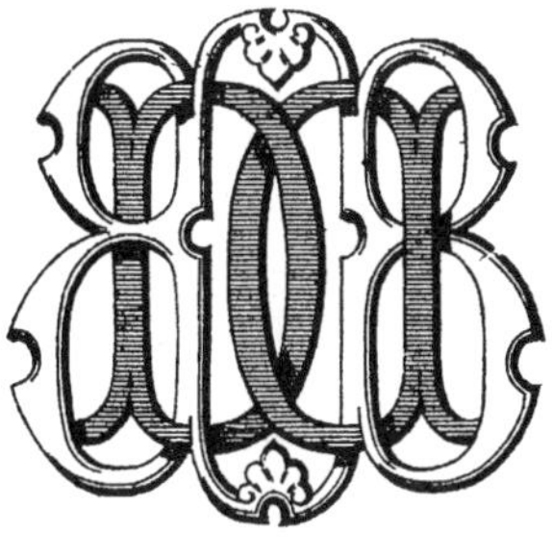

B D

083

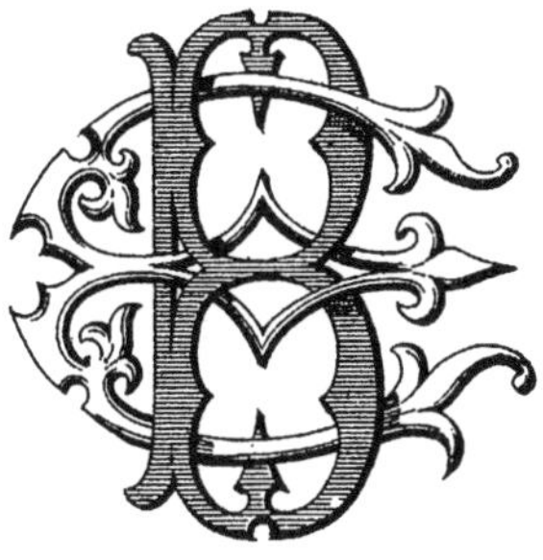

B E

084

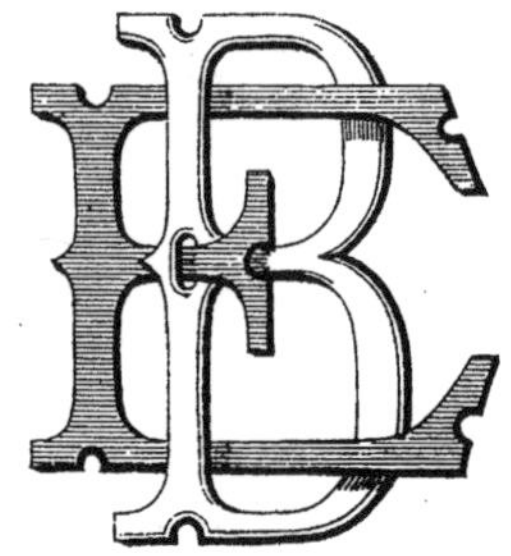

B E

085

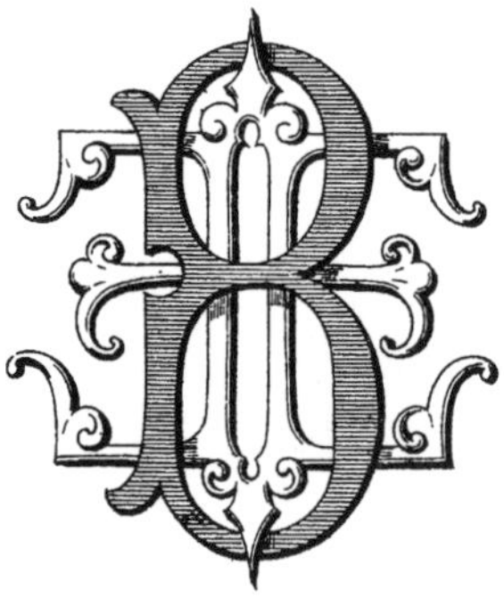

B E

086

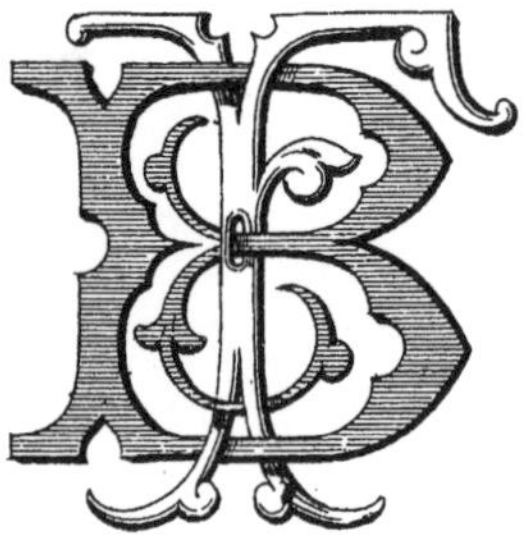

B F

087

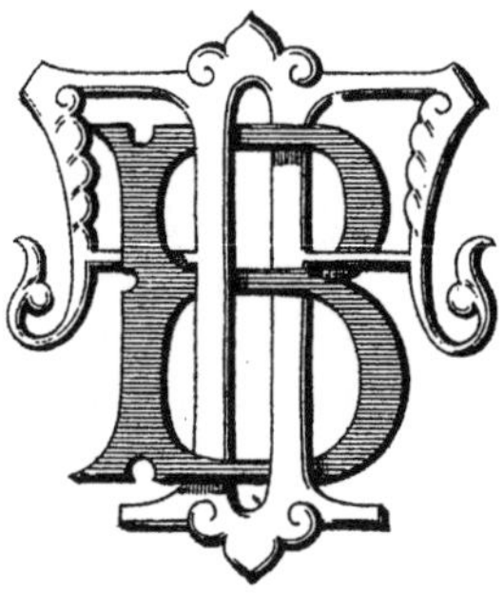

B F

088

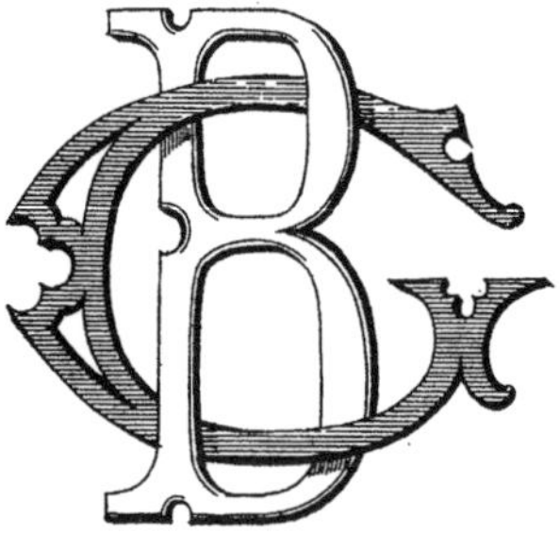

B G

089

B G

090

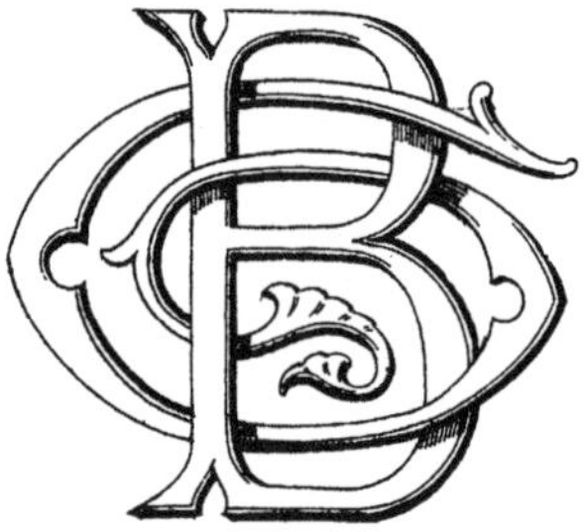

B G

091

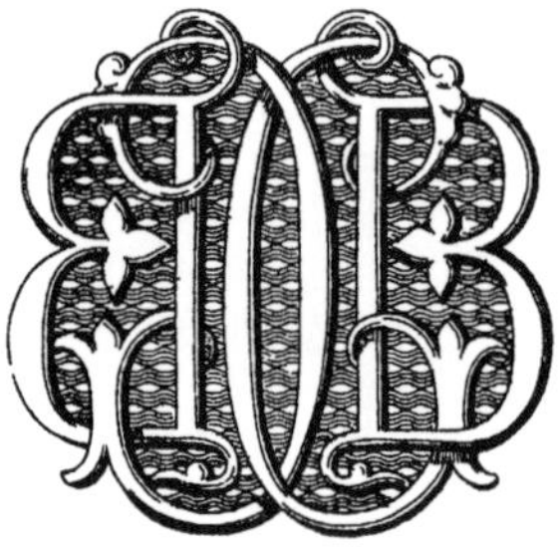

B G

092

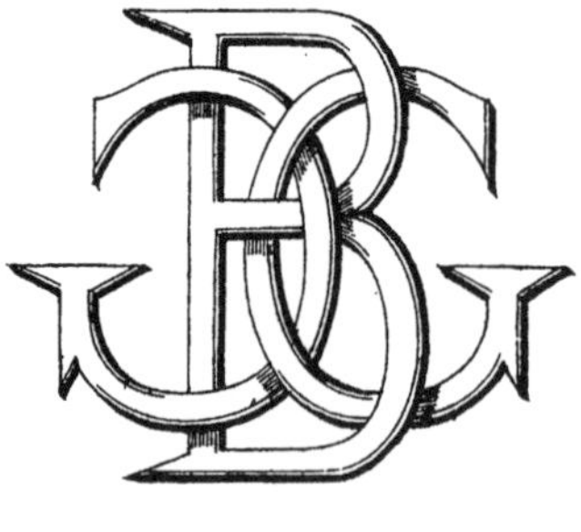

B G

093

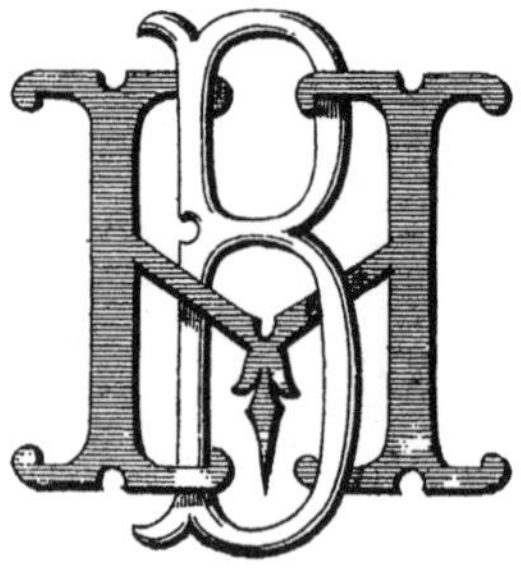

B H

094

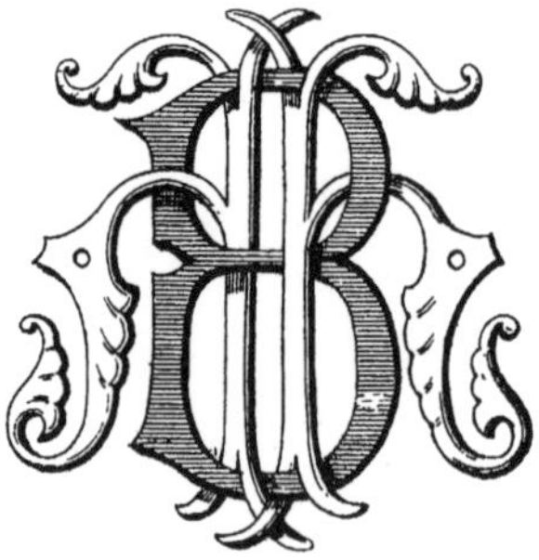

B H

095

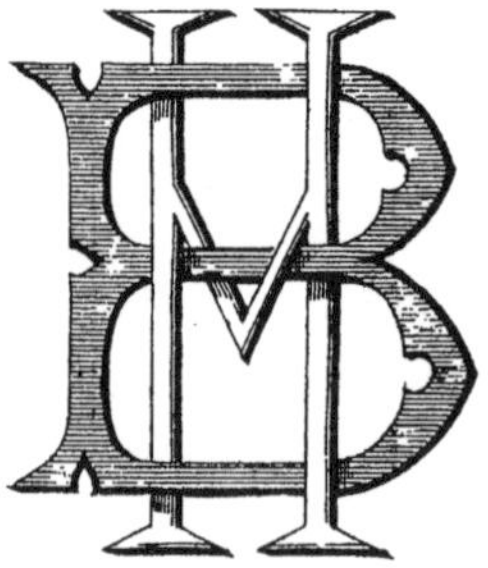

B H

096

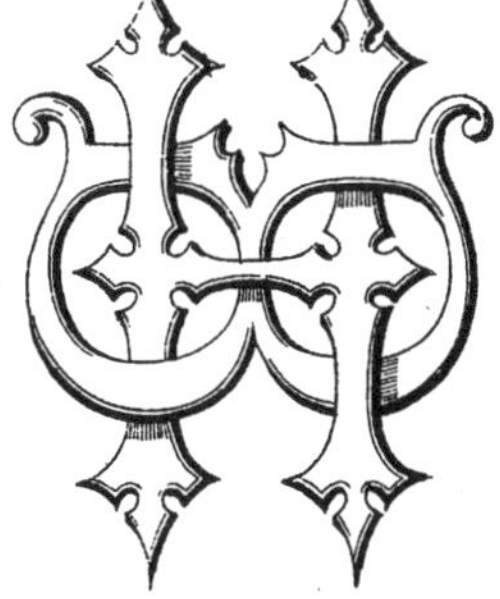

B H

097

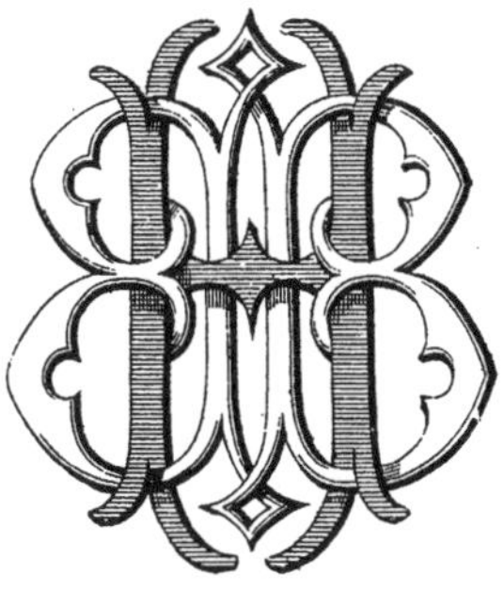

B H

098

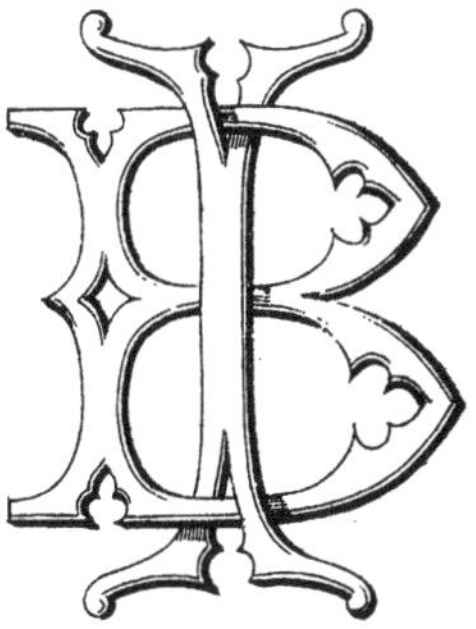

B I

099

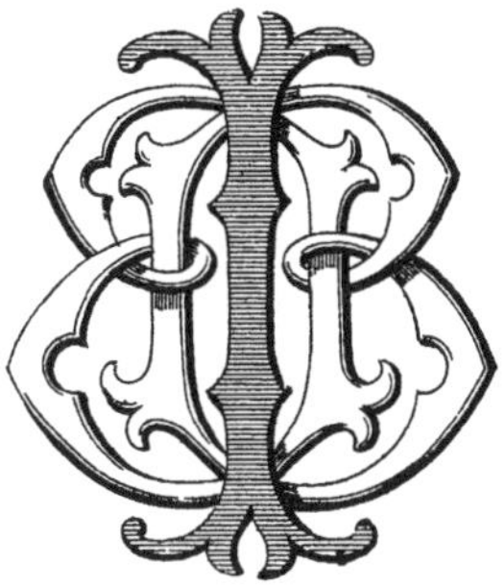

B I

100

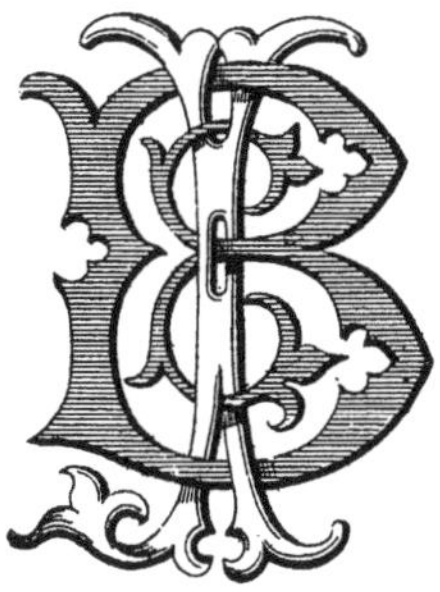

B J

101

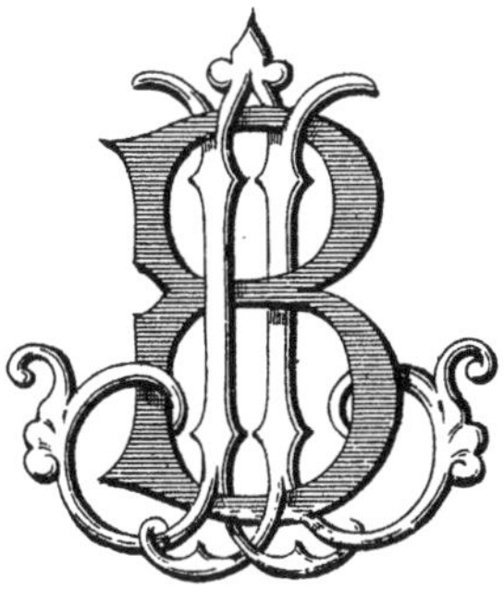

B J

102

B J

103

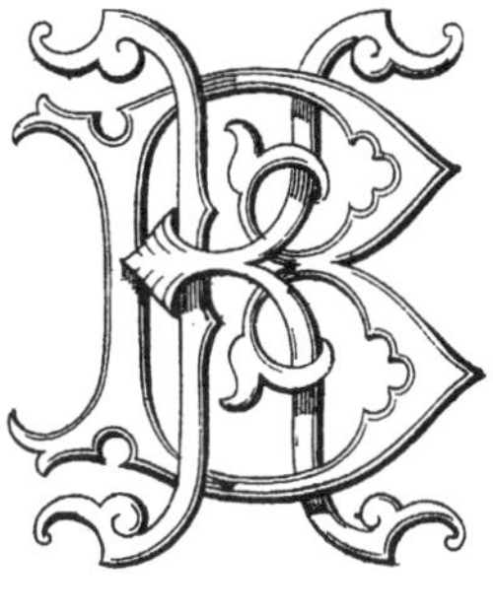

B K

104

B K

105

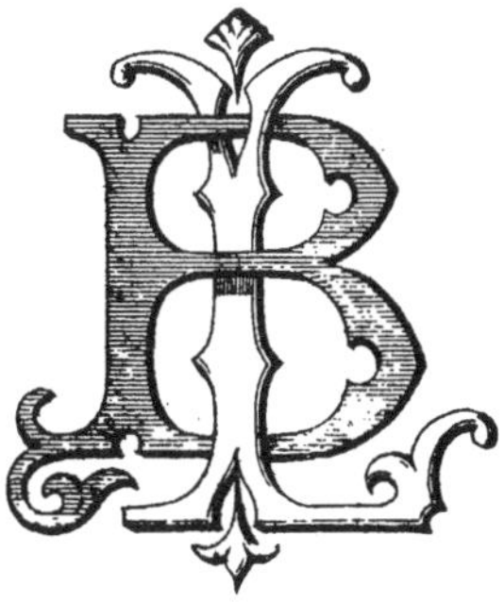

B L

106

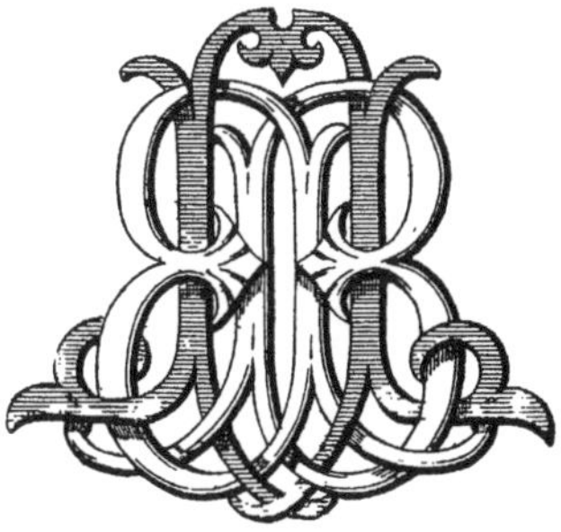

B L

107

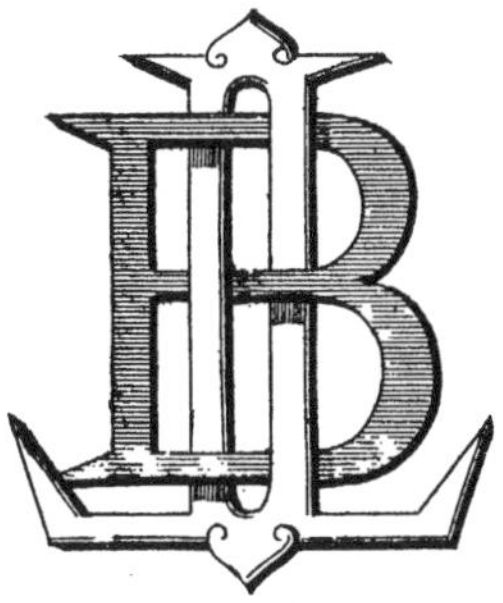

B L

108

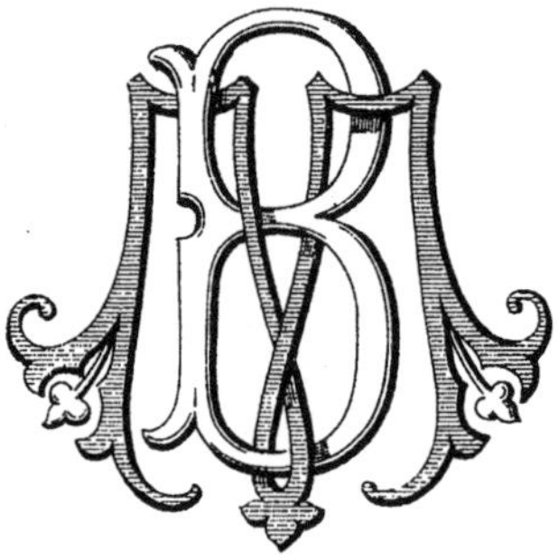

B M

109

B M

110

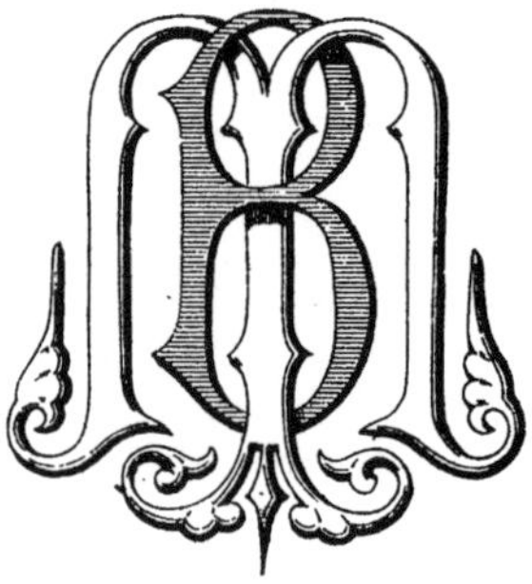

B M

111

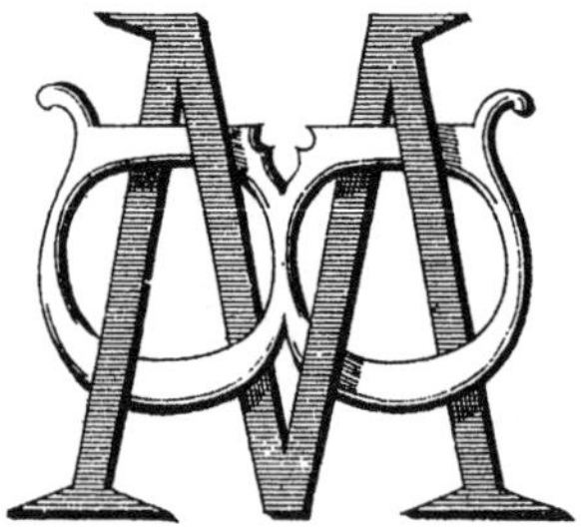

B M

112

B M

113

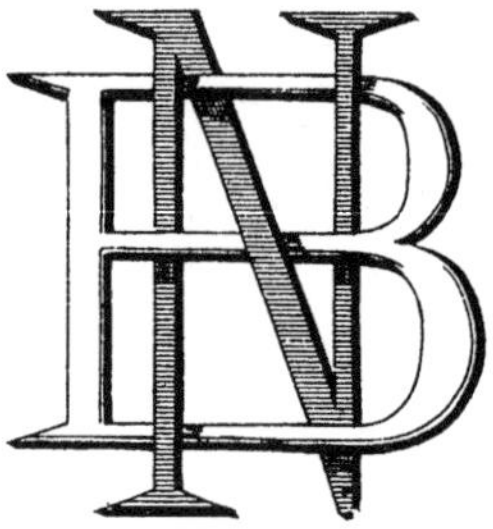

B N

114

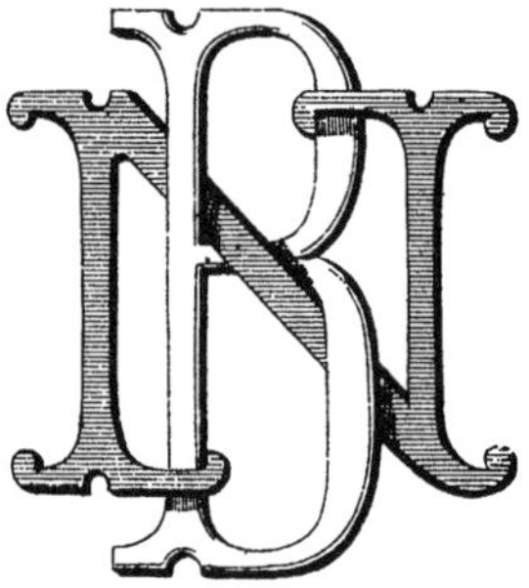

B N

115

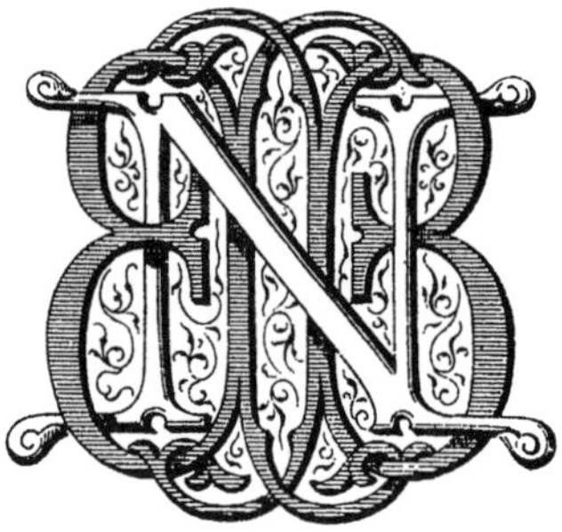

B N

116

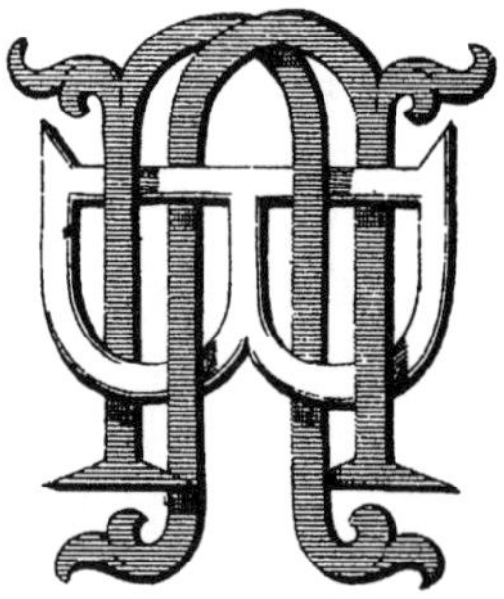

B N

117

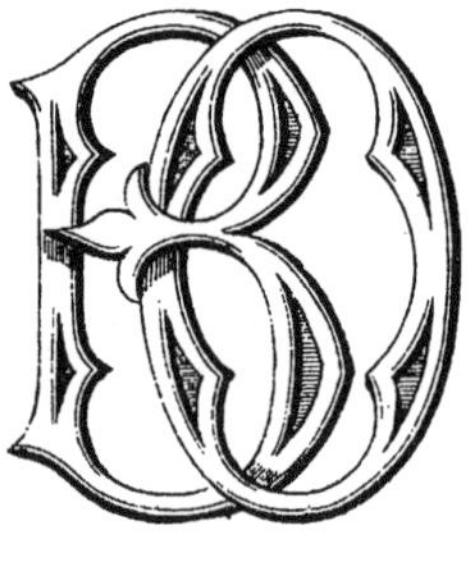

B O

118

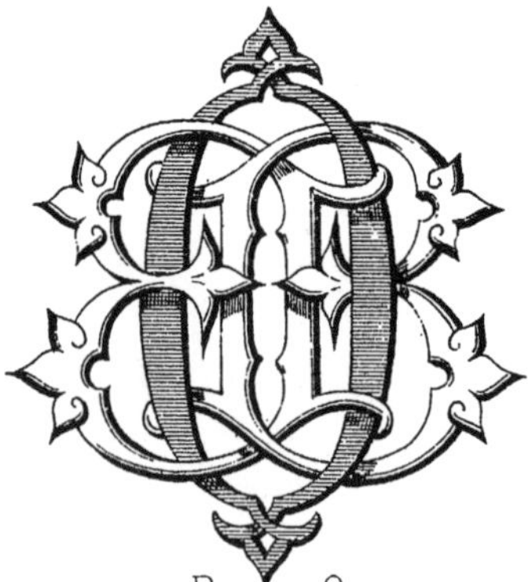

B O

119

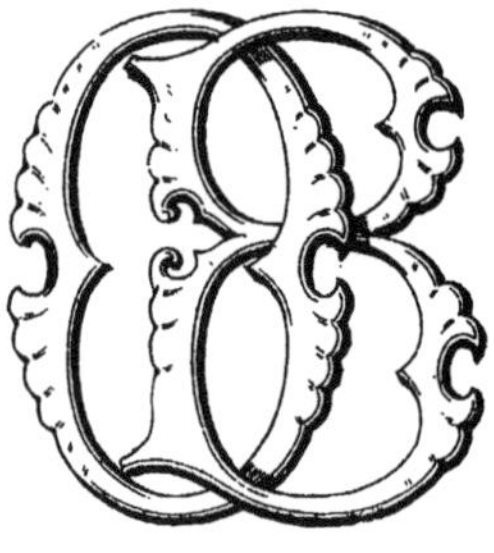

B O

120

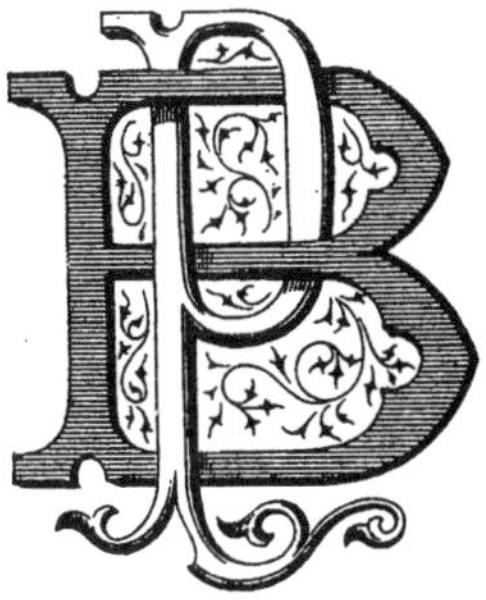

B P

121

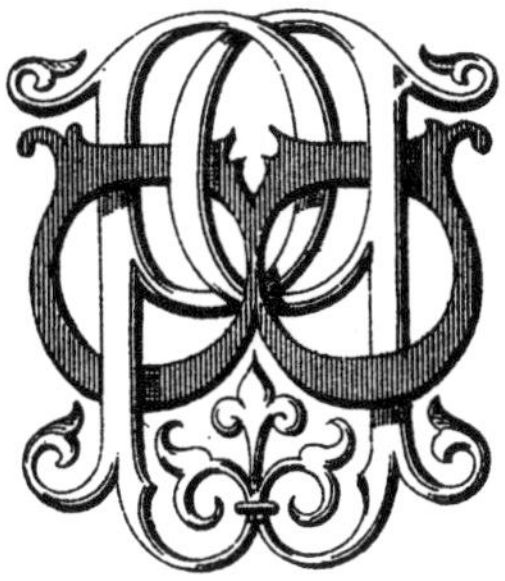

B P

122

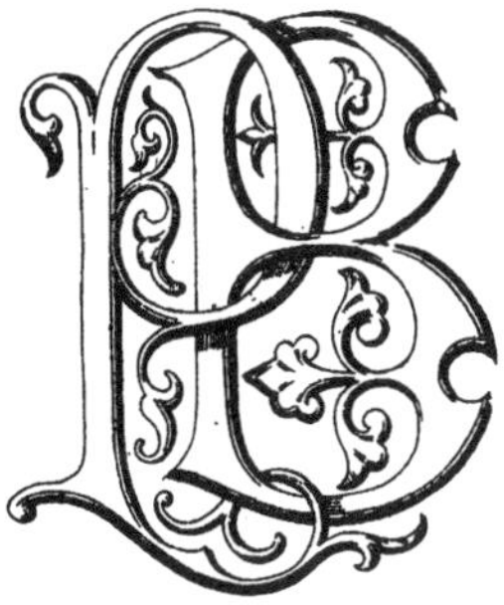

B P

123

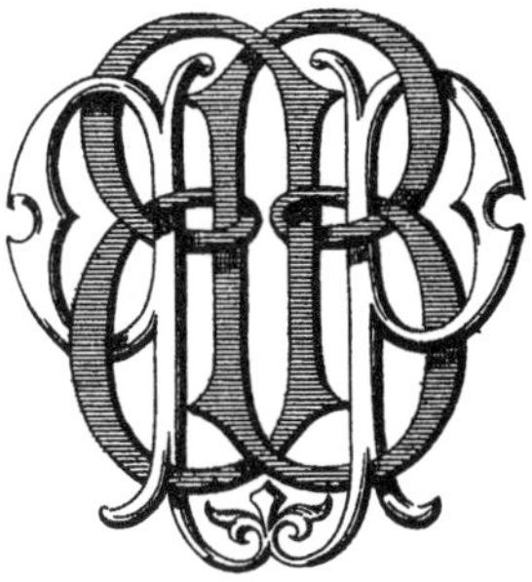

B P

124

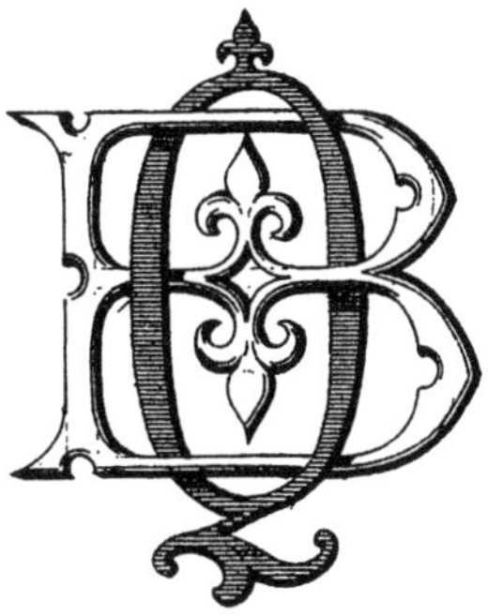

B Q

125

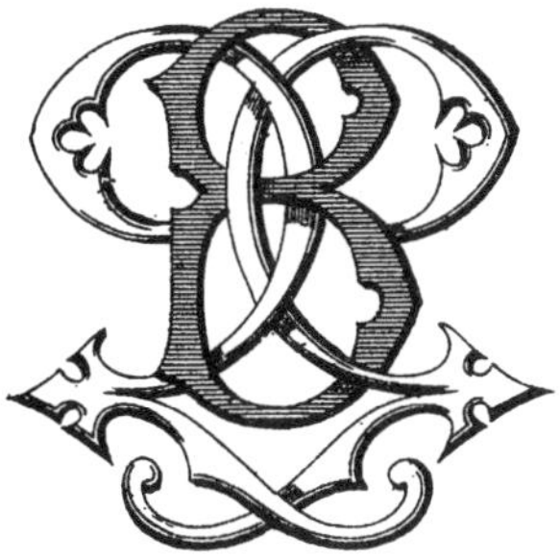

B Q

126

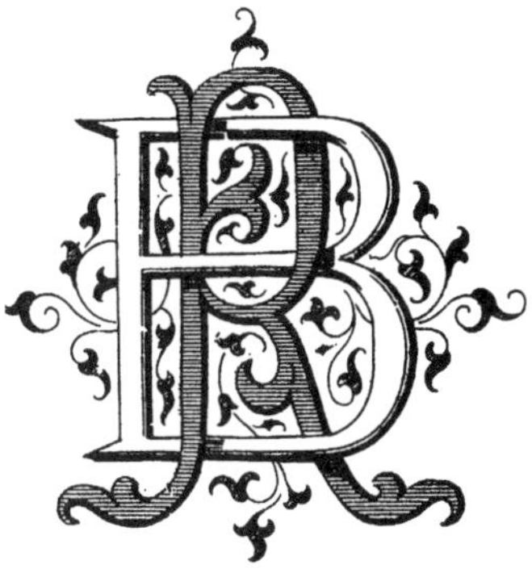

B R

127

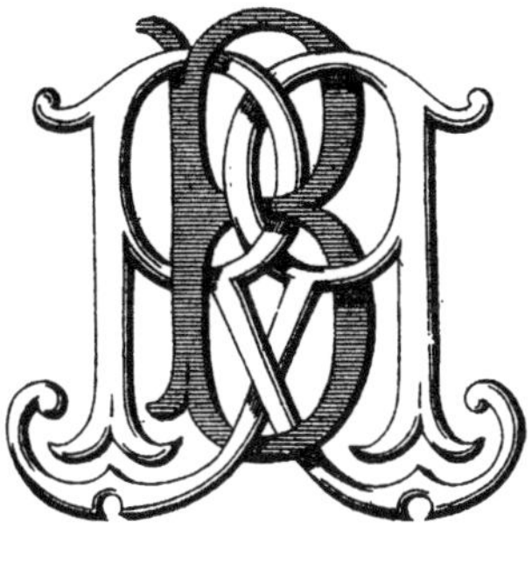

B R

128

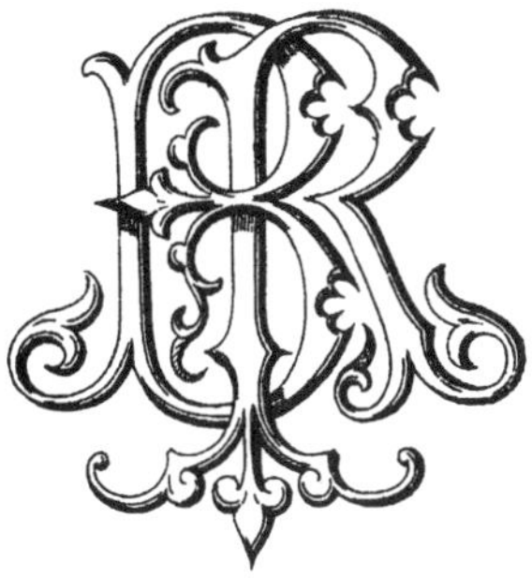

B R

129

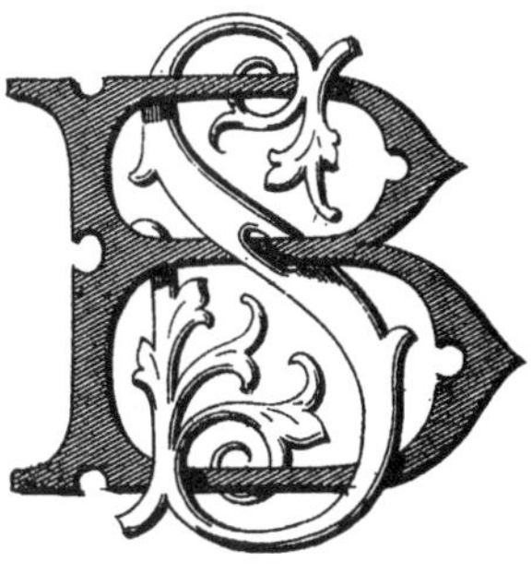

B S

130

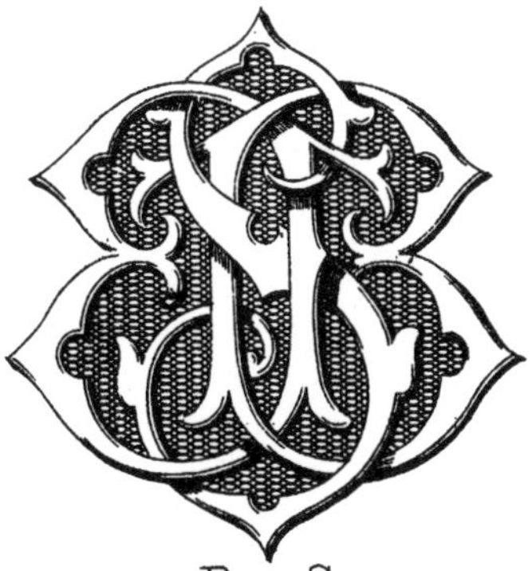

B S

131

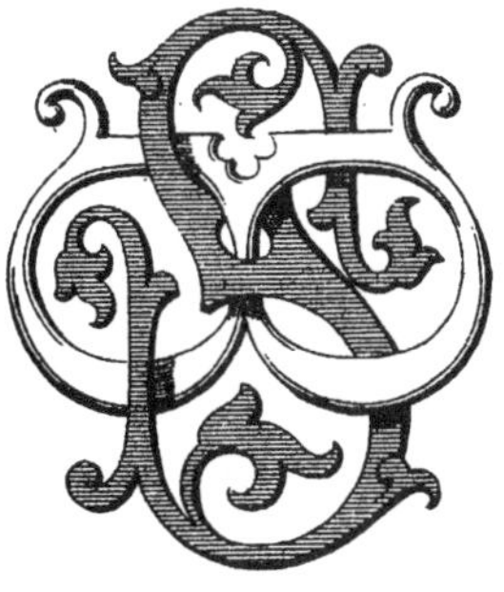

B S

132

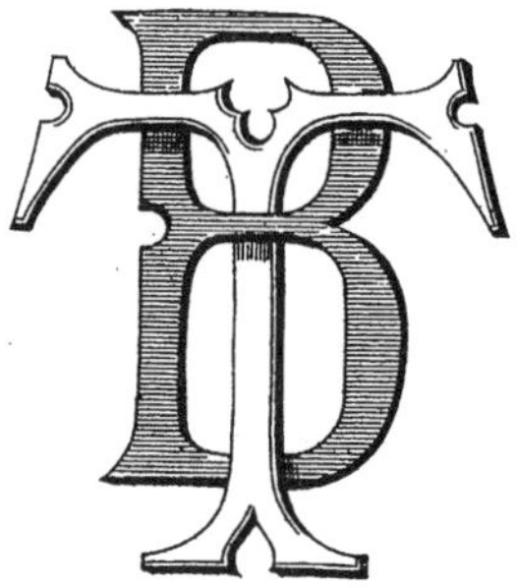

B T

133

B T

134

B T

135

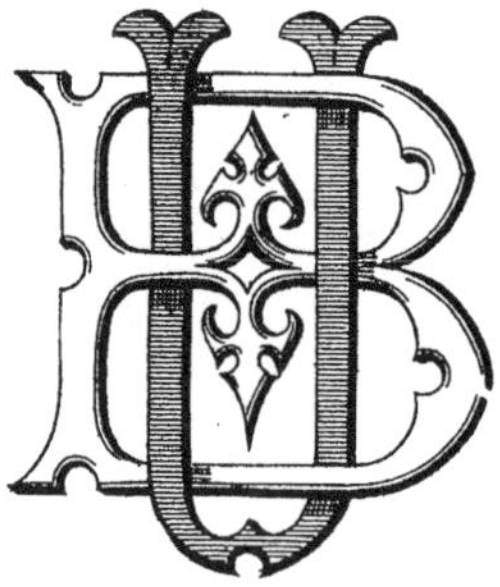

B U

136

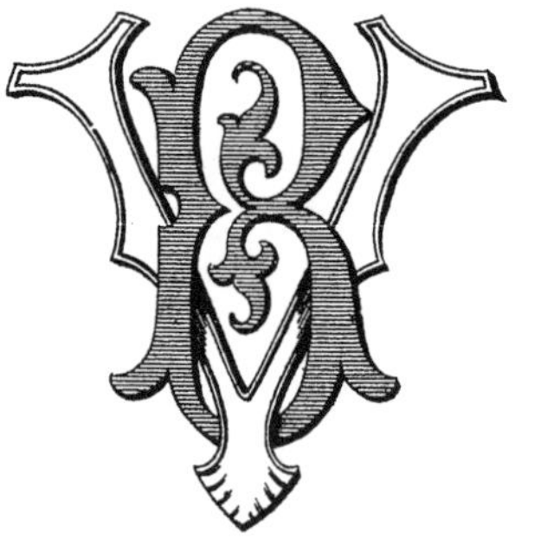

B V

137

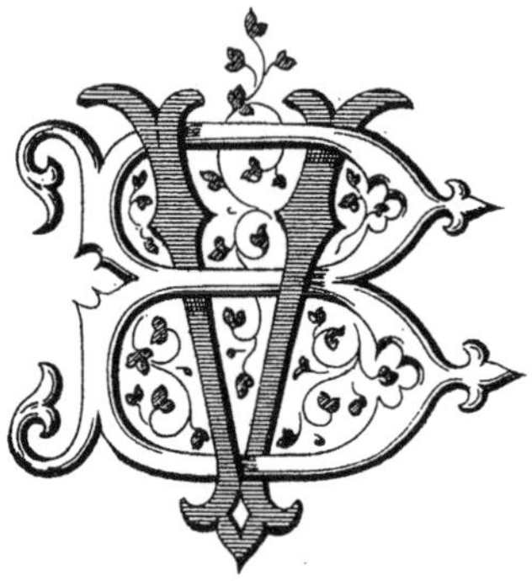

B V

138

B V

139

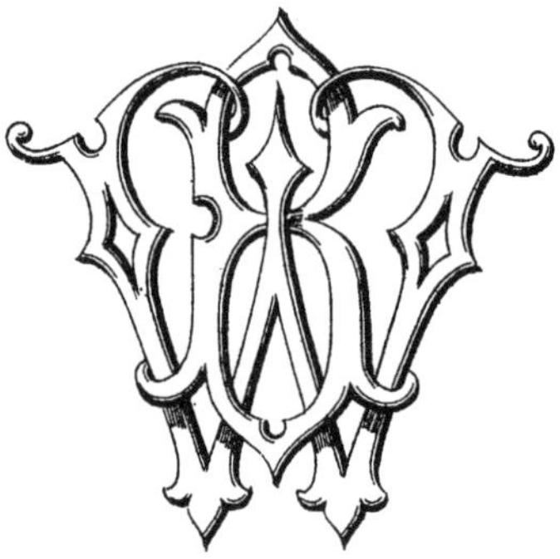

B W

140

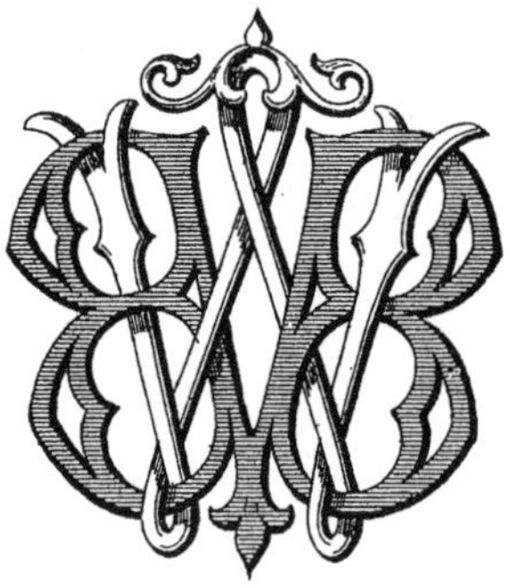

B W

141

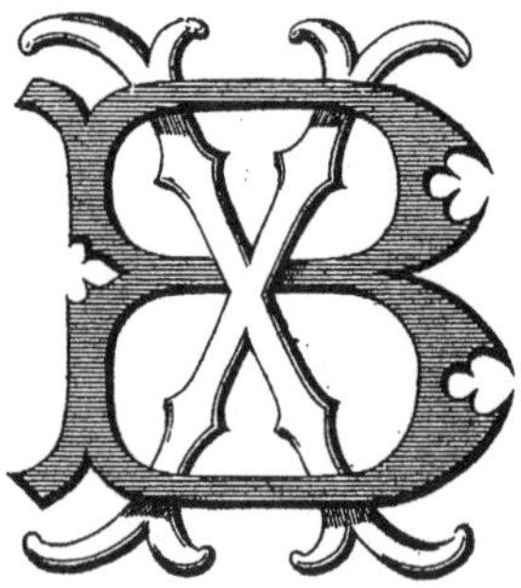

B X

142

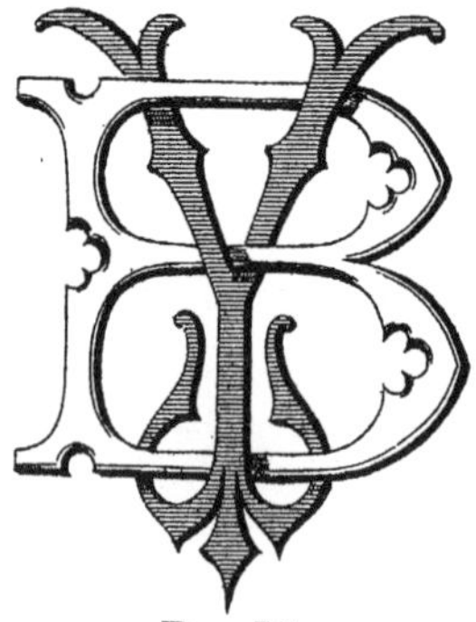

B Y

143

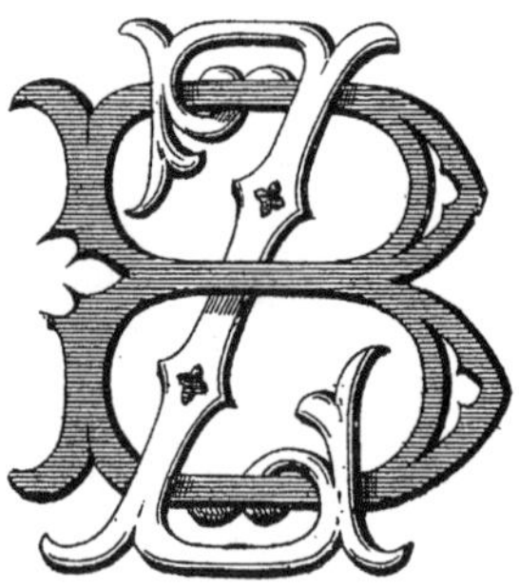

B Z

144

C C

145

C C

146

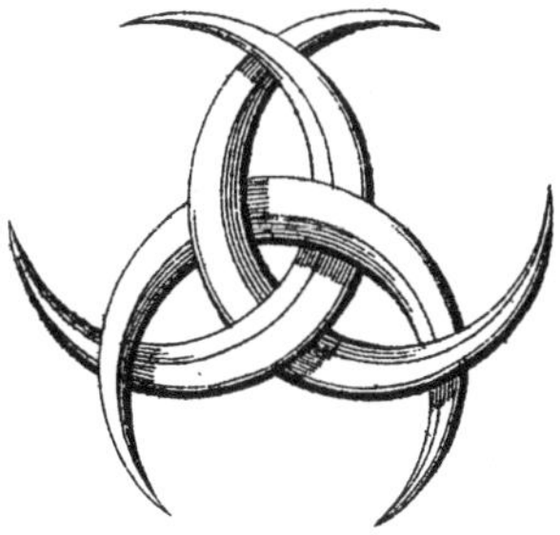

C C C

147

C C

148

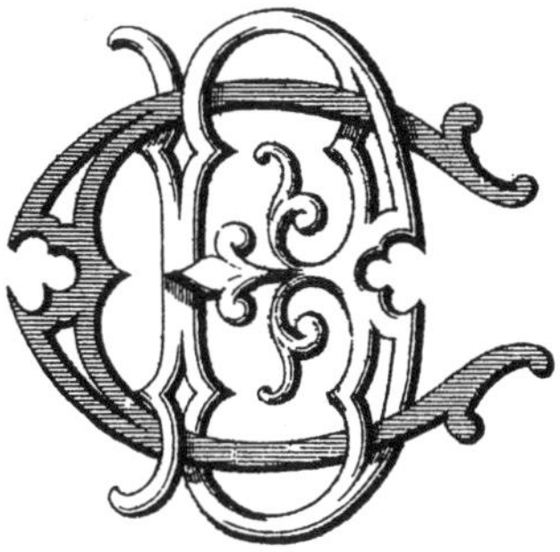

C D

149

C D

150

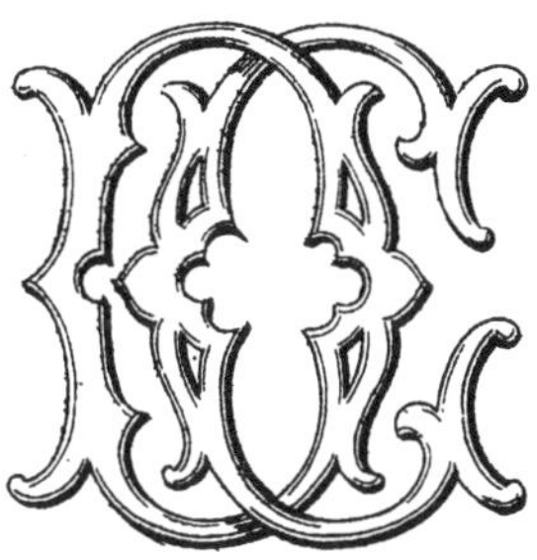

C D

151

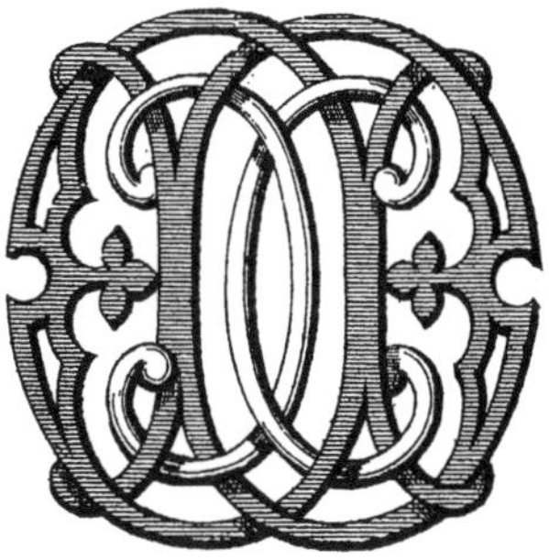

C D

152

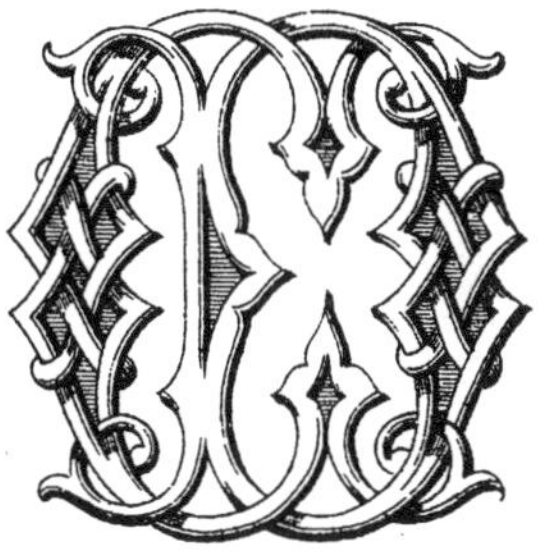

C D

153

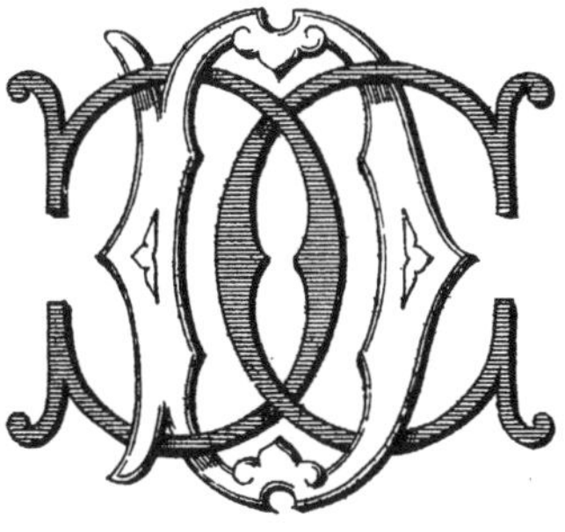

C D

154

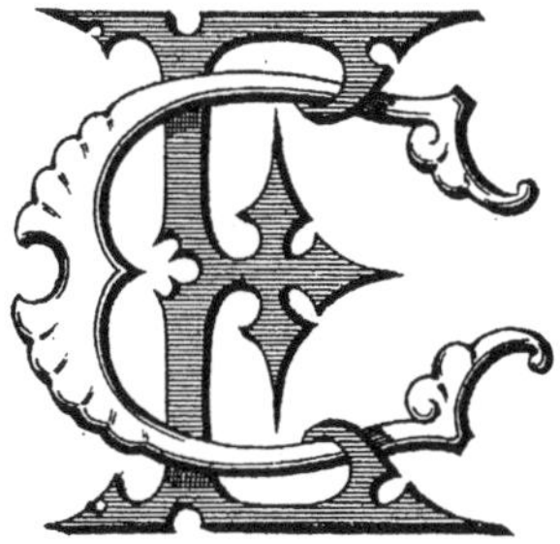

C E

155

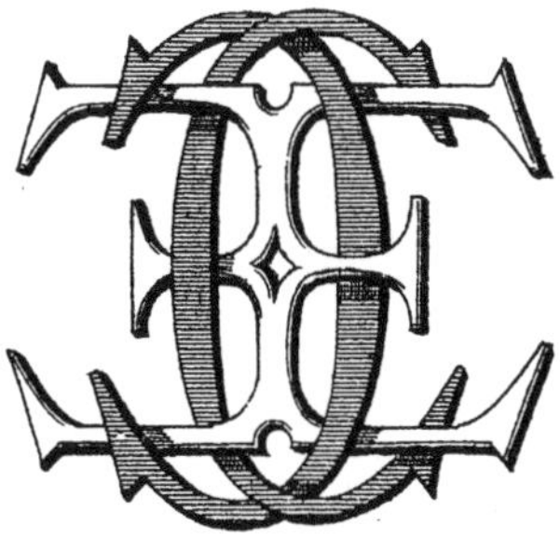

C E

156

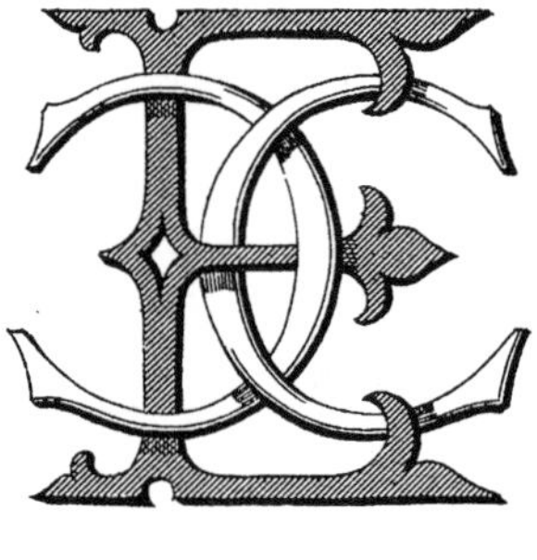

C E

157

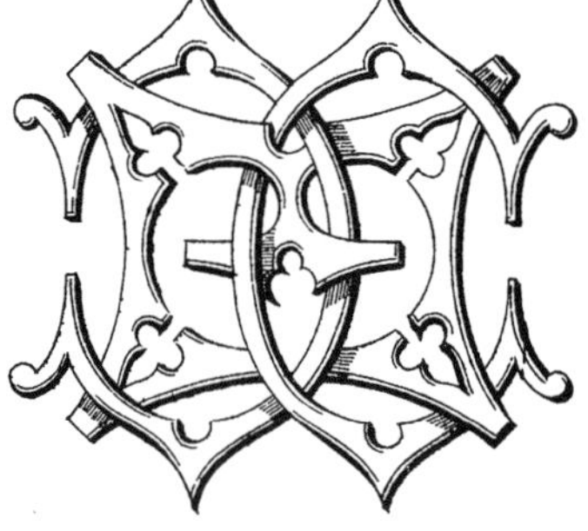

C E

158

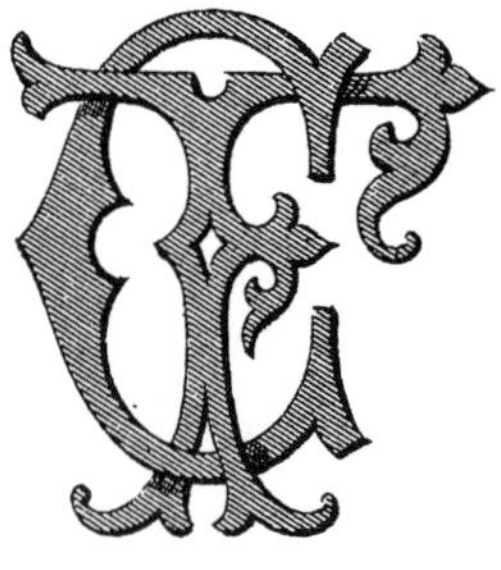

C F

159

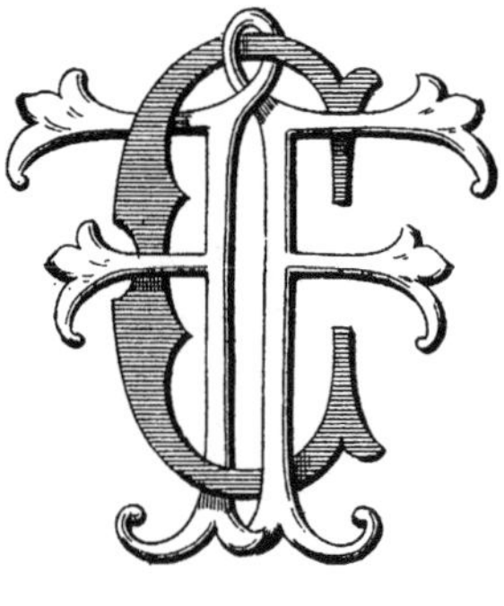

C F

160

C F

161

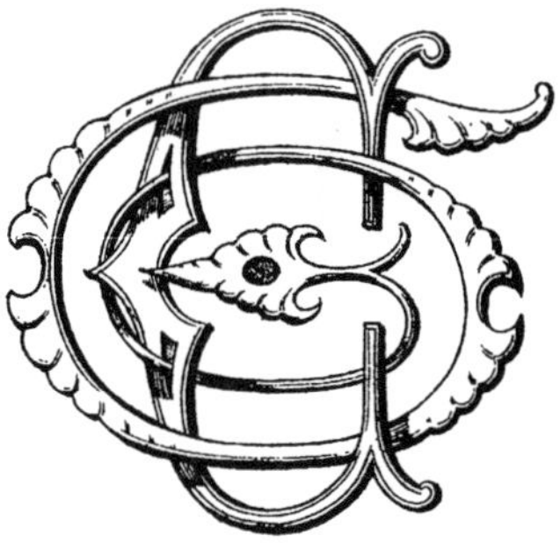

C G

162

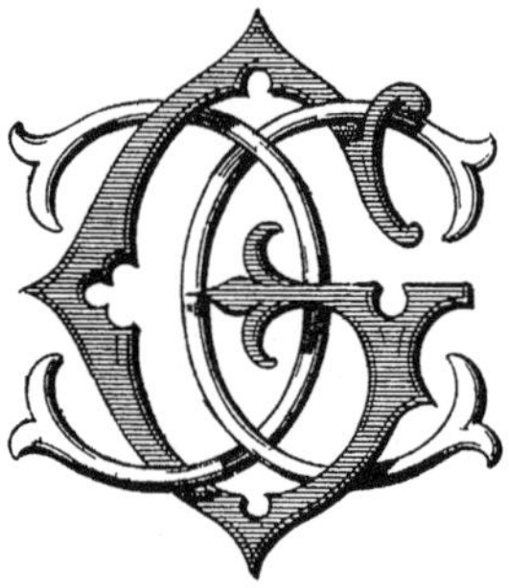

C G

163

C G

164

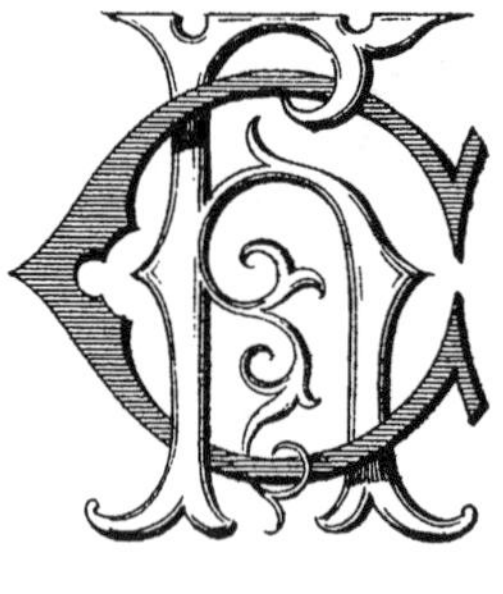

C H

165

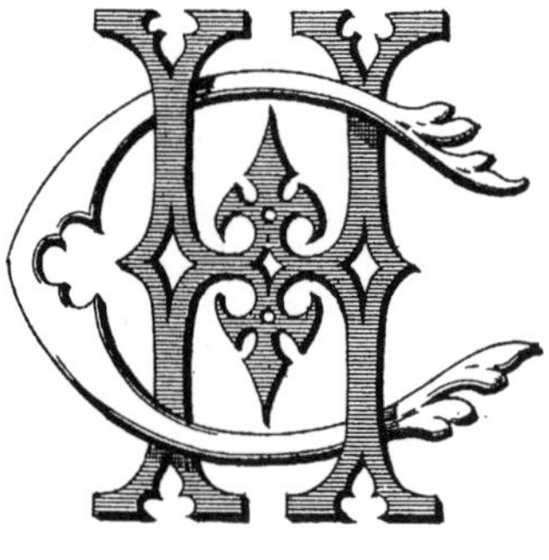

C H

166

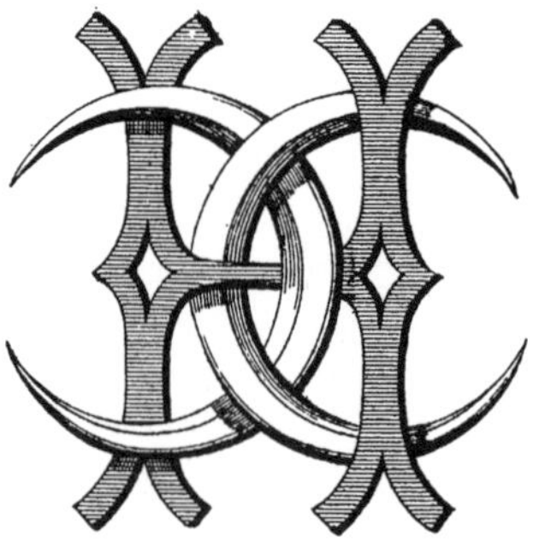

C H

167

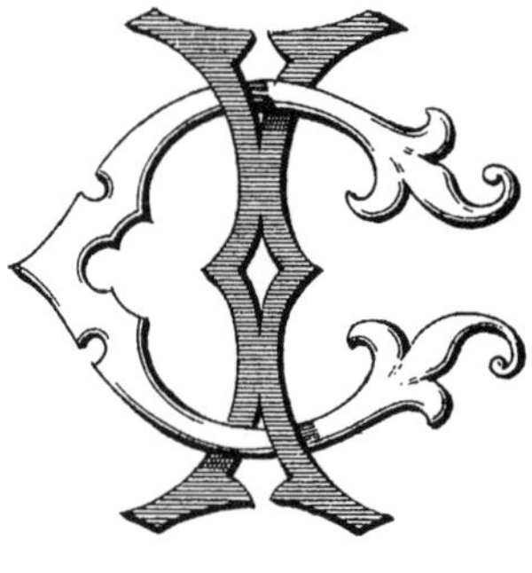

C I

168

C I
169

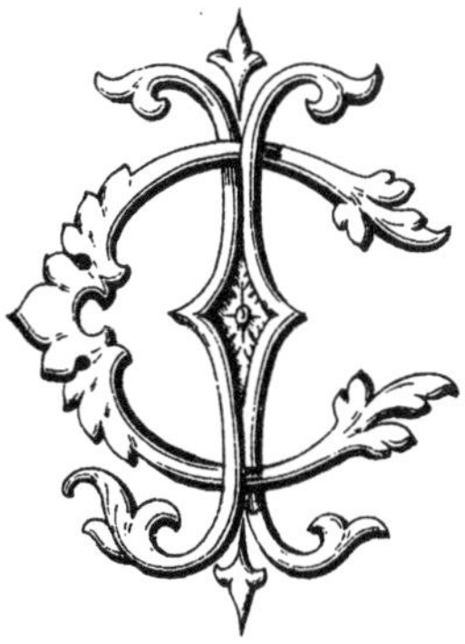

C J
170

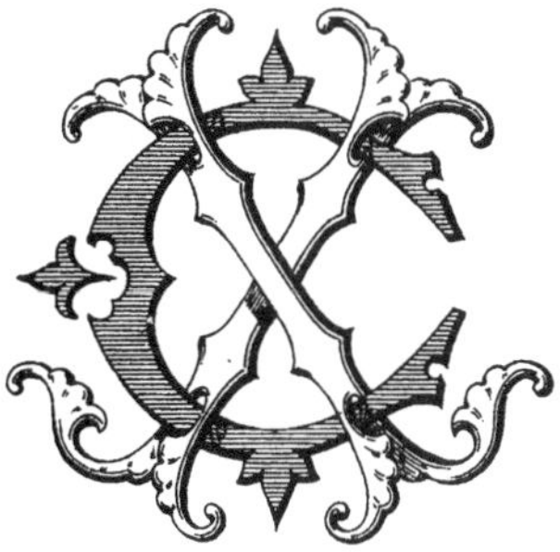

C J
171

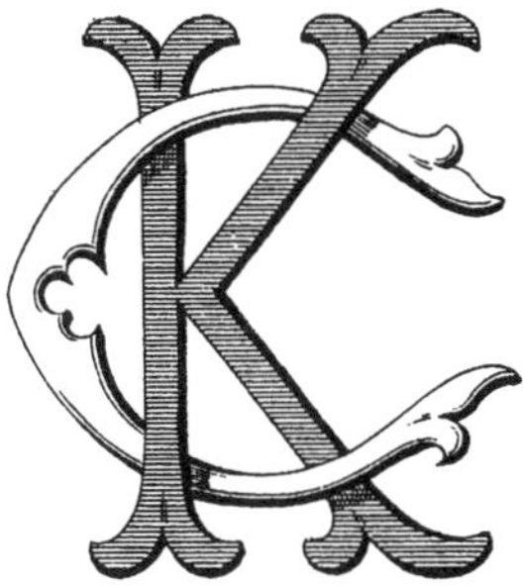

C K
172

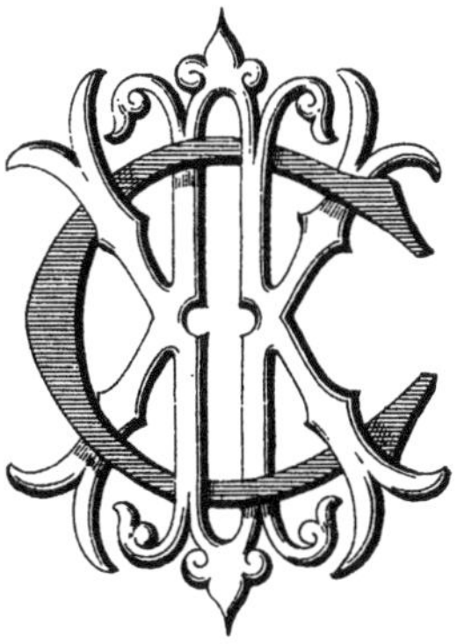

C K
173

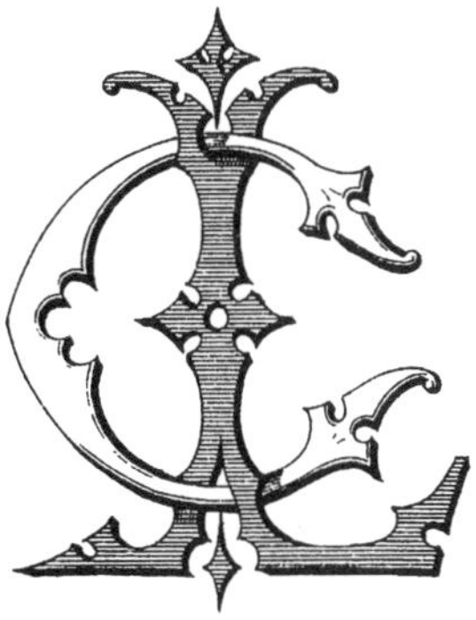

C L
174

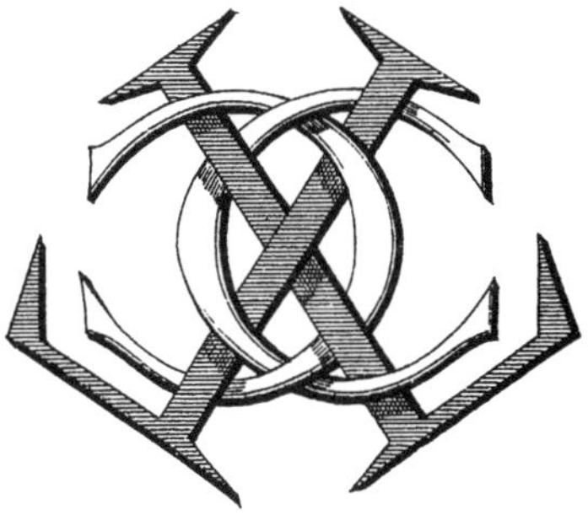

C L
175

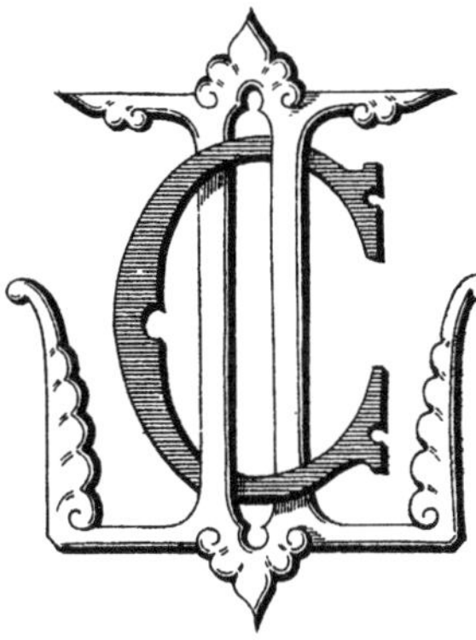

C L
176

C L
177

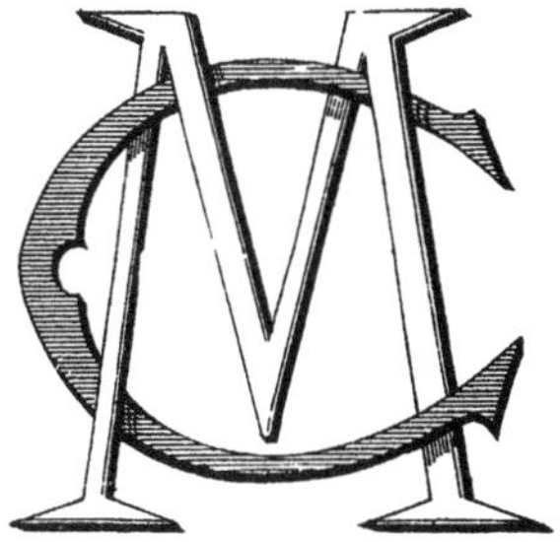

C M
178

C M
179

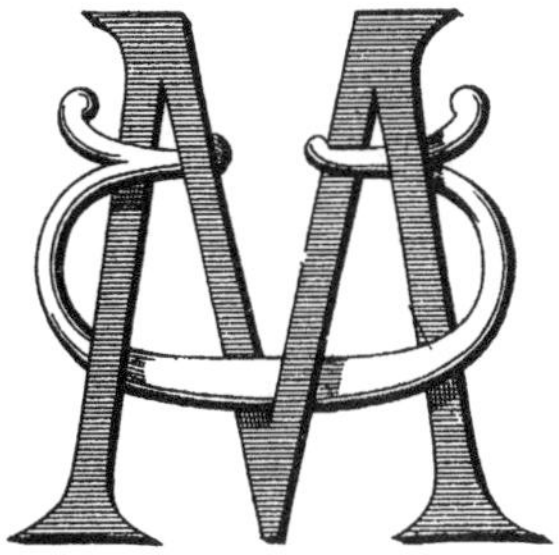

C M
180

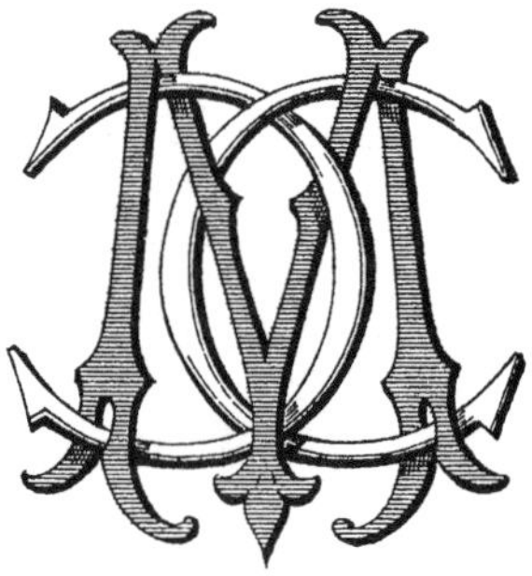

C M

181

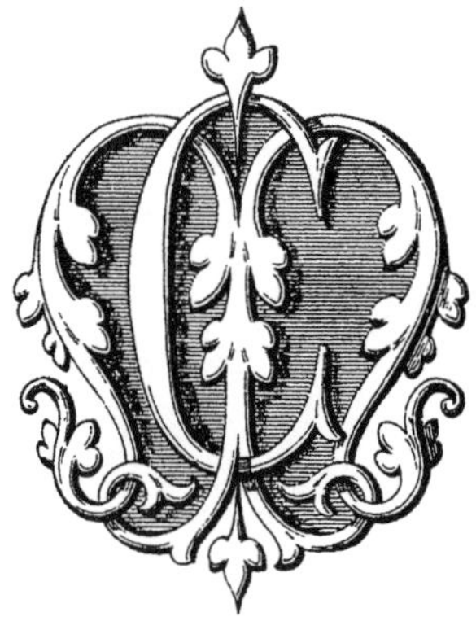

C M

182

C N

183

C N

184

C N

185

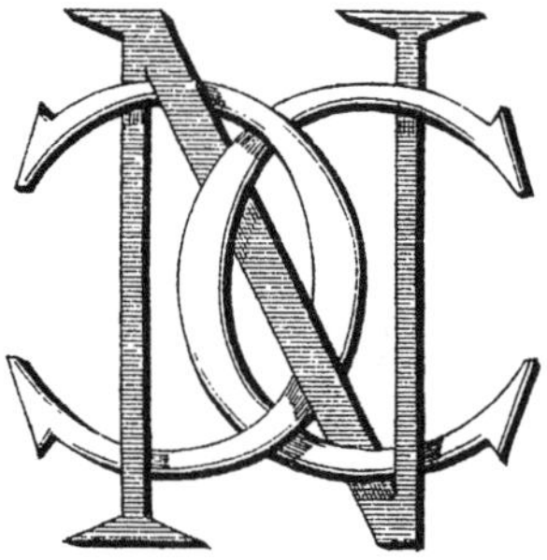

C N

186

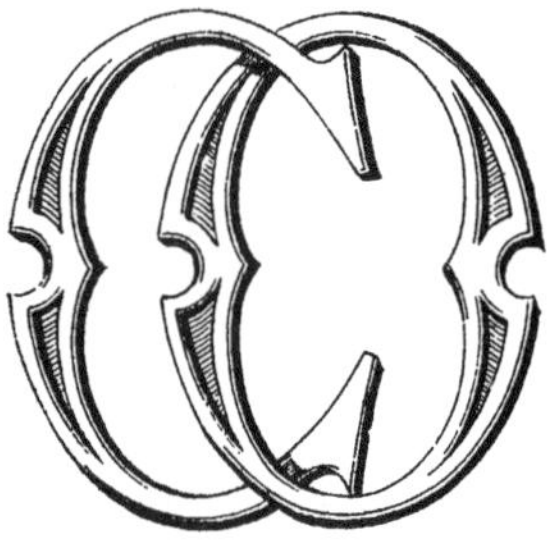

C O

187

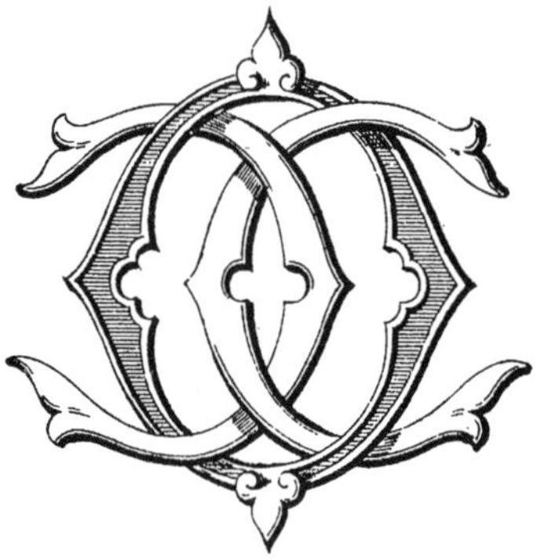

C O

188

C O

189

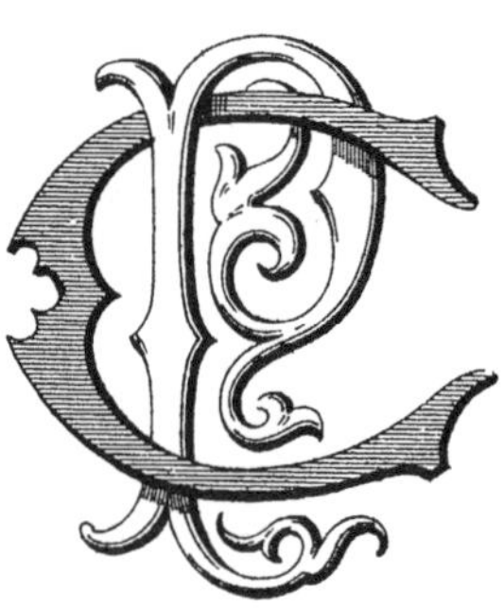

C P

190

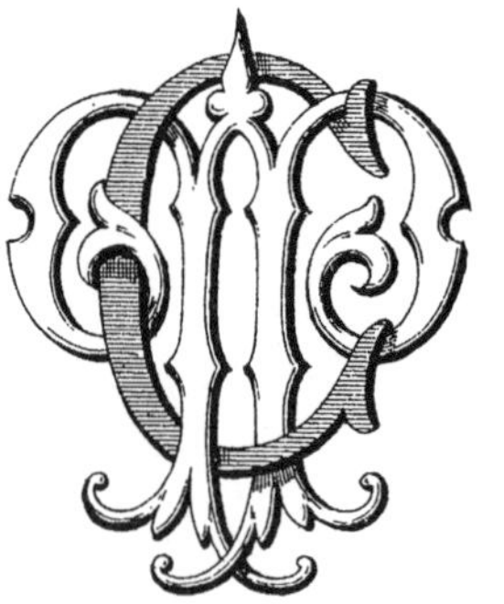

C P

191

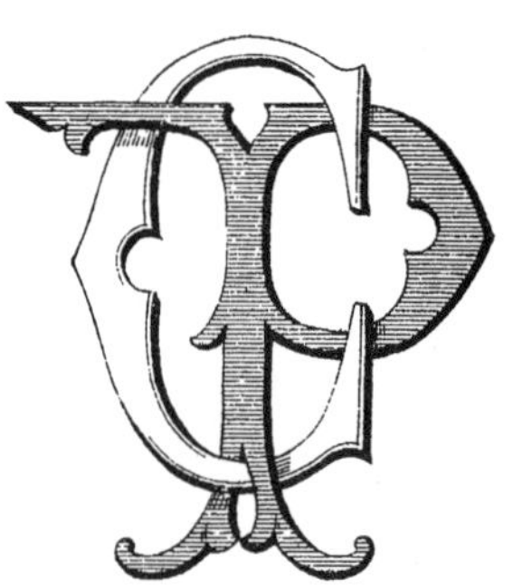

C P

192

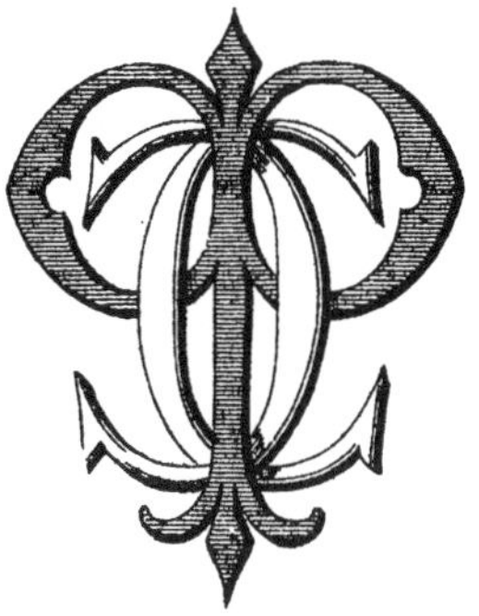

C P
193

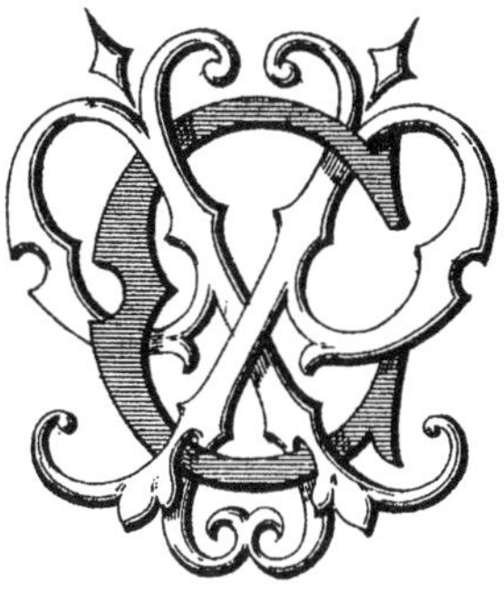

C P
194

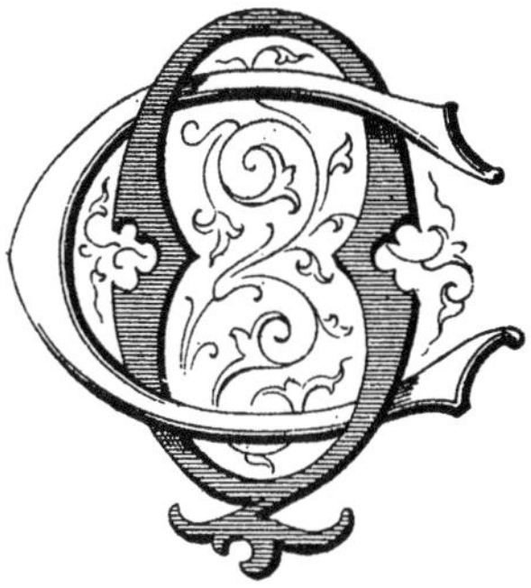

C Q
195

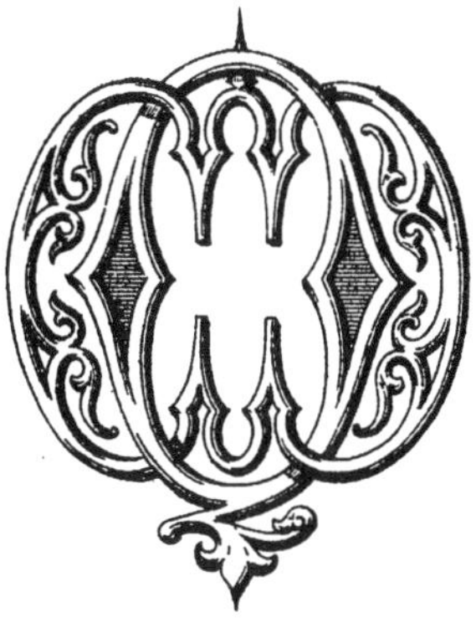

C Q
196

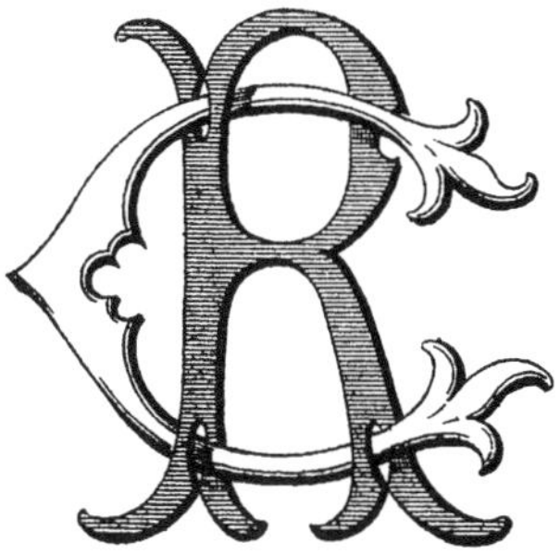

C R
197

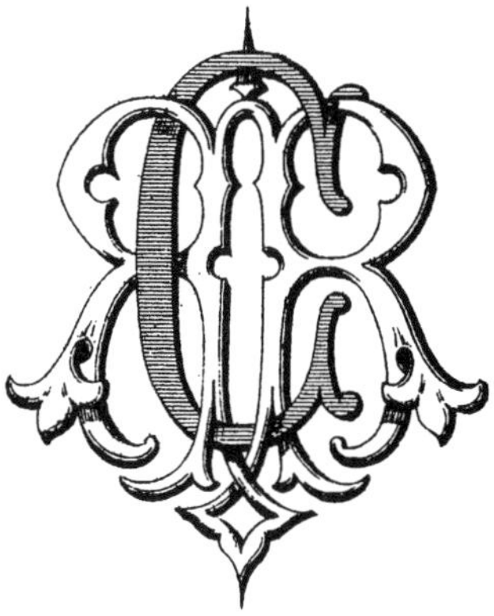

C R
198

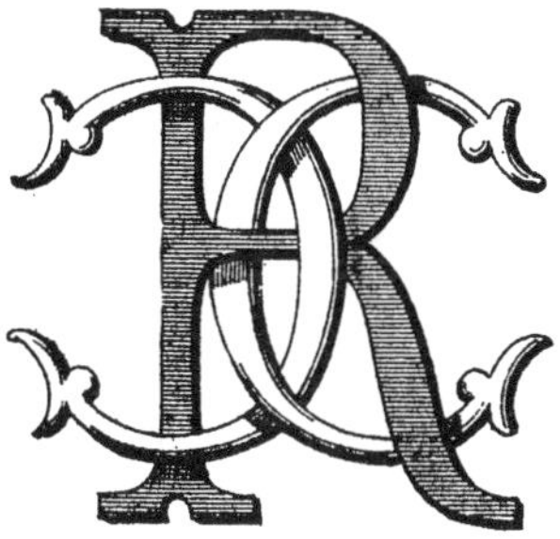

C R
199

C R
200

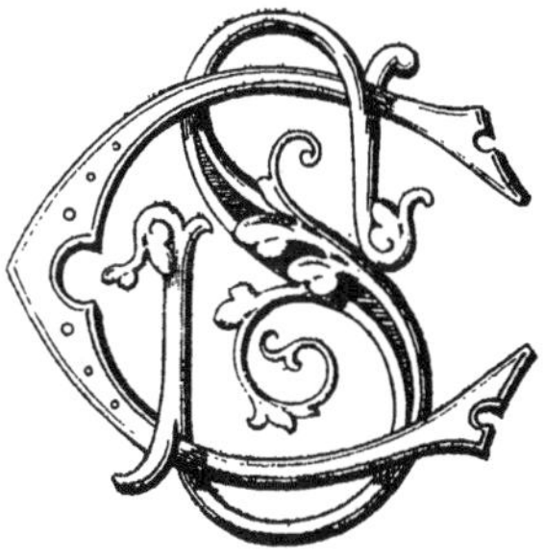

C S
201

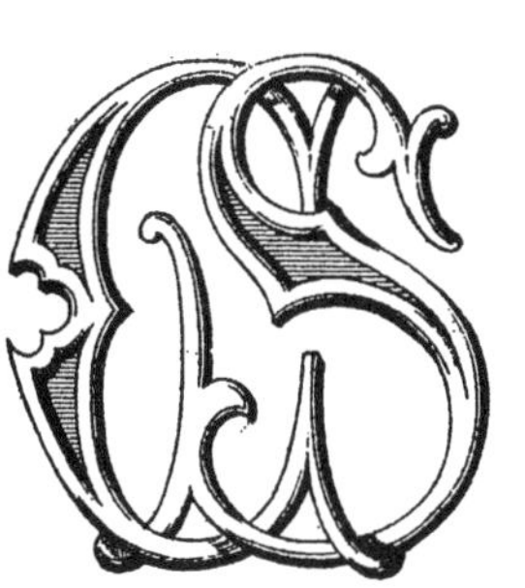

C S
202

C S
203

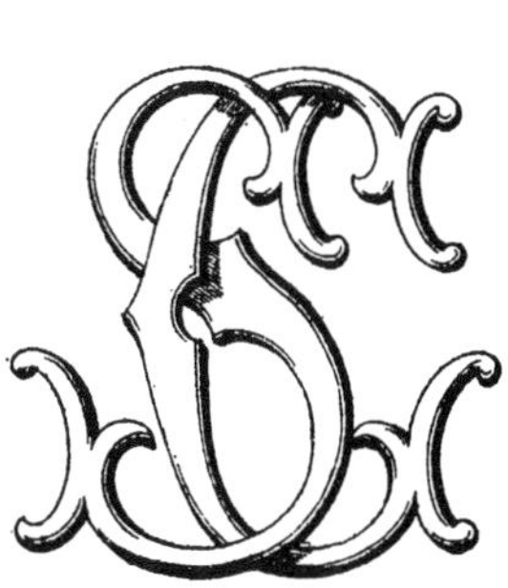

C S
204

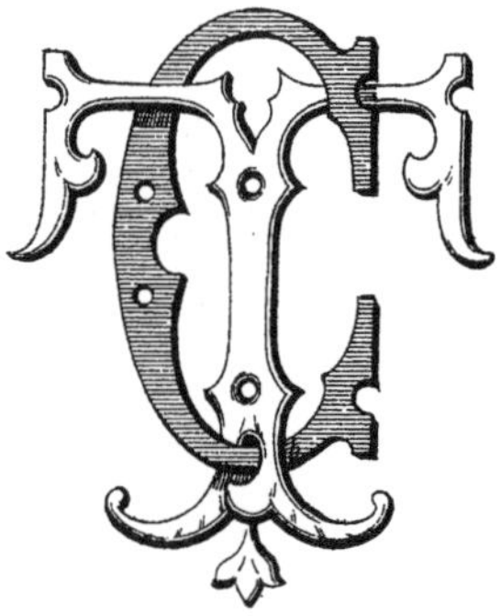

C T

205

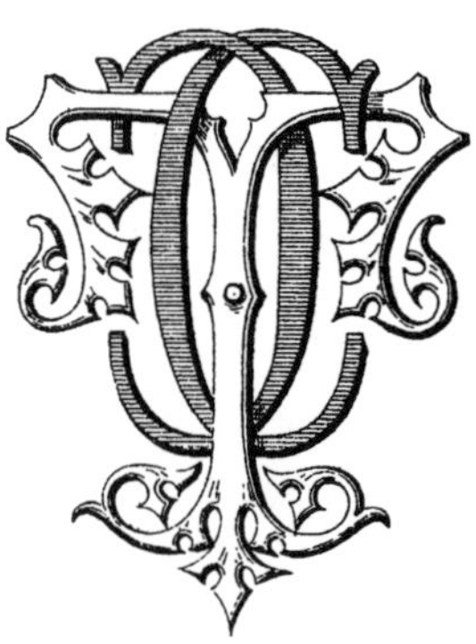

C T

206

C T

207

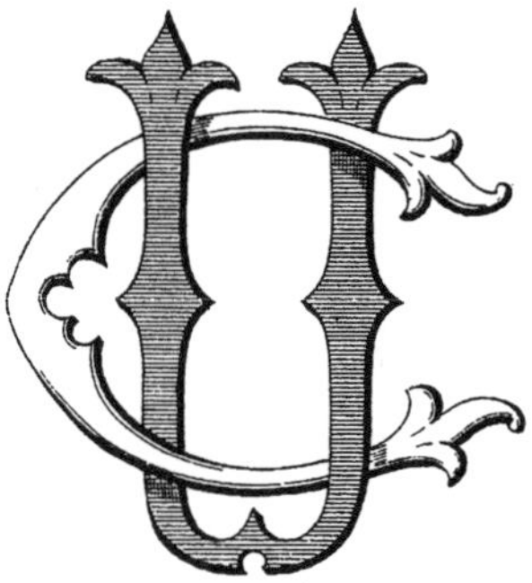

C U

208

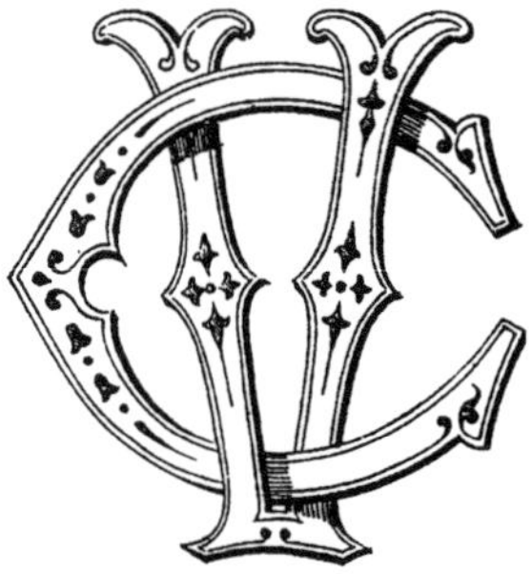

C V

209

C V

210

C V

211

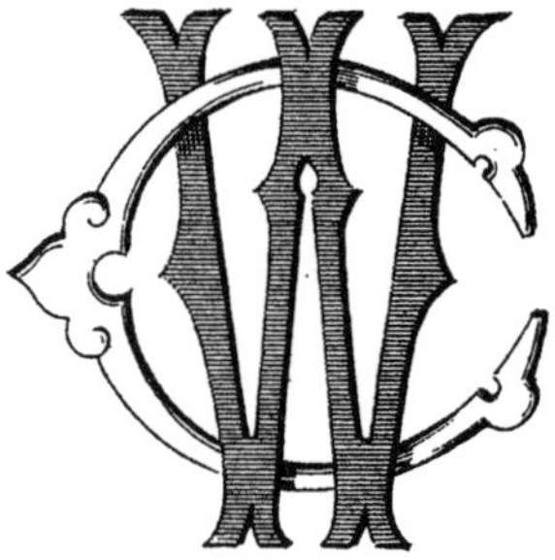

C W

212

C W

213

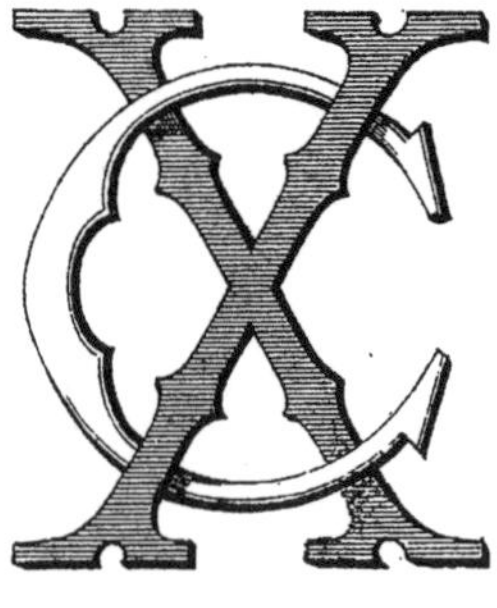

C X

214

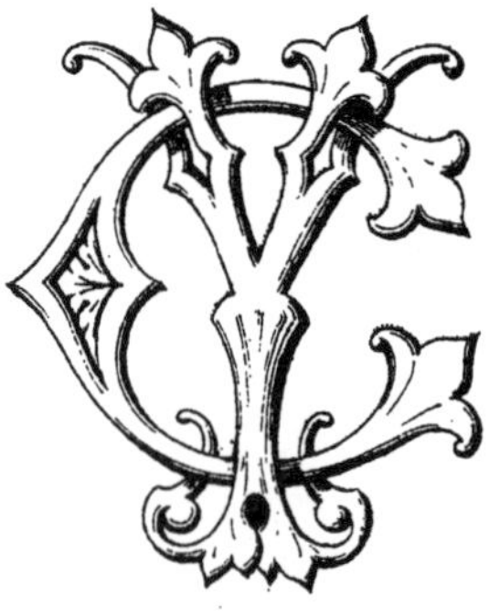

C Y

215

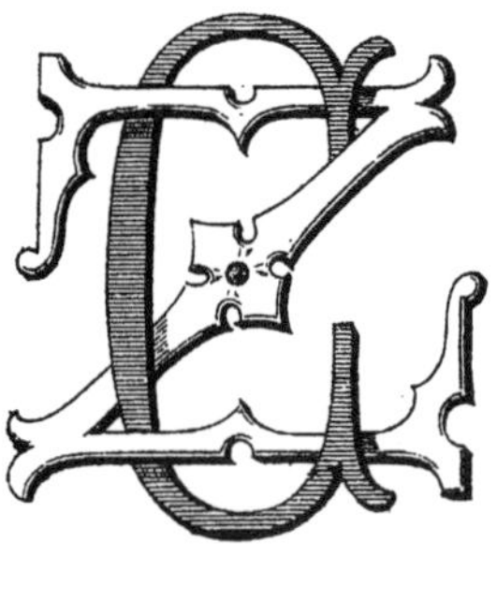

C Z

216

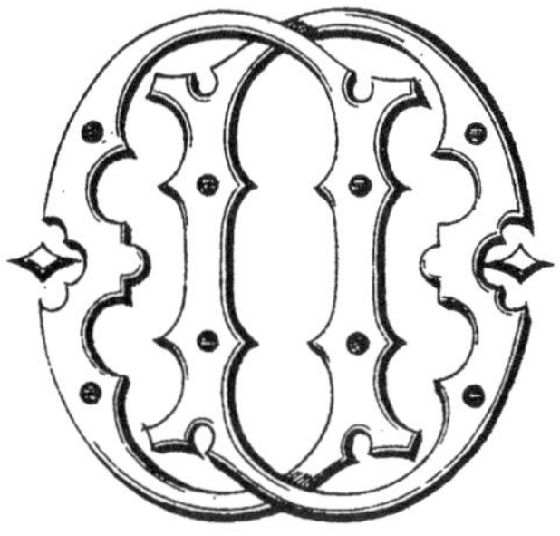

D D

217

D D

218

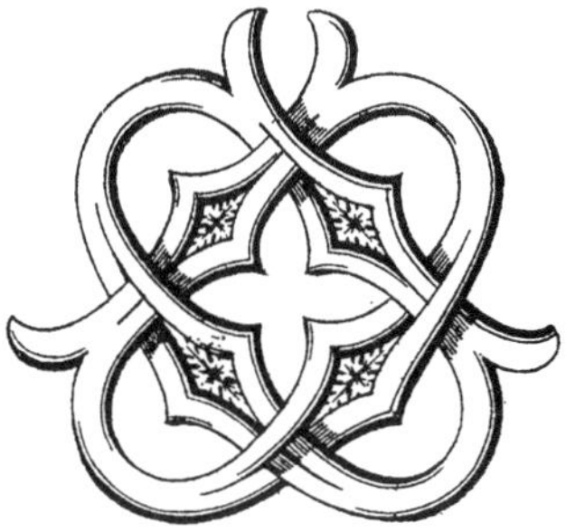

D D

219

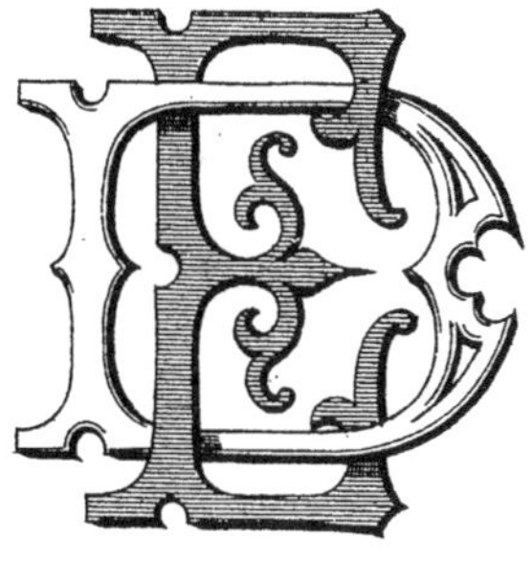

D E

220

D E

221

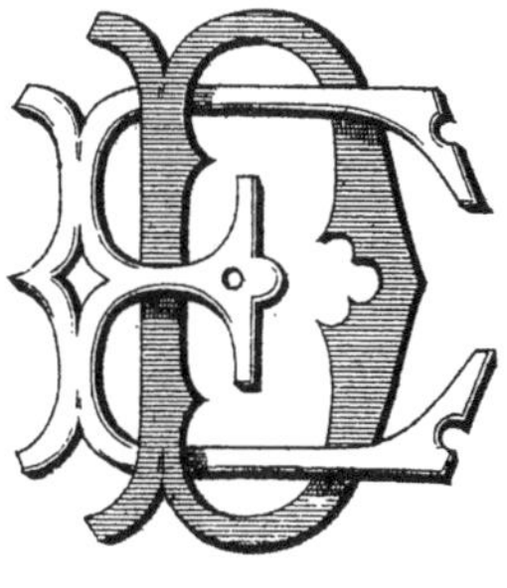

D E

222

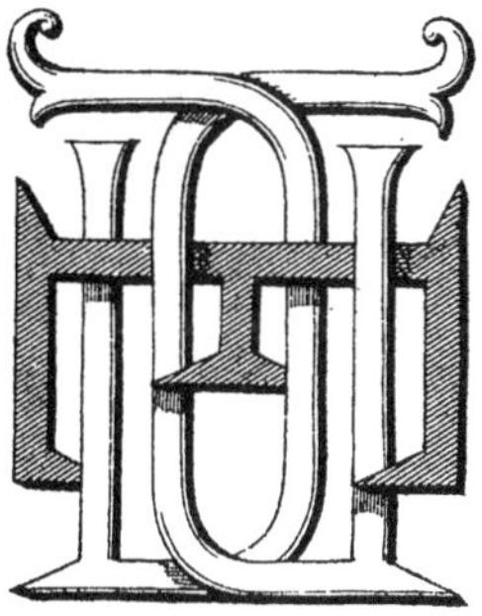

D E

223

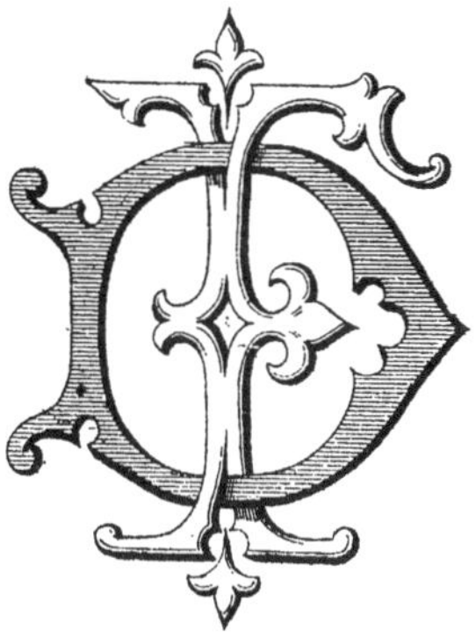

D F

224

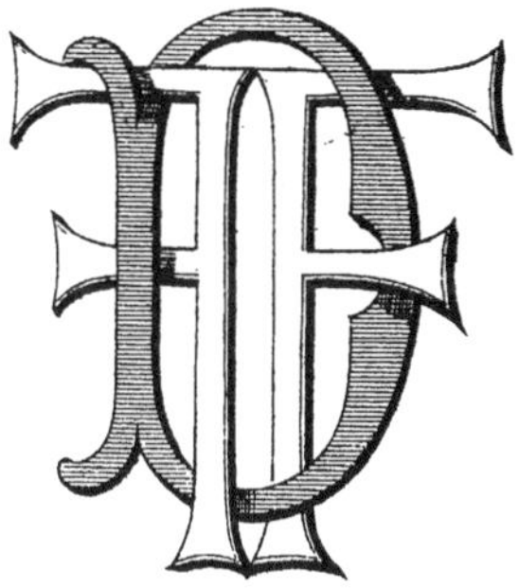

D F

225

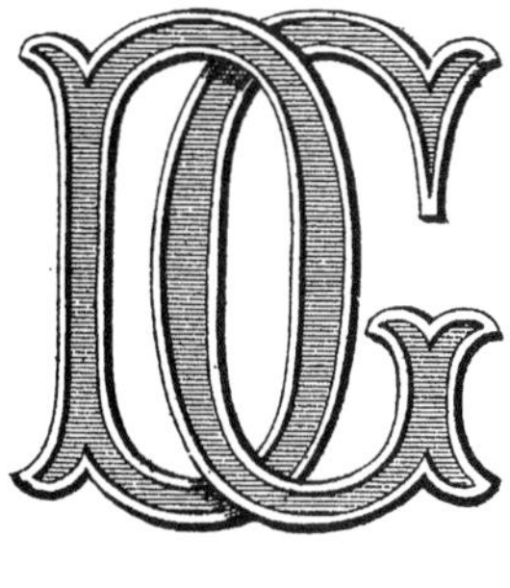

D G

226

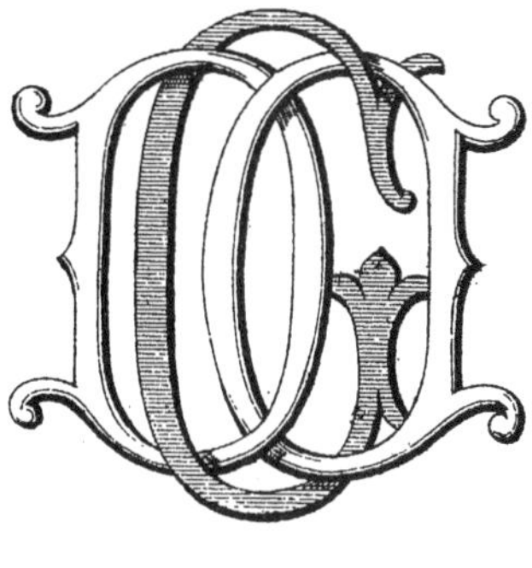

D G

227

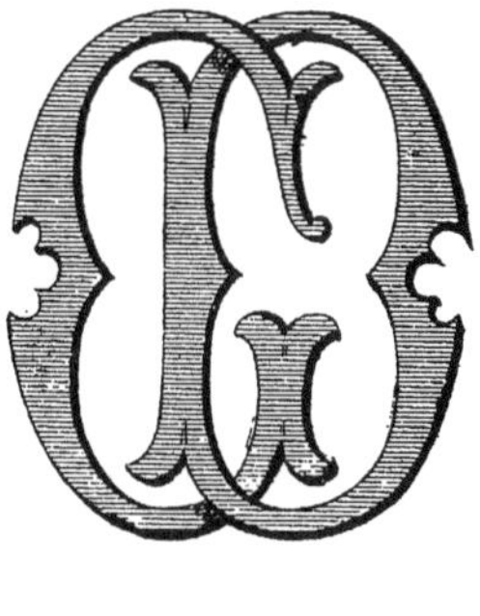

D G

228

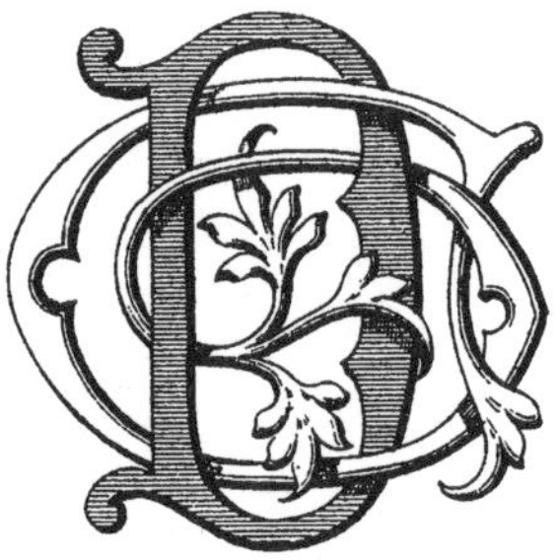

D G

229

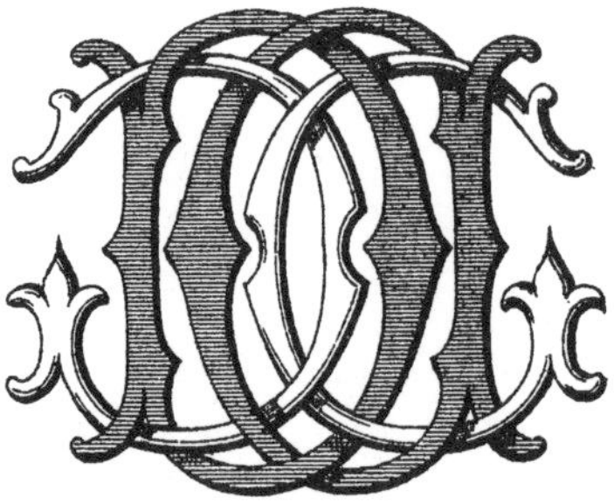

D G

230

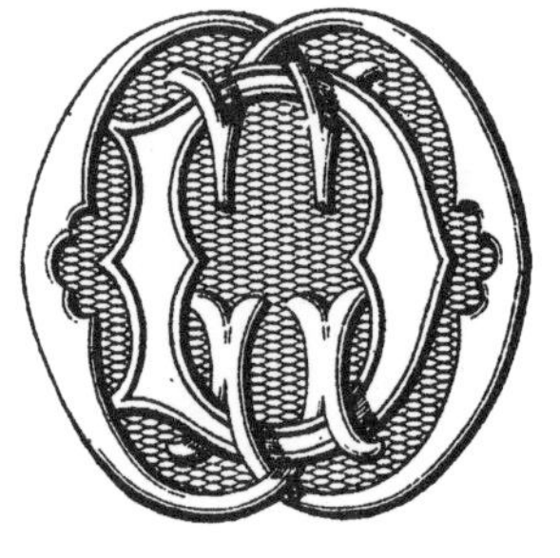

D G

231

D H

232

D H

233

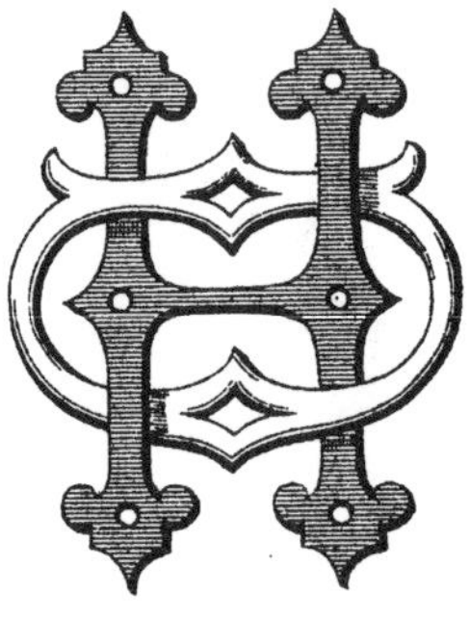

D H

234

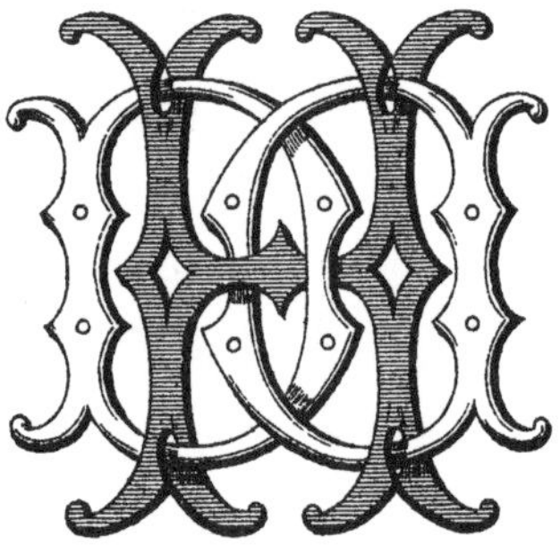

D H

235

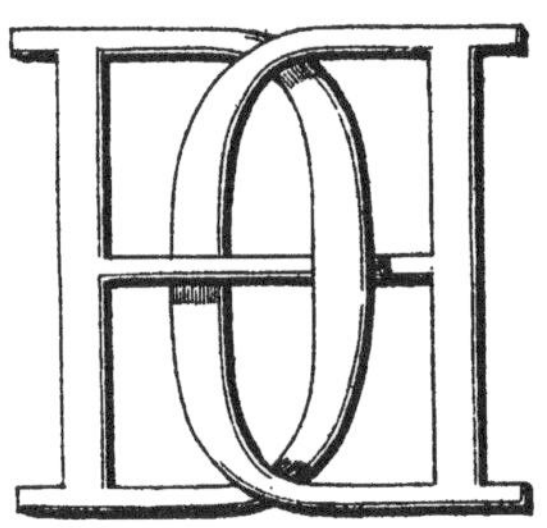

D H

236

D I

237

D I

238

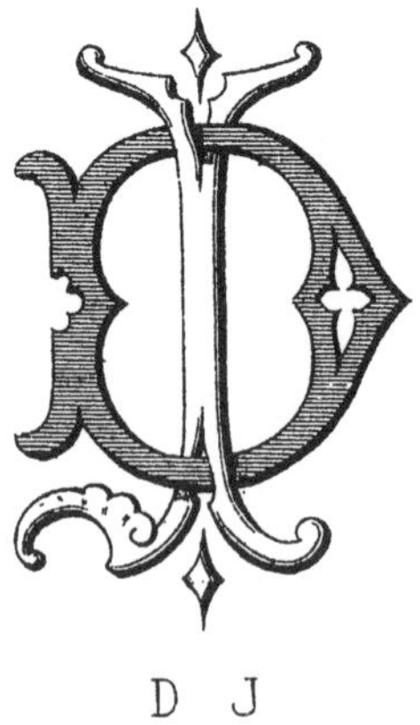

D J

239

D J

240

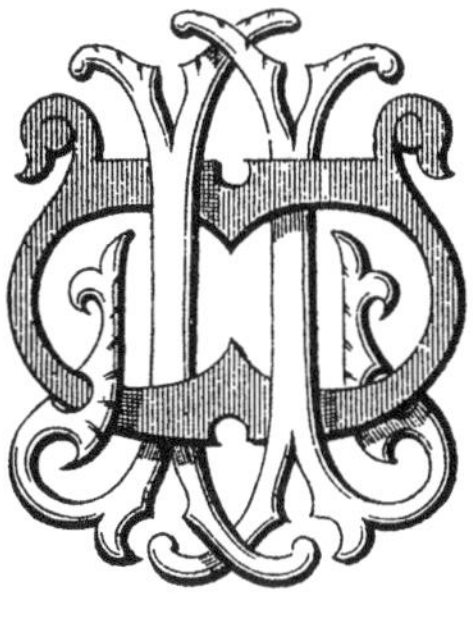

D J

241

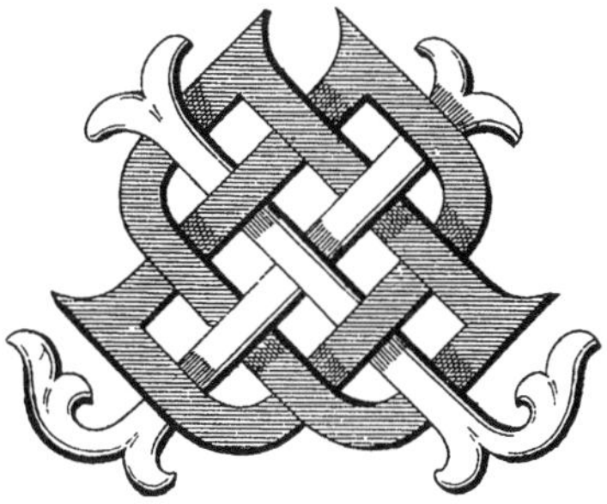

D J

242

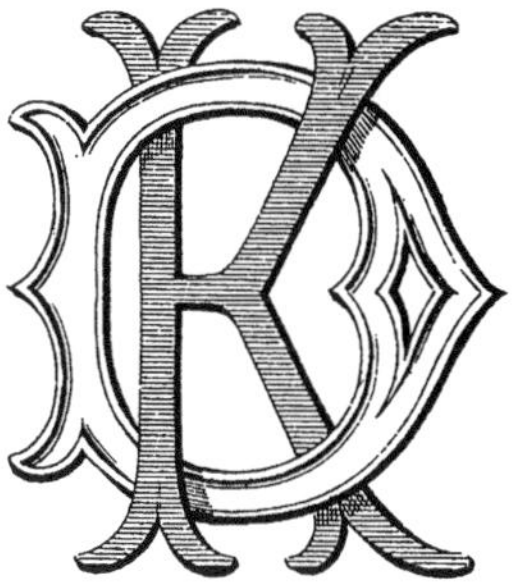

D K

243

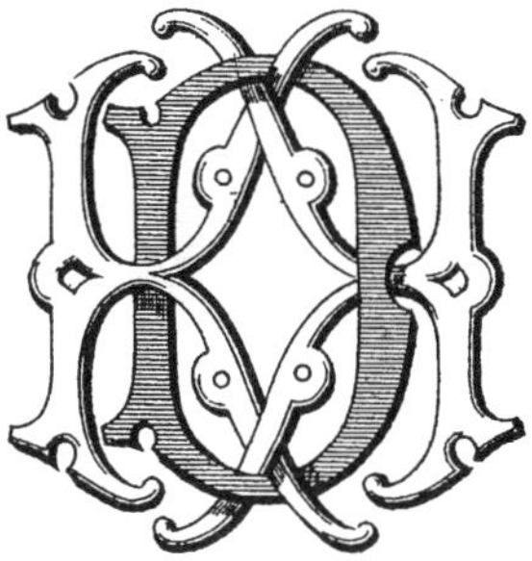

D K

244

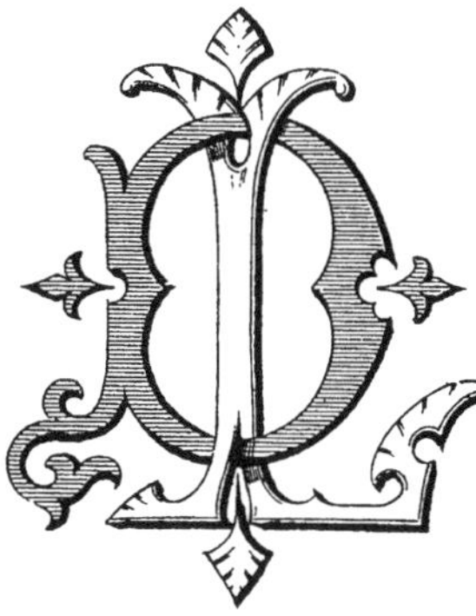

D L

245

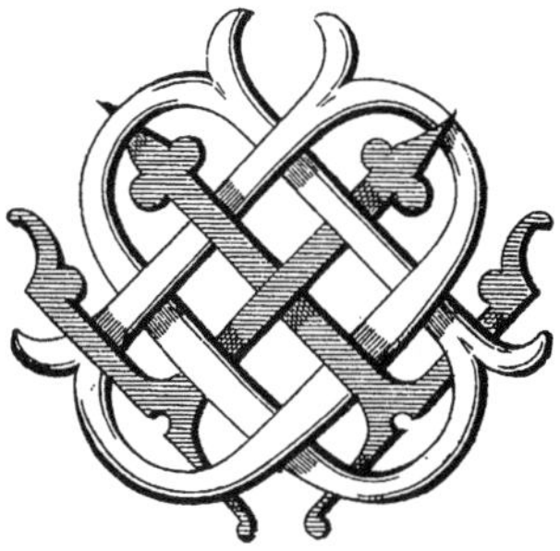

D L

246

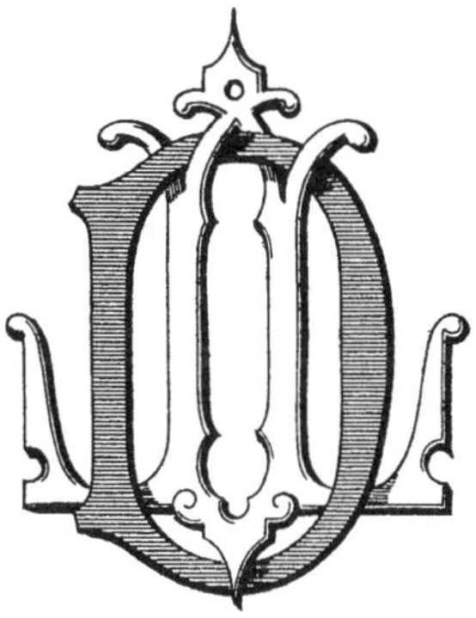

D L

247

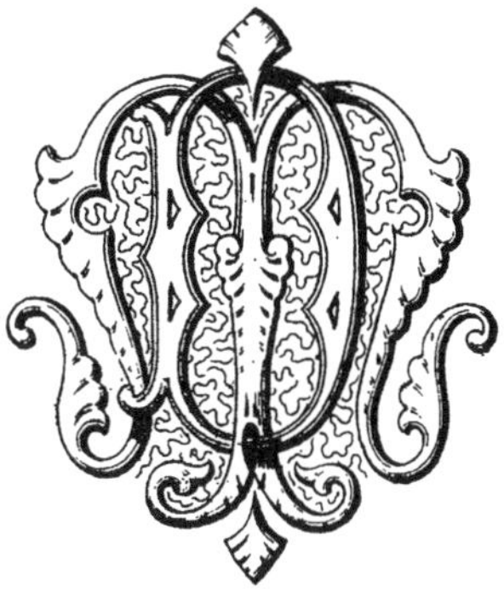

D M

248

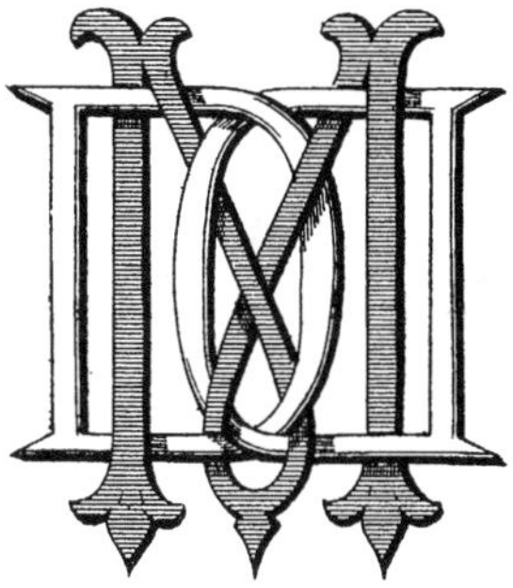

D M

249

D M

250

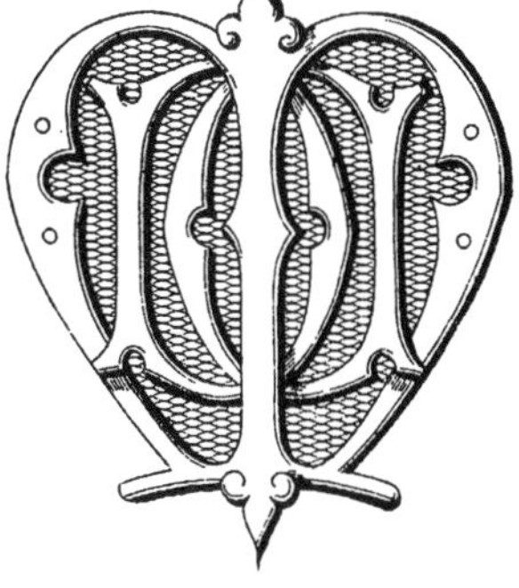

D M

251

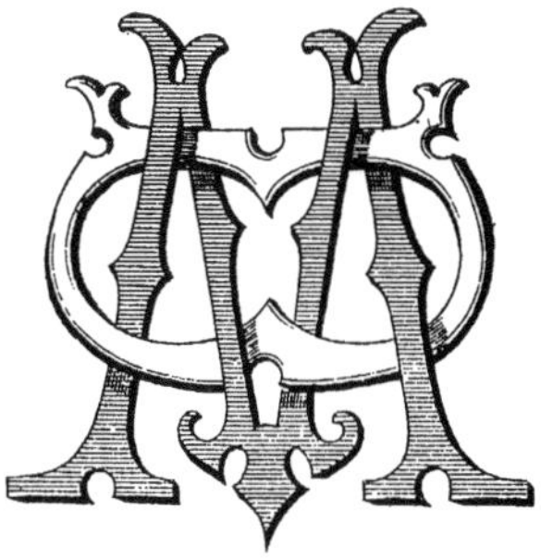

D M

252

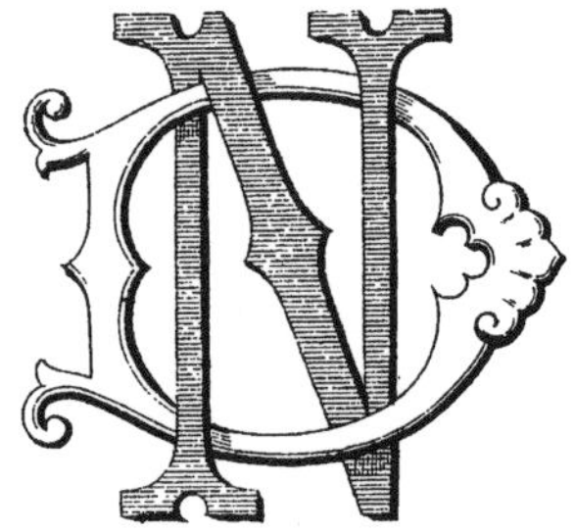

D N

253

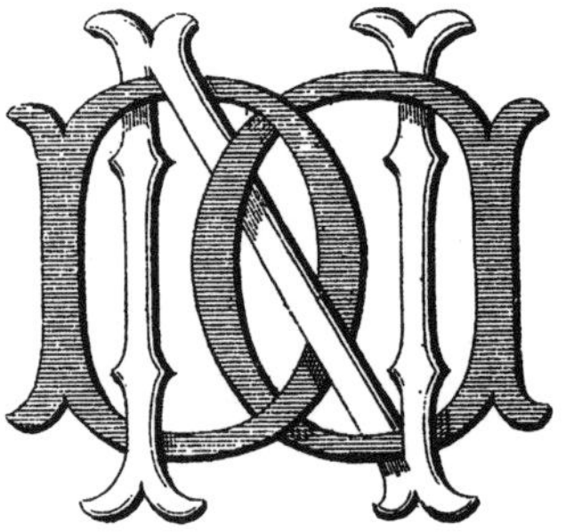

D N

254

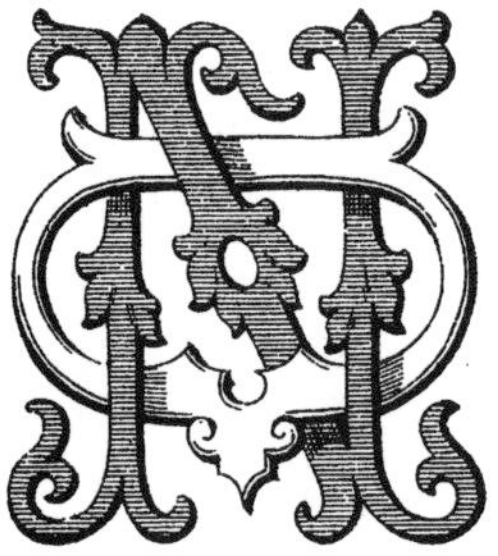

D N

255

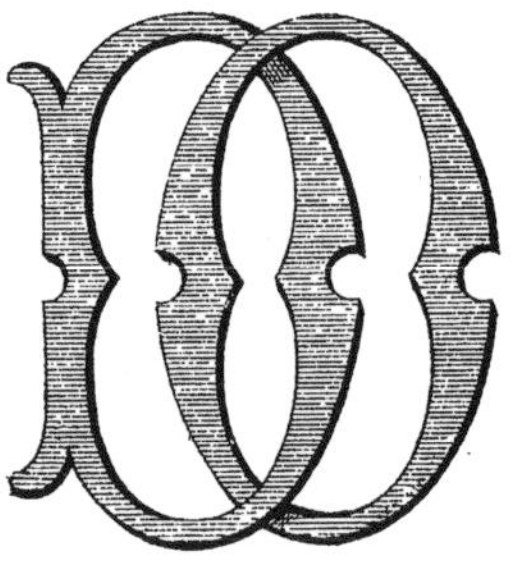

D O

256

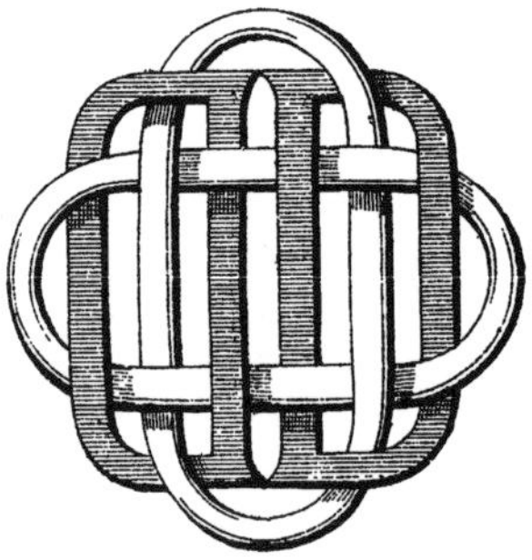

D O

257

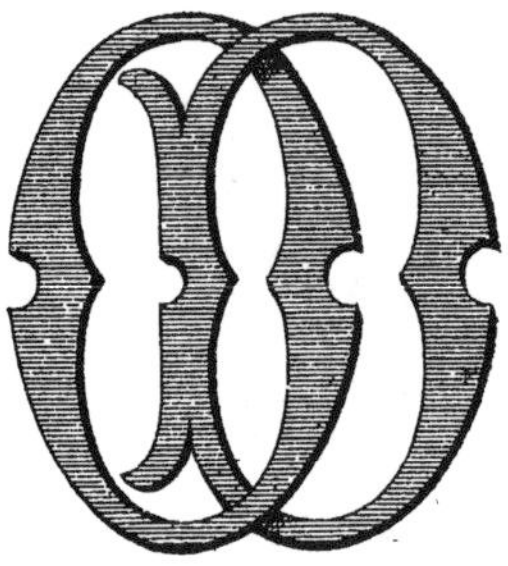

D O

258

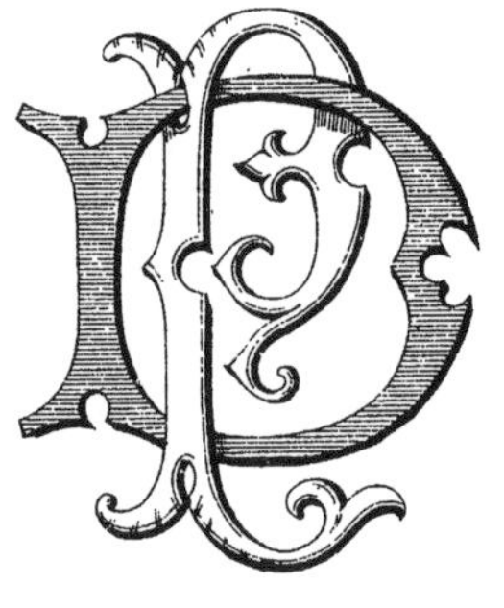

D P

259

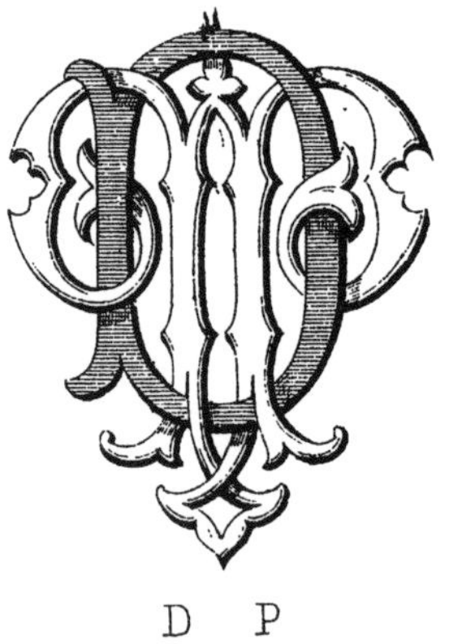

D P

260

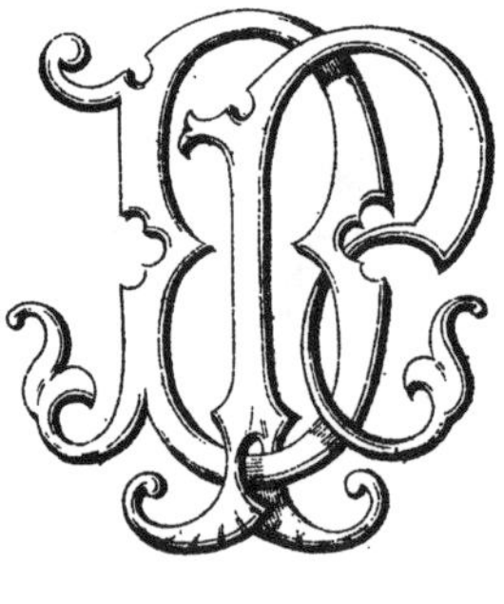

D P

261

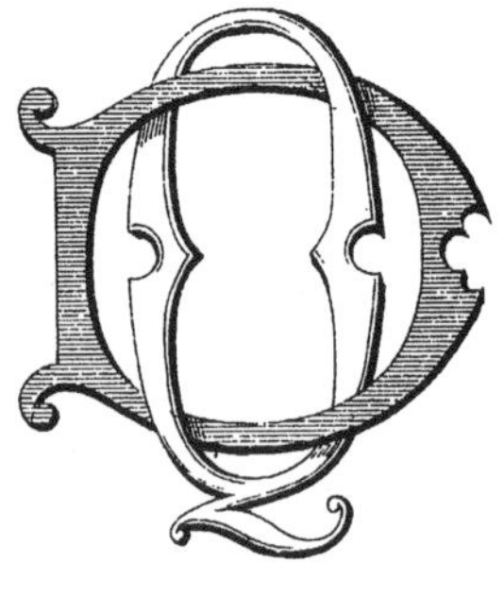

D Q

262

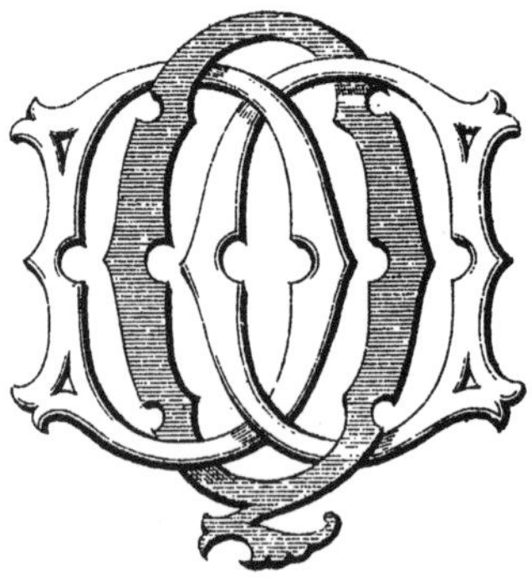

D Q

263

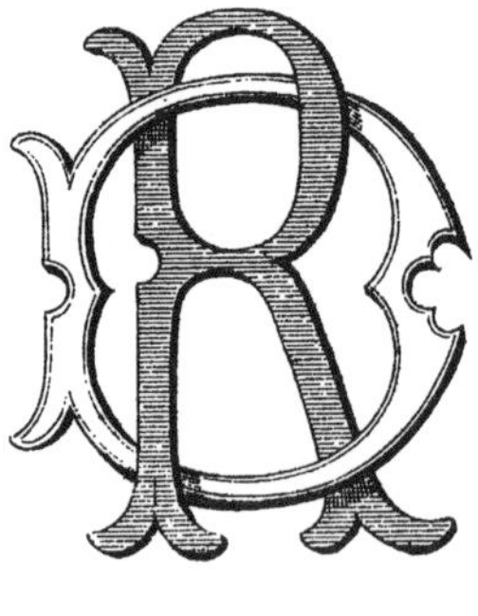

D R

264

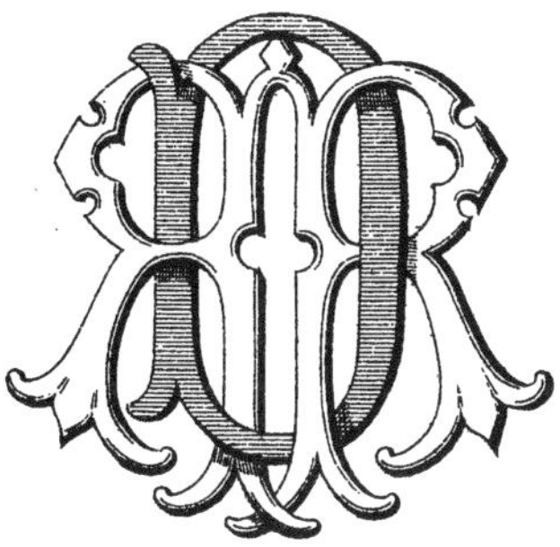

D R

265

D R

266

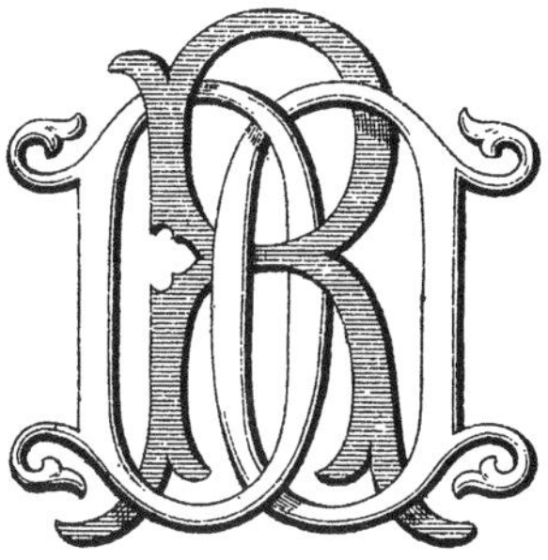

D R

267

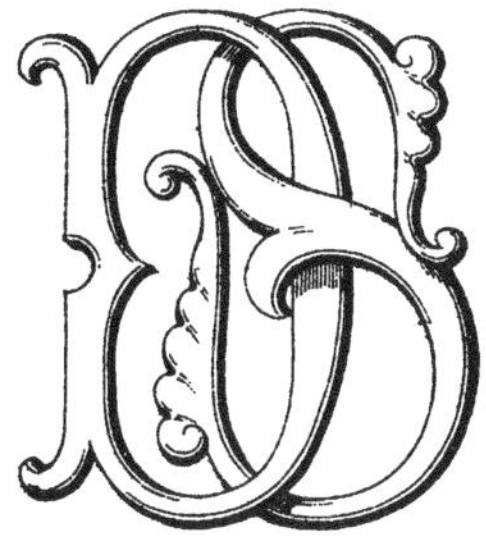

D S

268

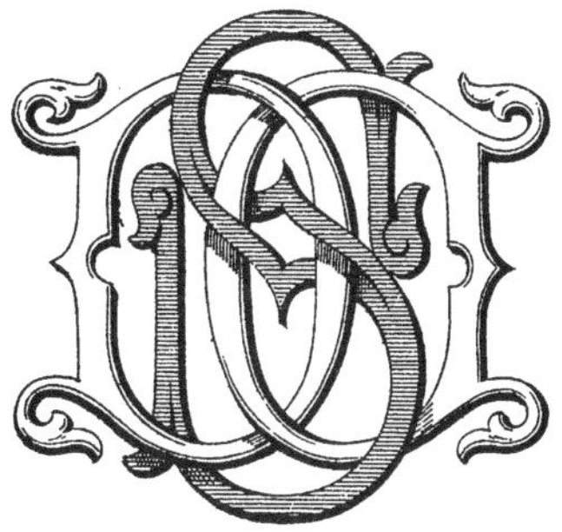

D S

269

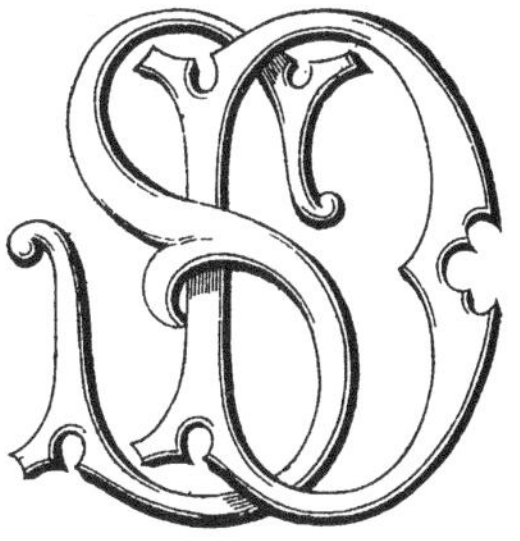

D S

270

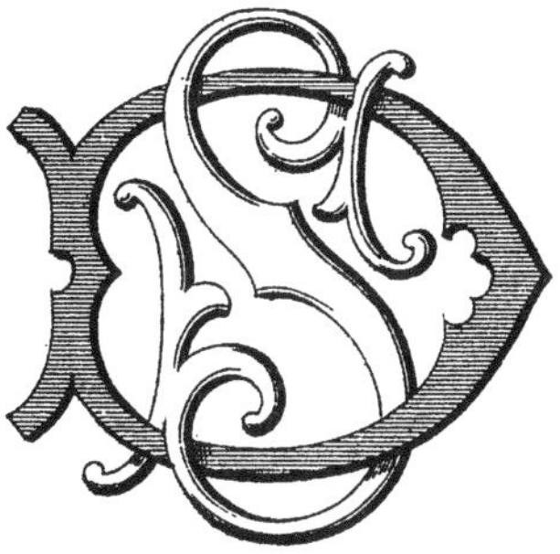

D S

271

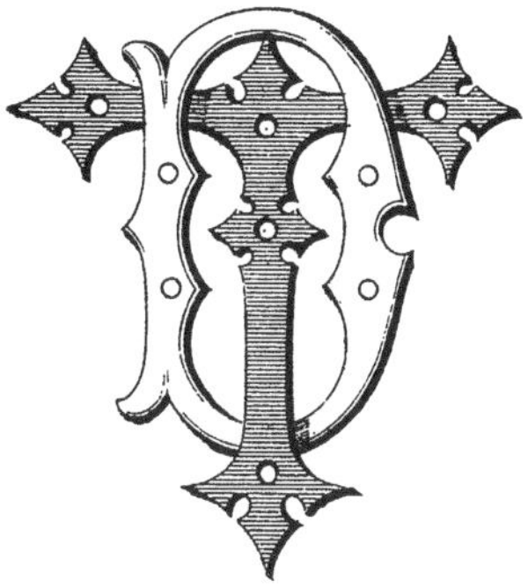

D T

272

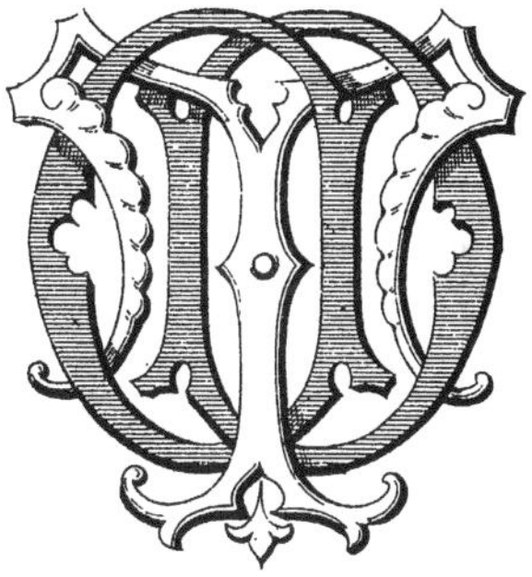

D T

273

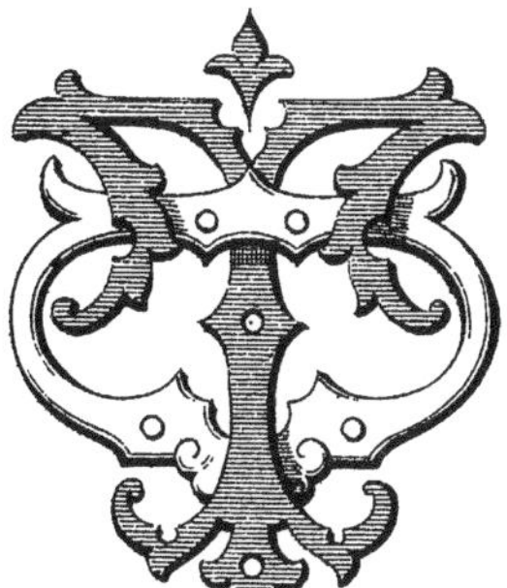

D T

274

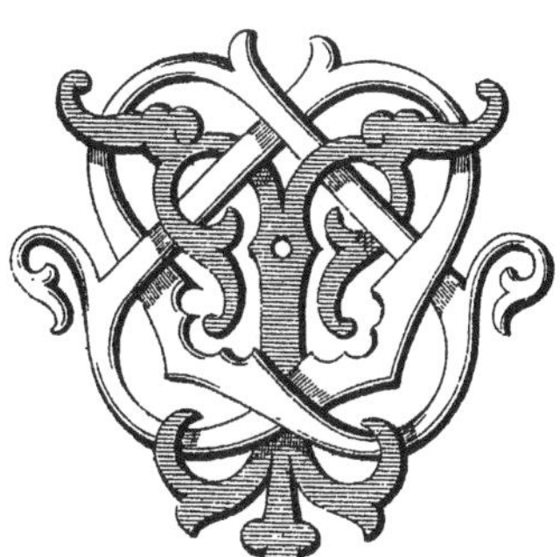

D T

275

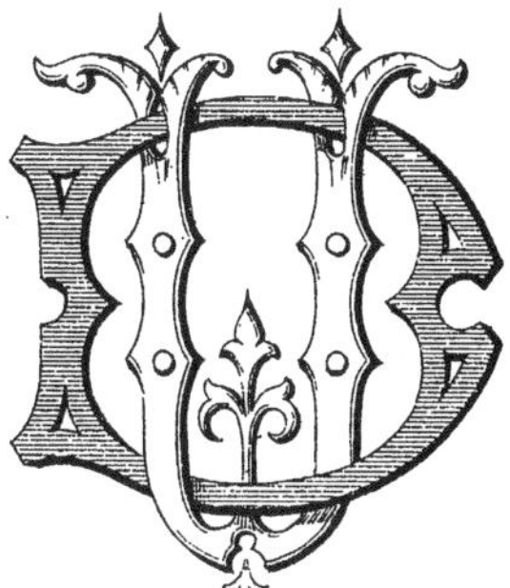

D U

276

D V

277

D V

278

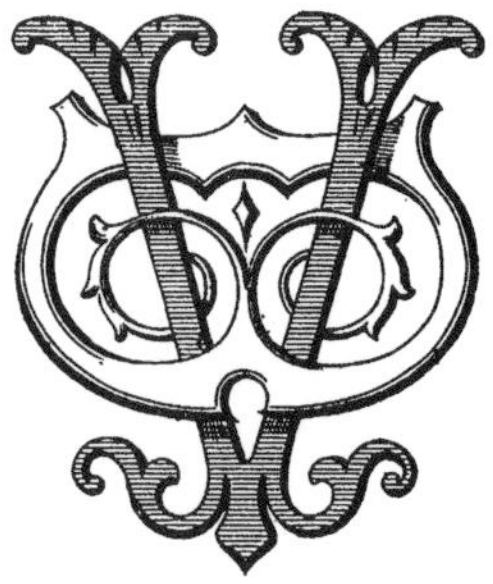

D V

279

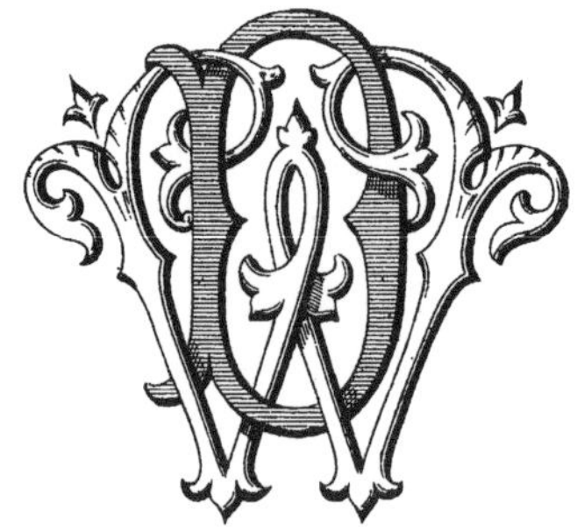

D W

280

D W

281

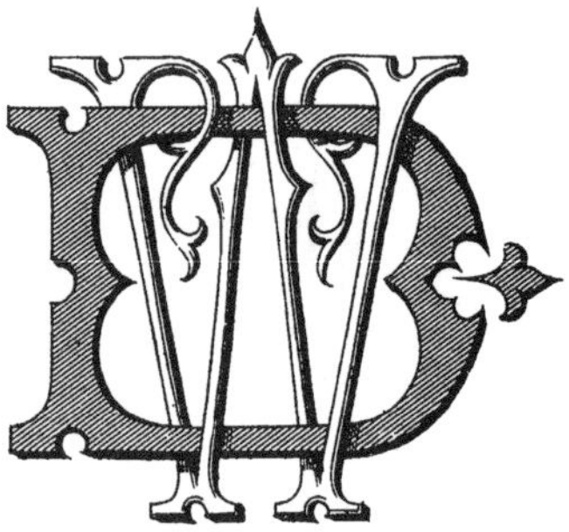

D W

282

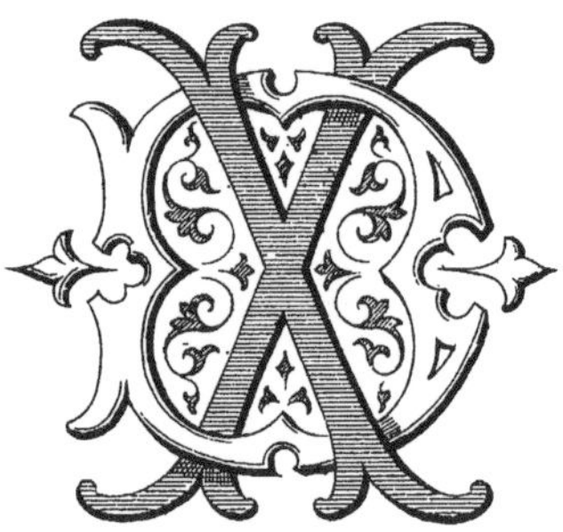

D X

283

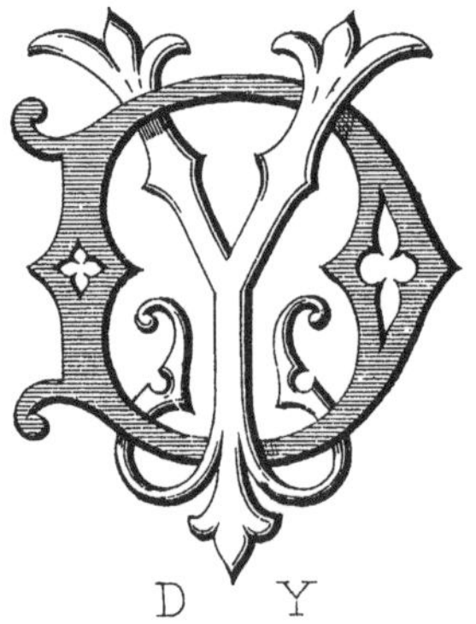

D Y

284

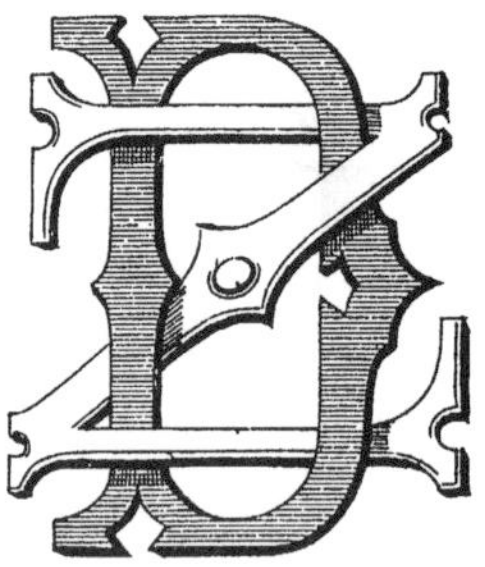

D Z

285

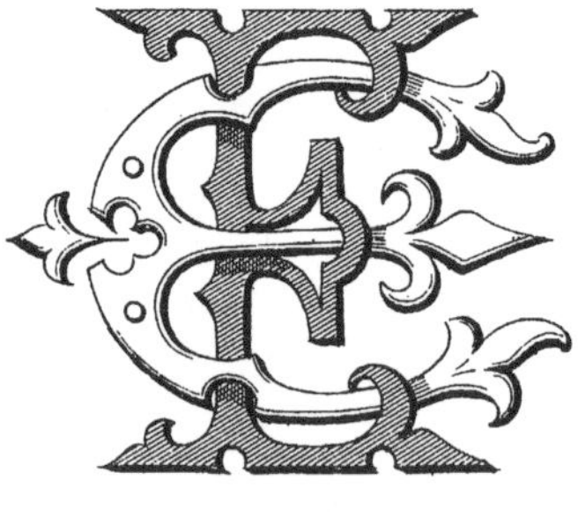

E E

286

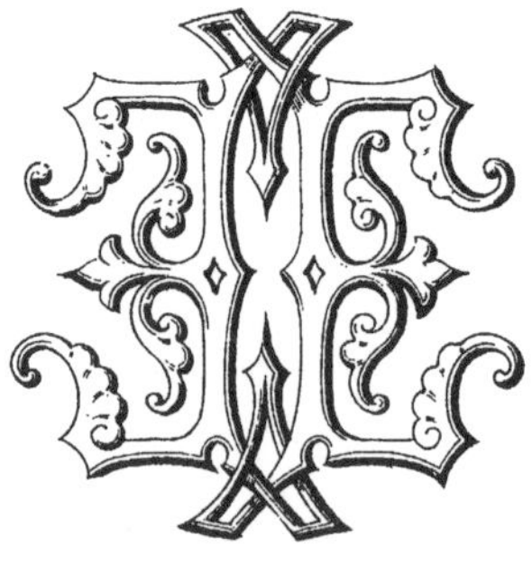

E E

287

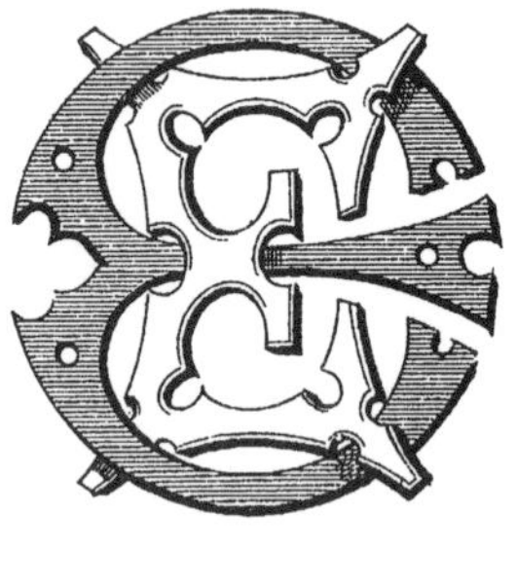

E E

288

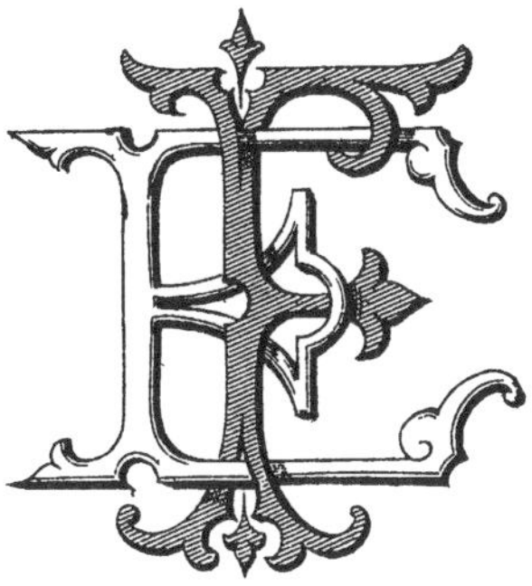

E F

289

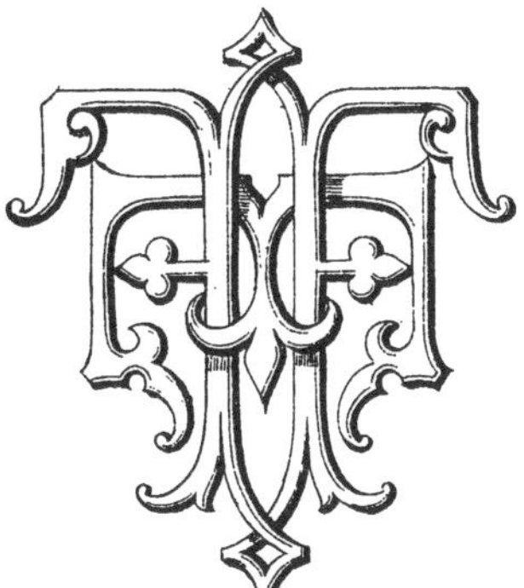

E F

290

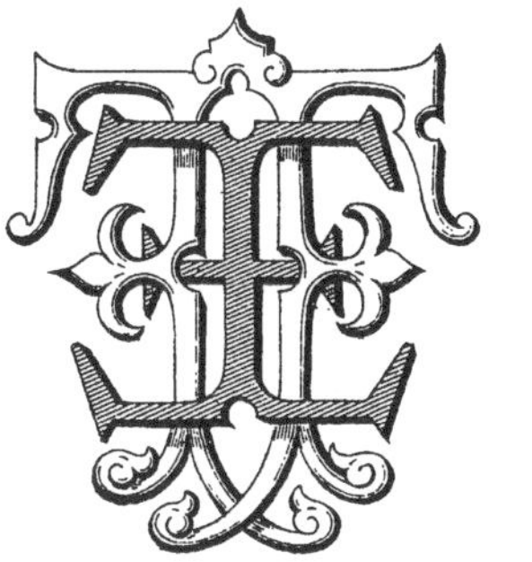

E F

291

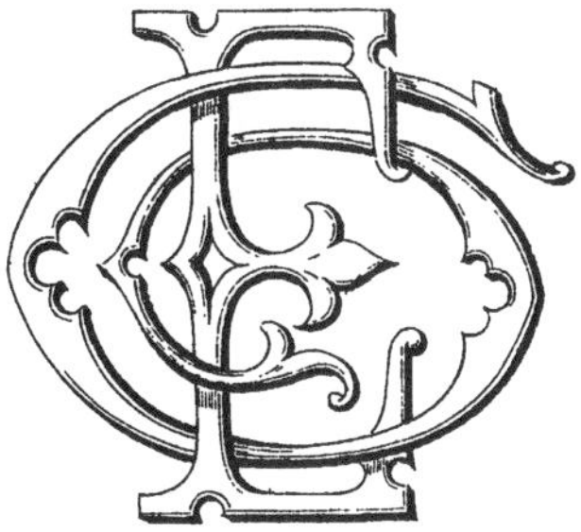

E G

292

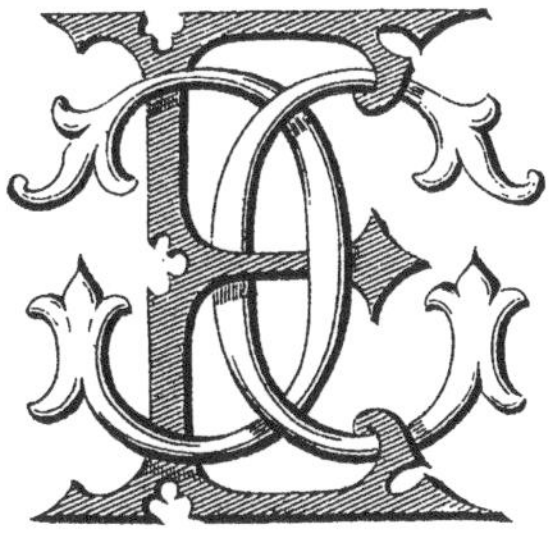

E G

293

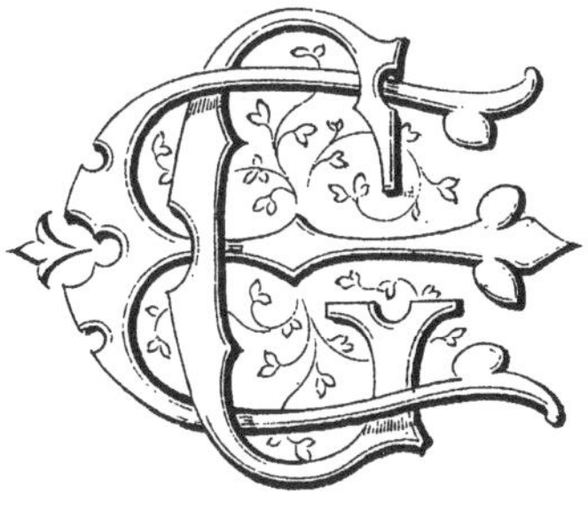

E G

294

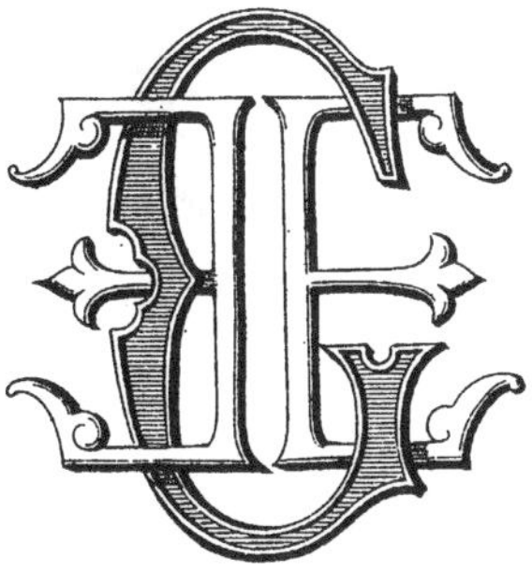

E G

295

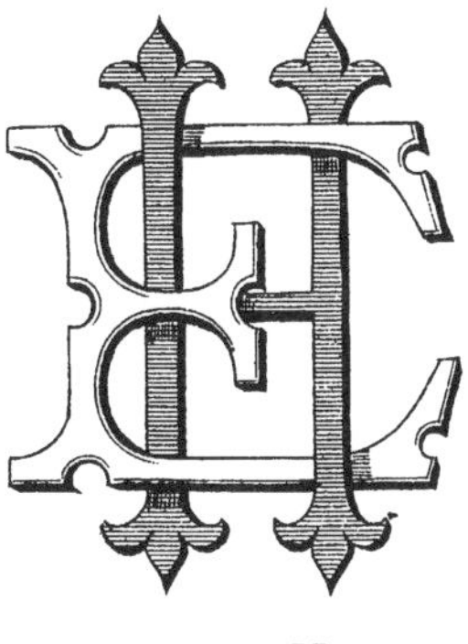

E H

296

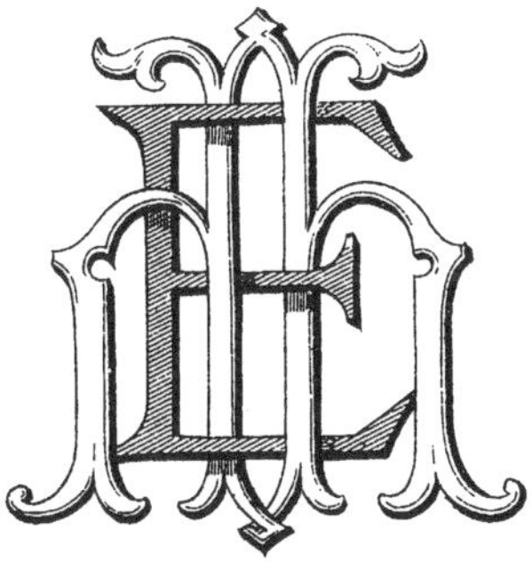

E H

297

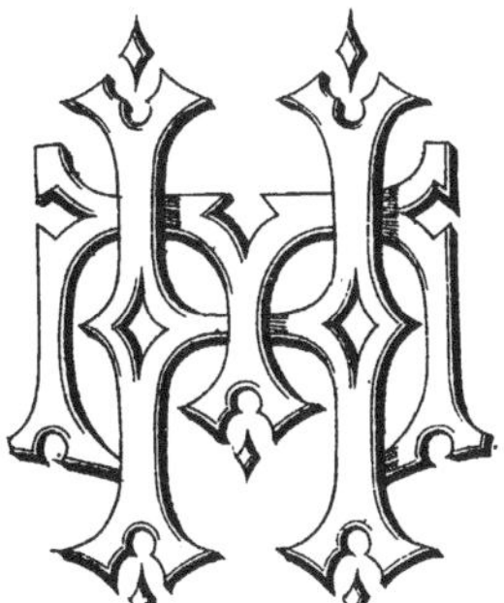

E H

298

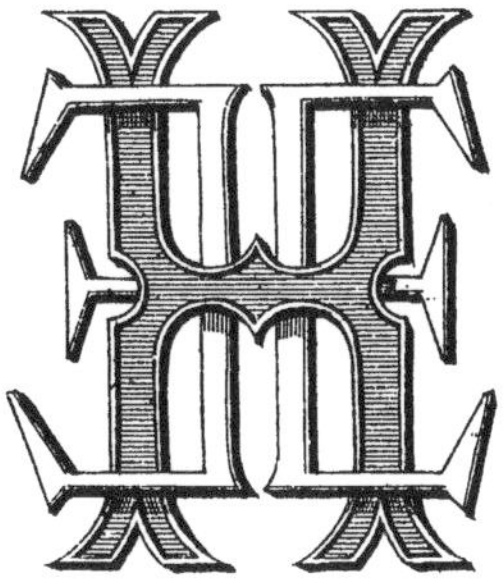

E H

299

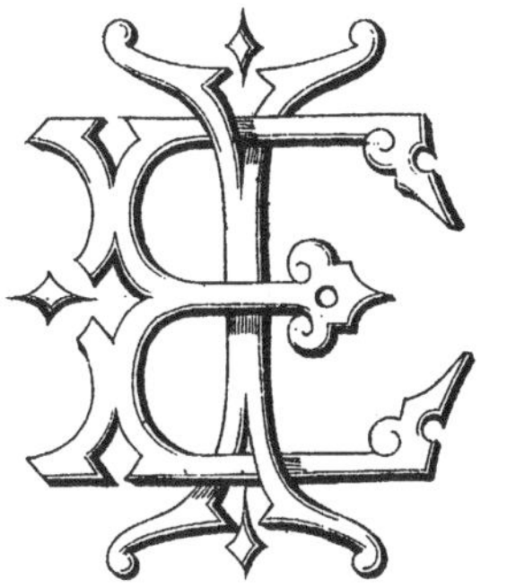

E I

300

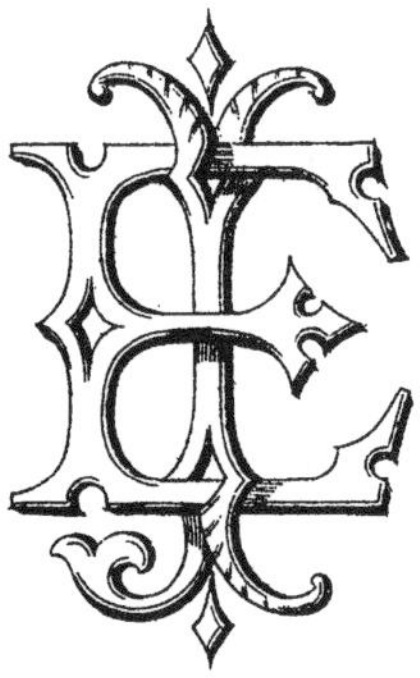

E J

301

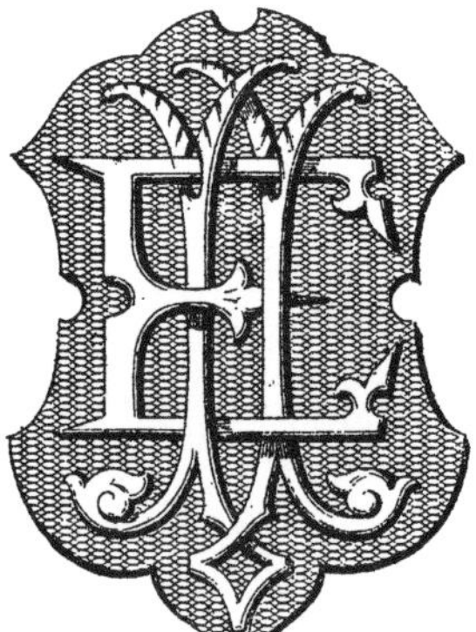

E J

302

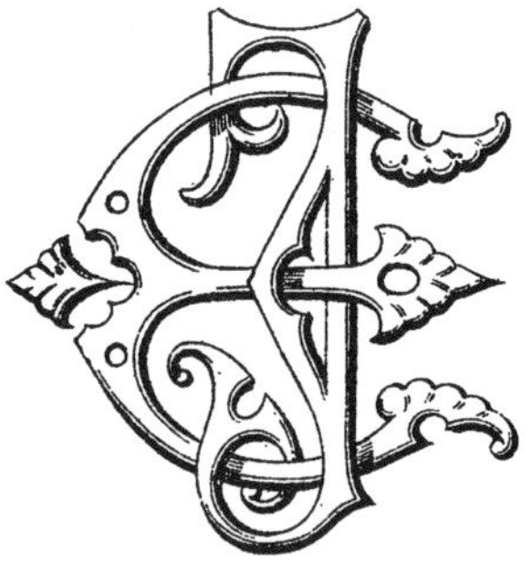

E J

303

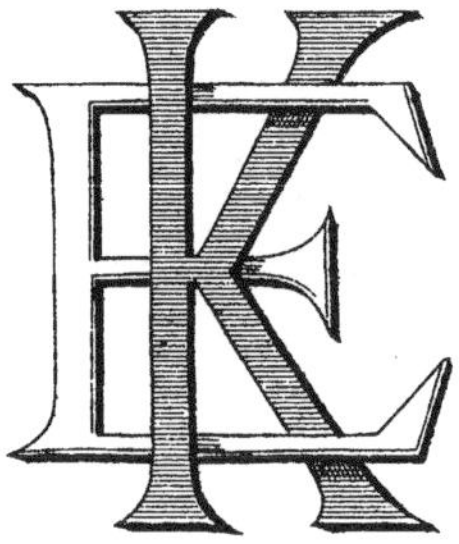

E K

304

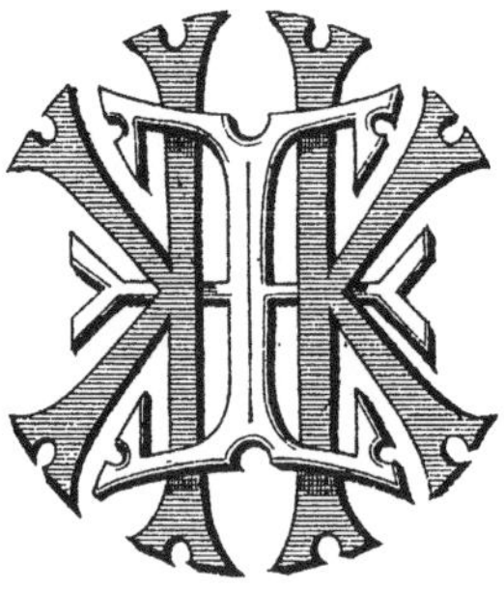

E K

305

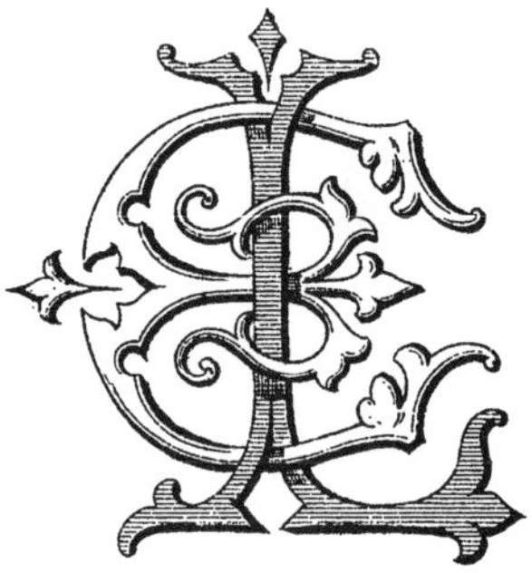

E L

306

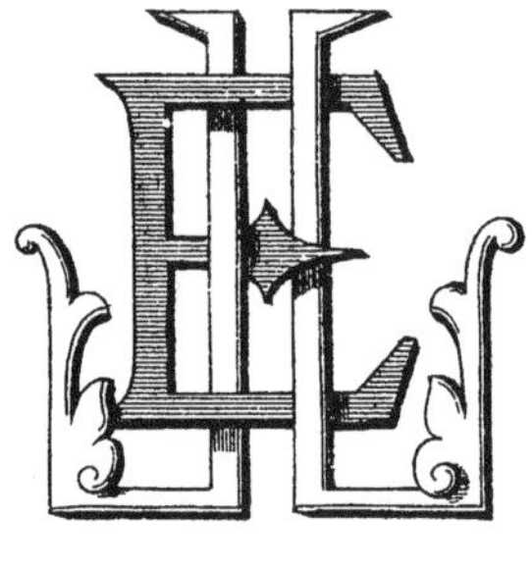

E L

307

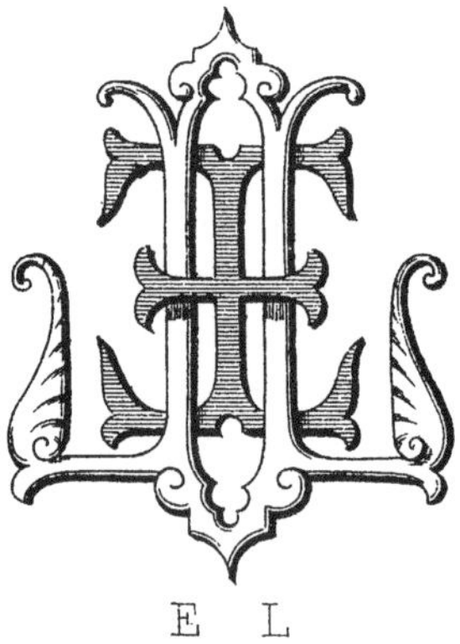

E L

308

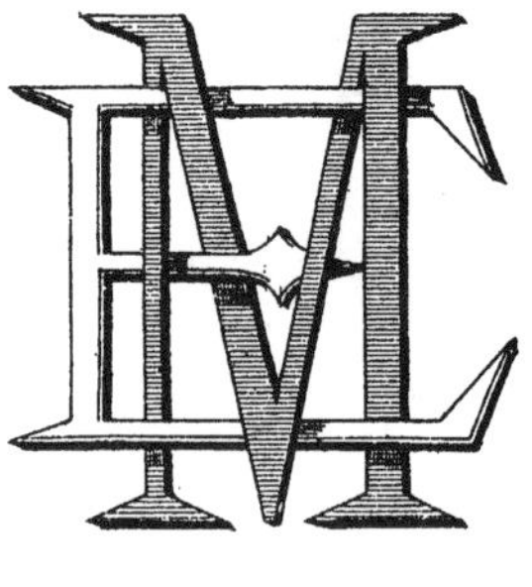

E M

309

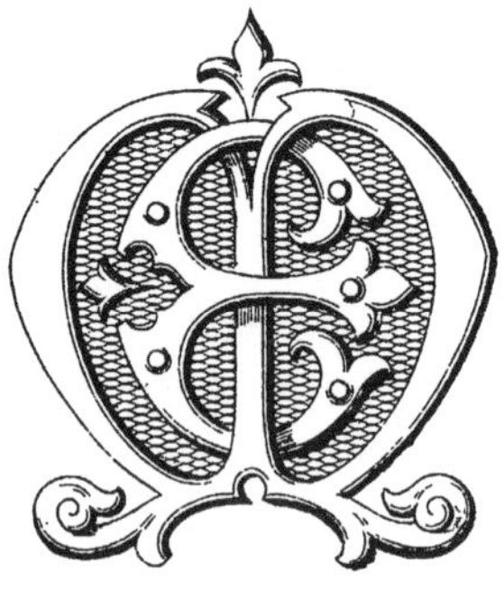

E M

310

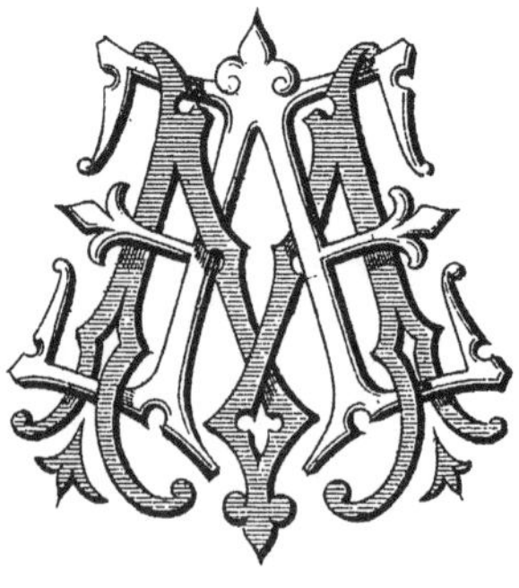

E M

311

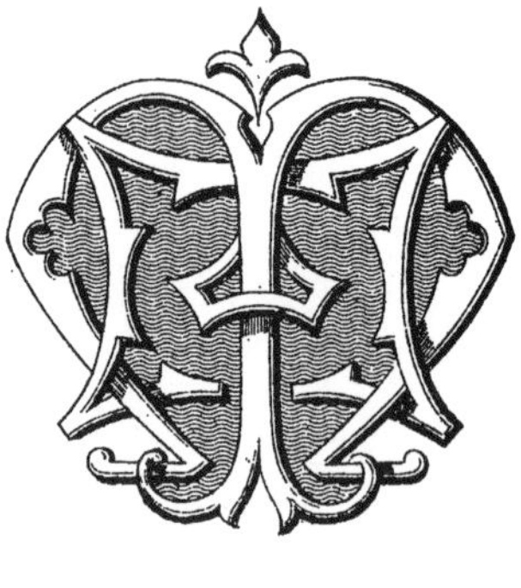

E M

312

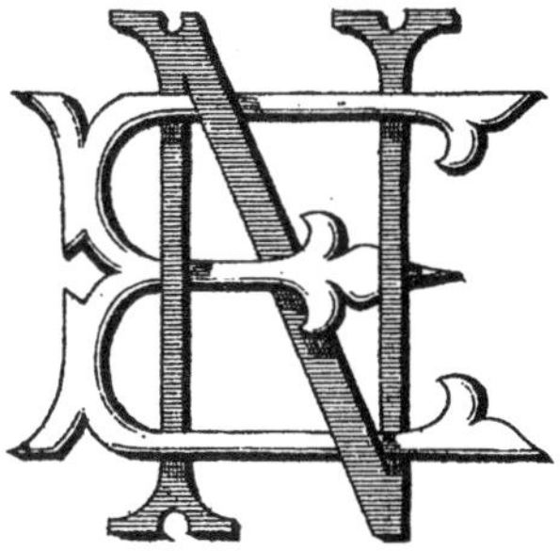

E N

313

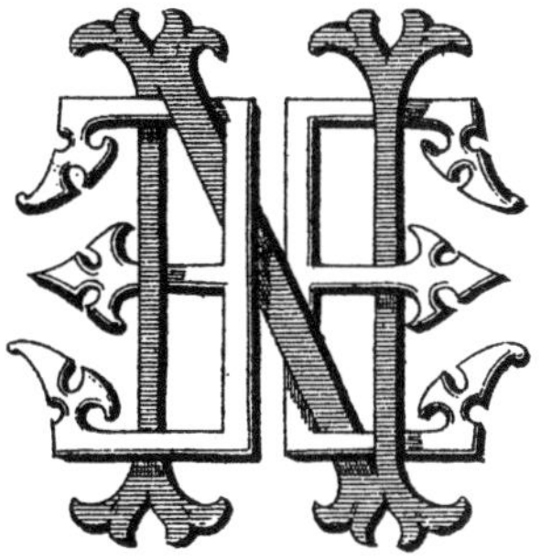

E N

314

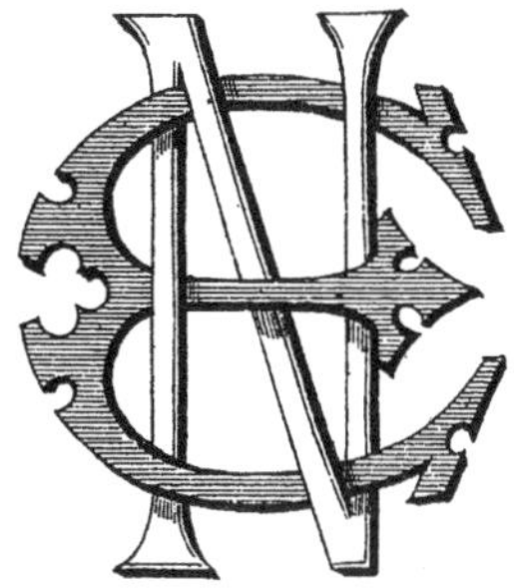

E N

315

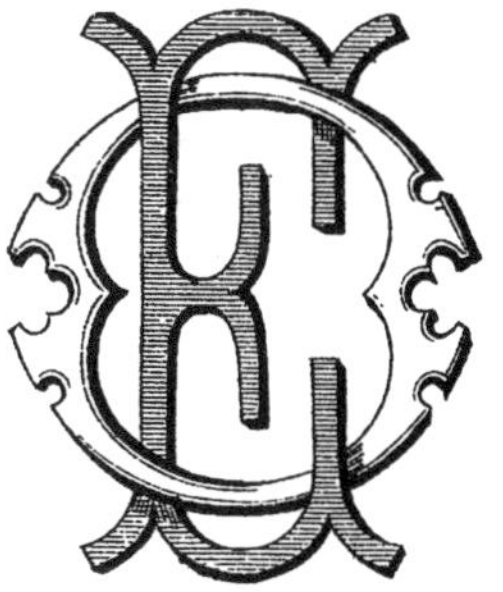

E O

316

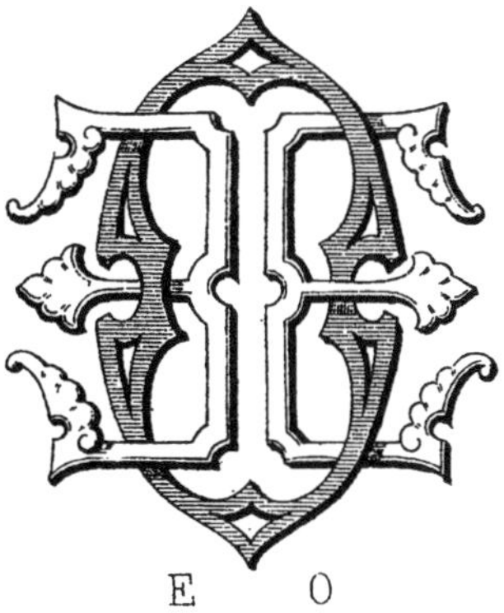

E O

317

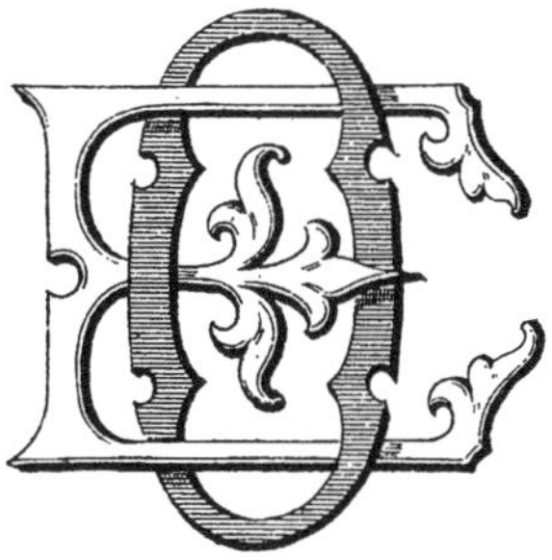

E O

318

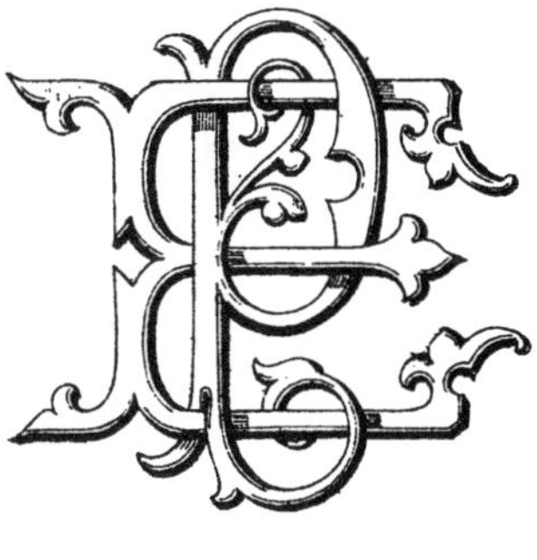

E P

319

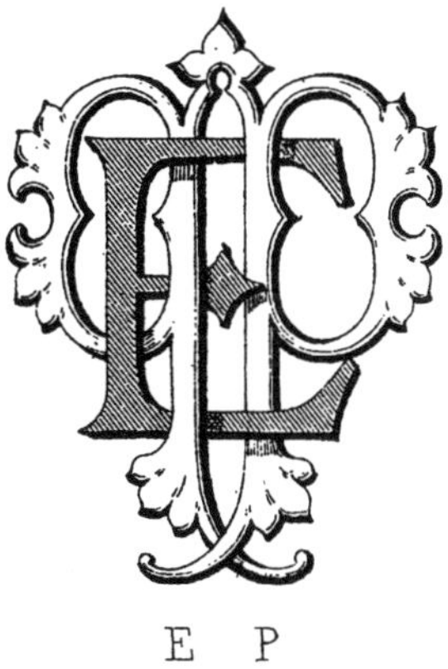

E P

320

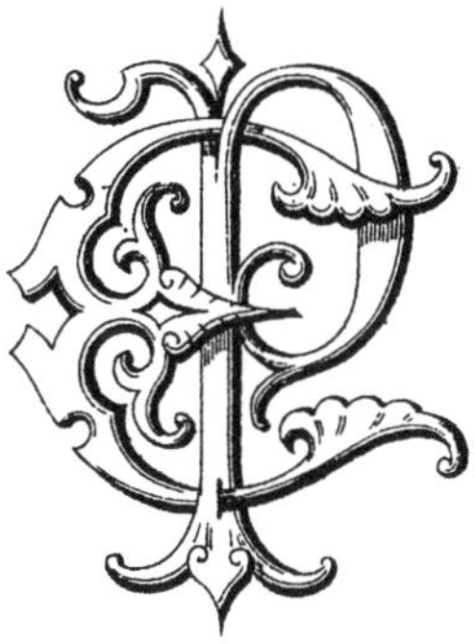

E P

321

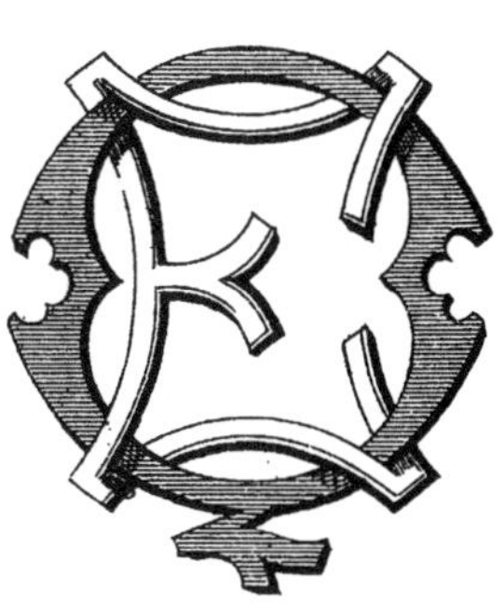

E Q

322

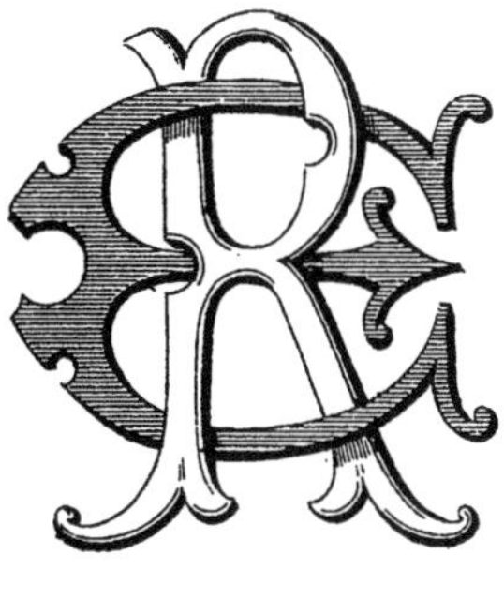

E R

323

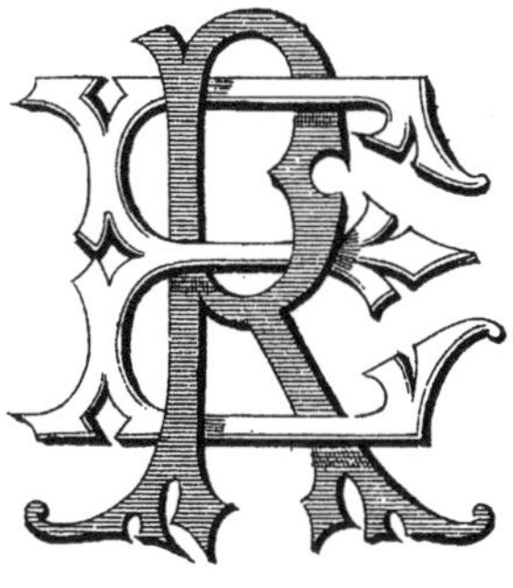

E R

324

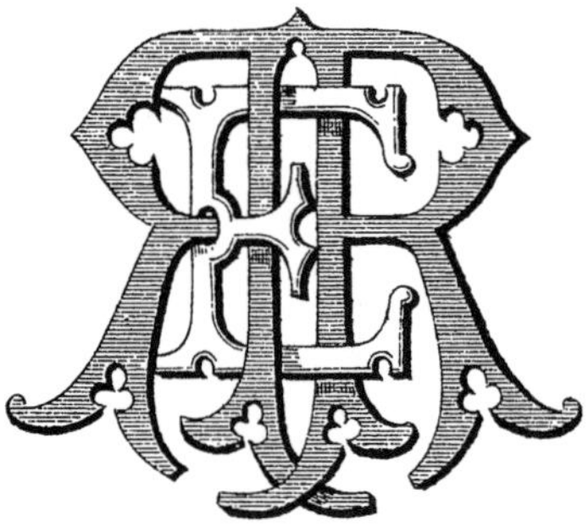

E R

325

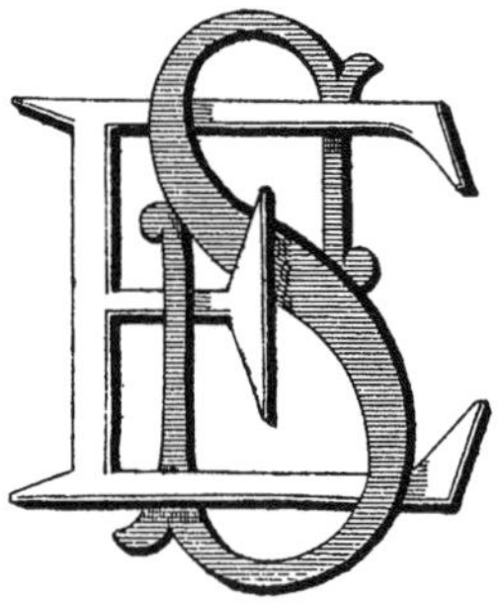

E S

326

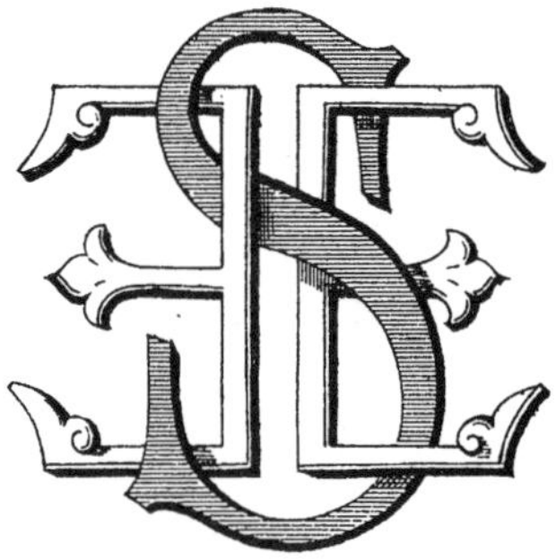

E S

327

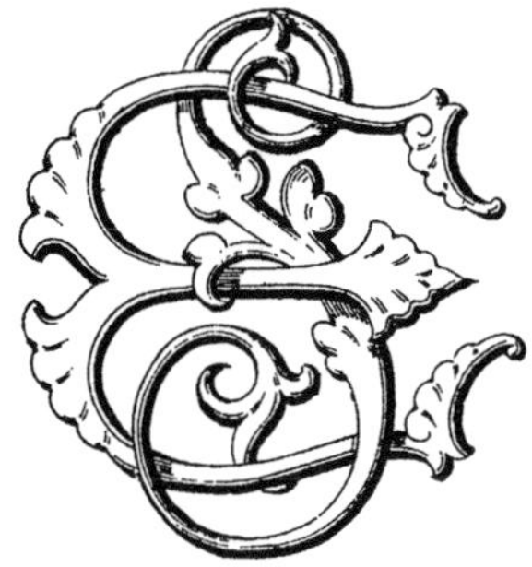

E S

328

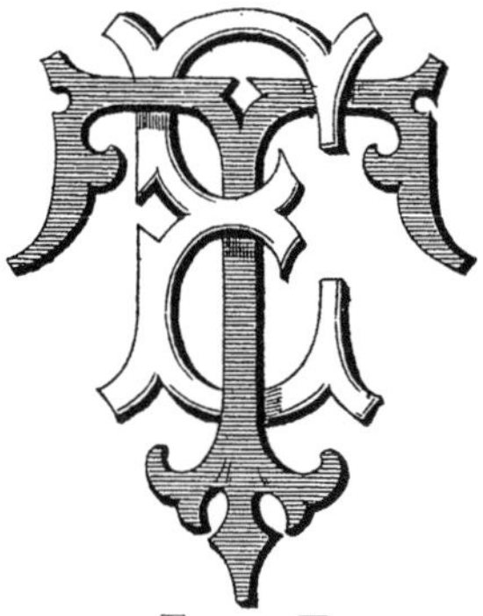

E T

329

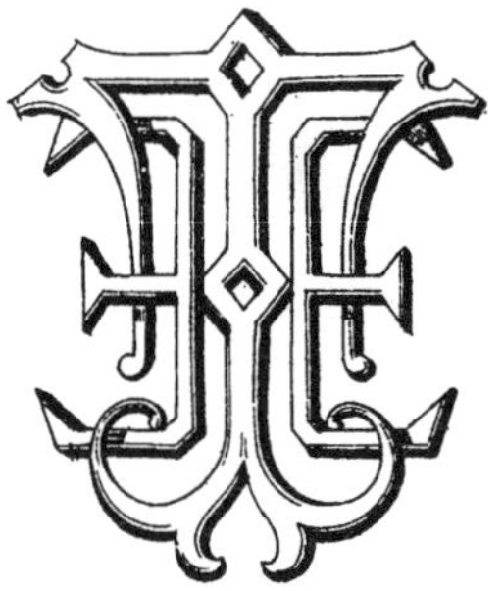

E T

330

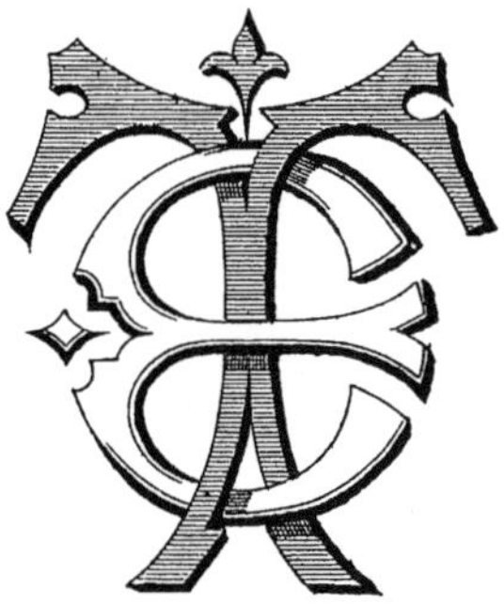

E T

331

E T

332

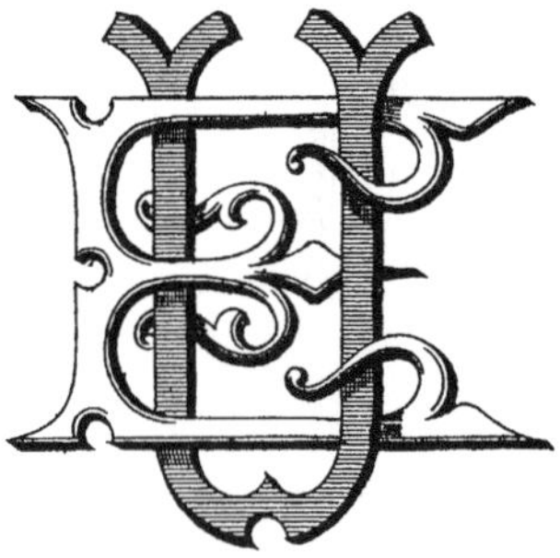

E U

333

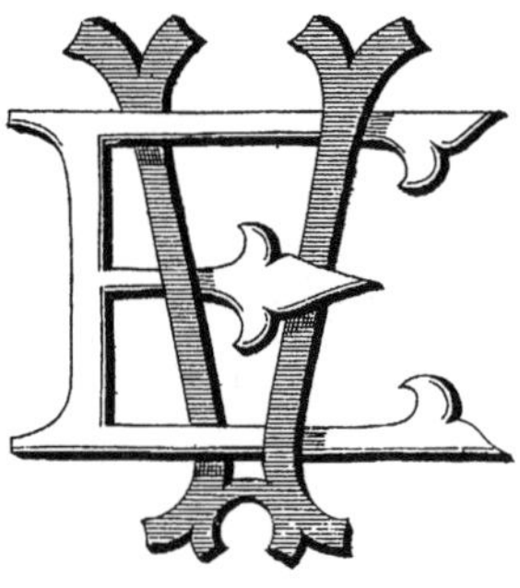

E V

334

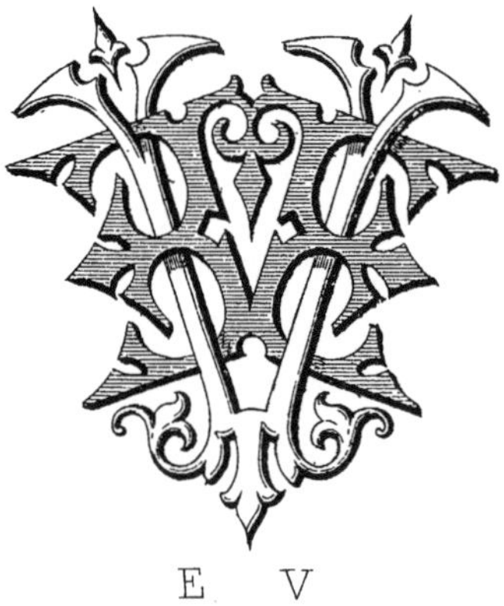

E V

335

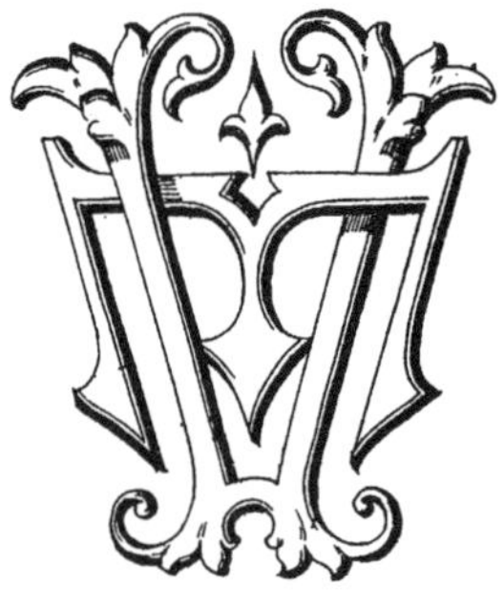

E V

336

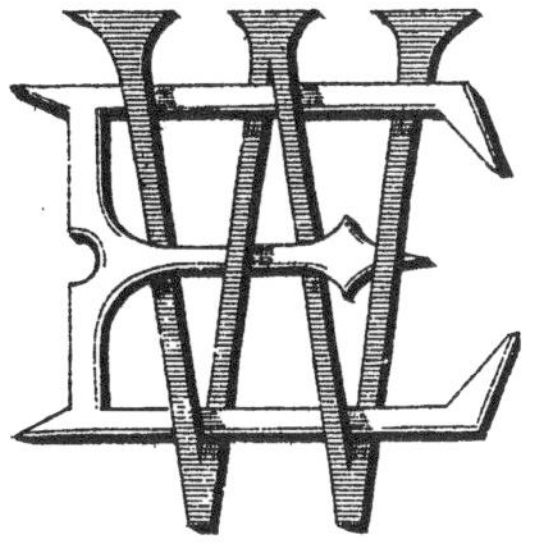

E W

337

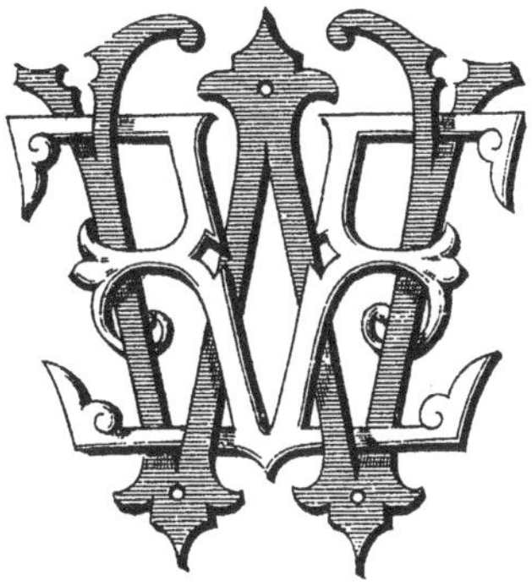

E W

338

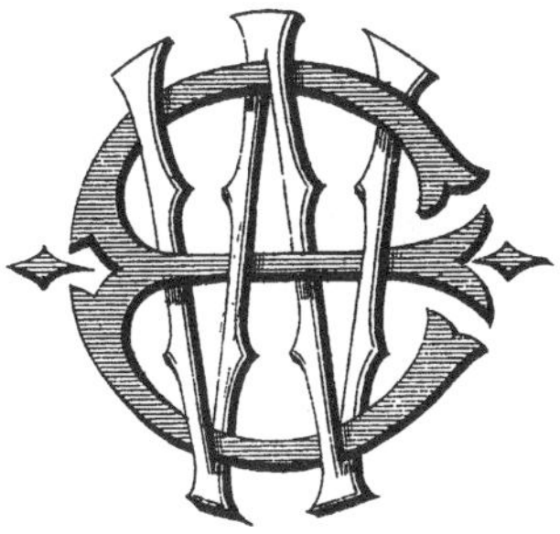

E W

339

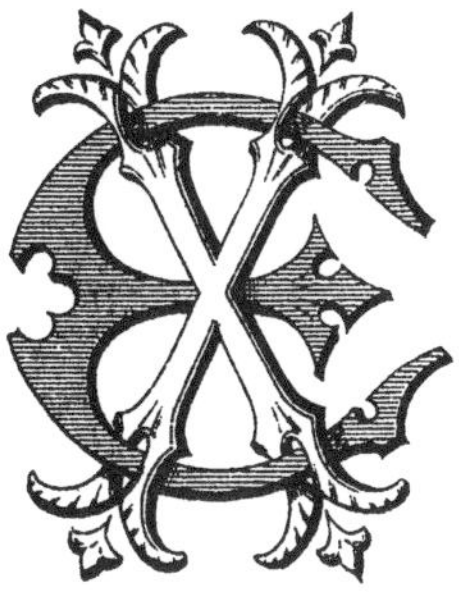

E X

340

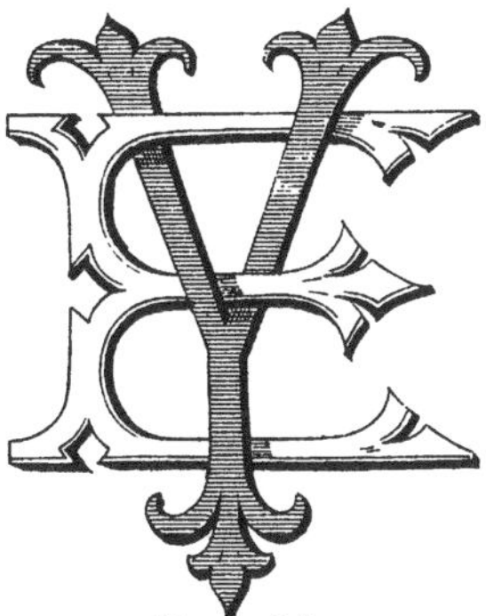

E Y

341

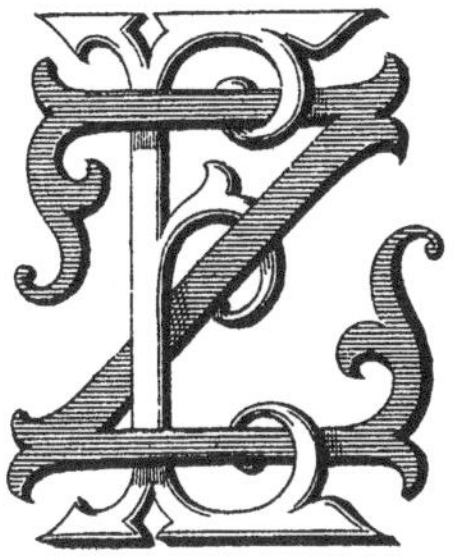

E Z

342

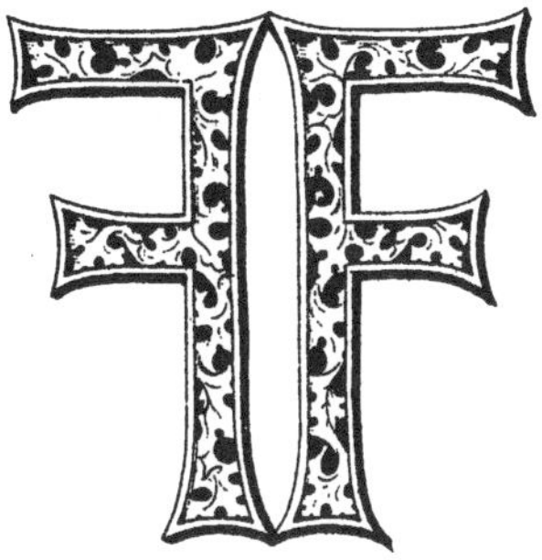

F F

343

F F

344

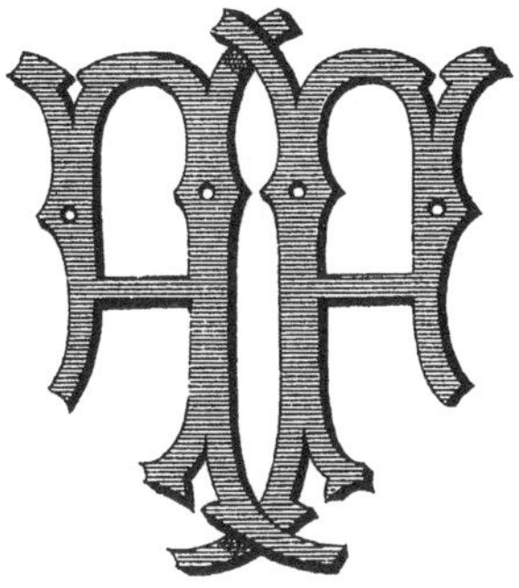

F F

345

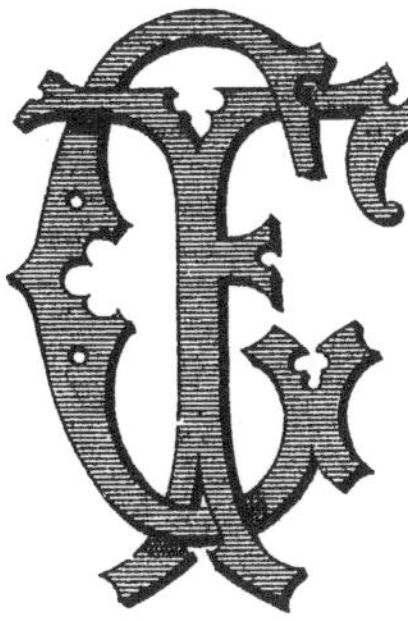

F G

346

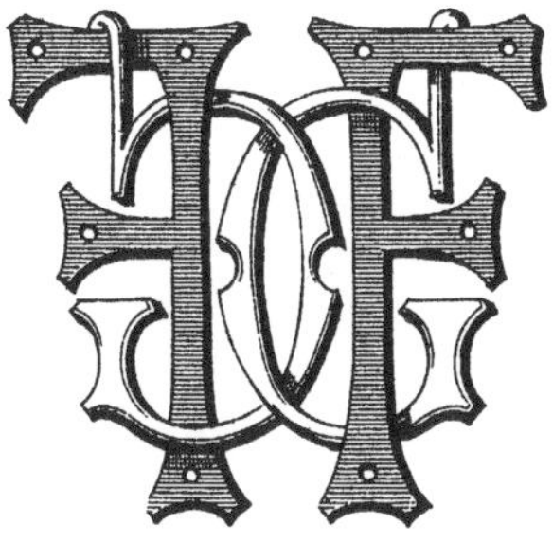

F G

347

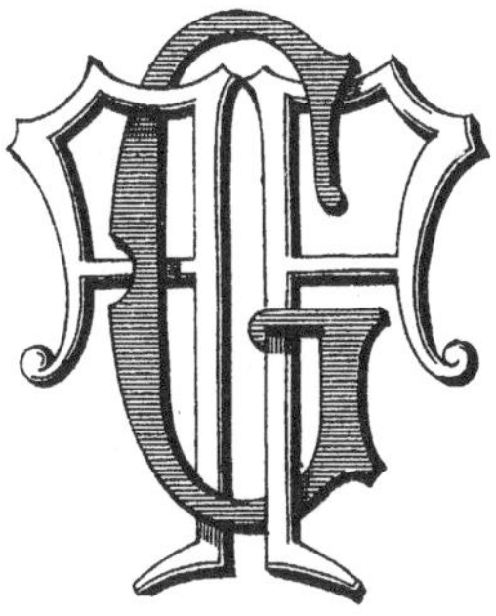

F G

348

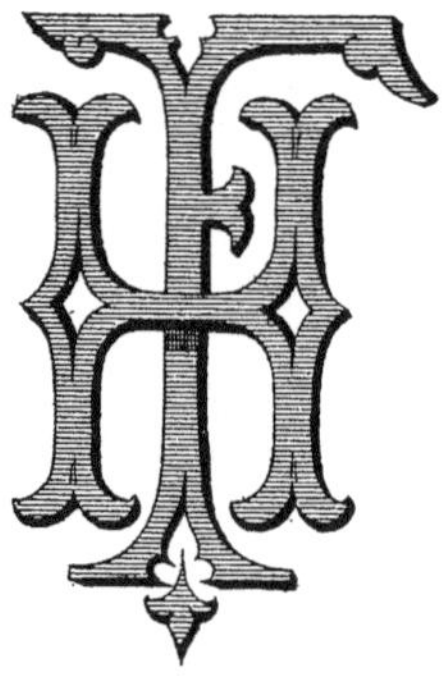

F H
349

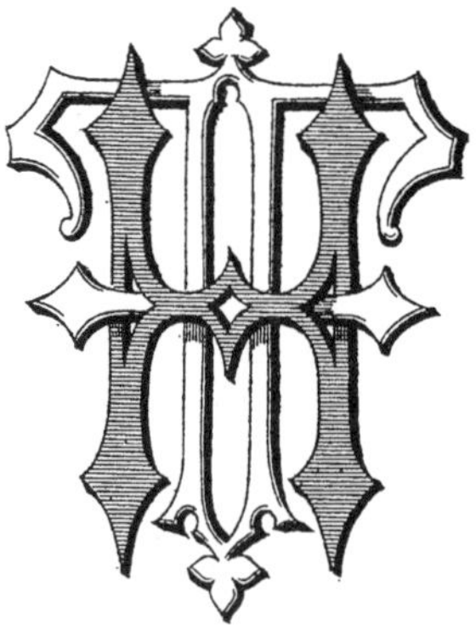

F H
350

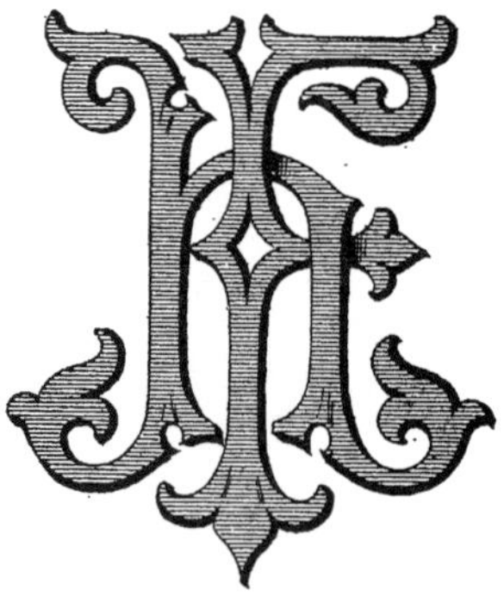

F H
351

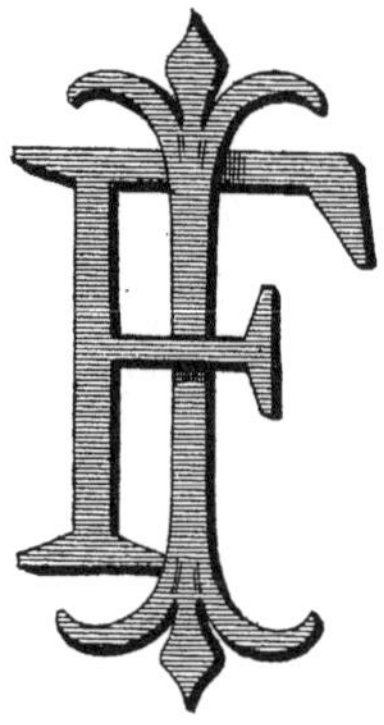

F I
352

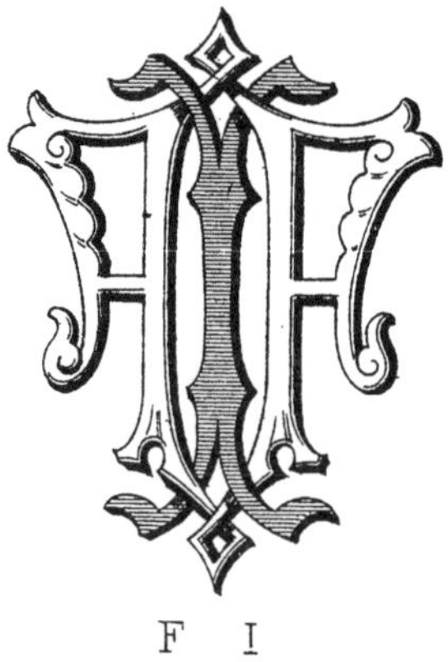

F I
353

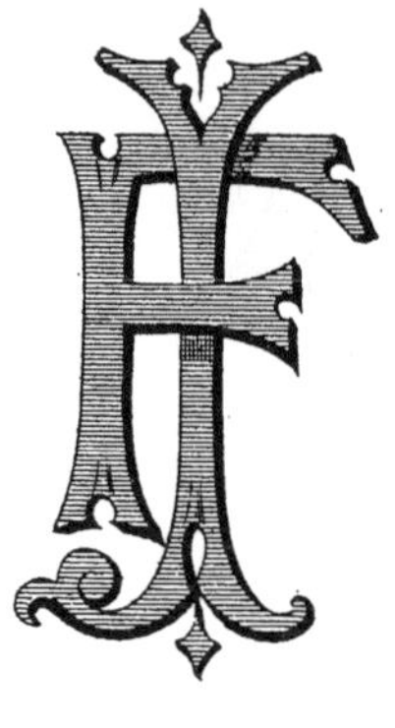

F J
354

F J
355

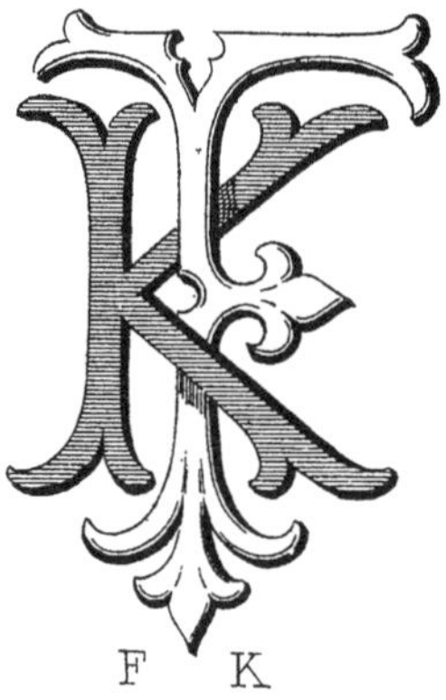

F K
356

F L
357

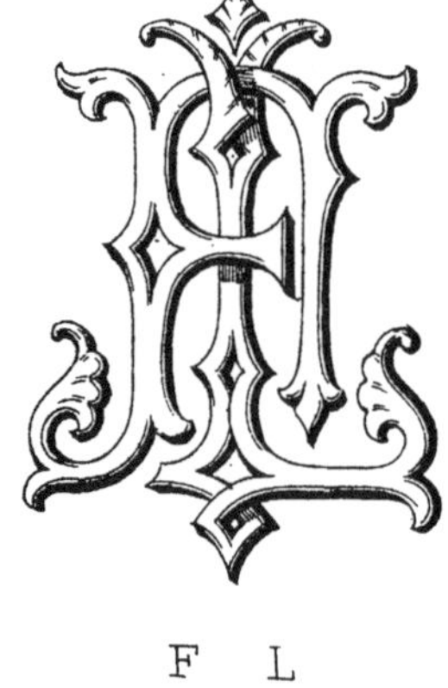

F L
358

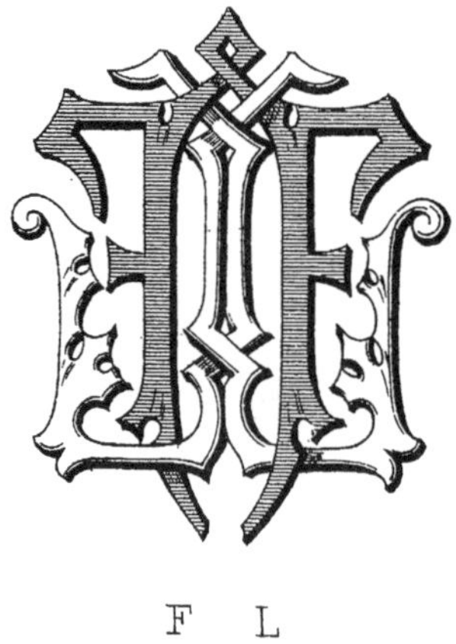

F L
359

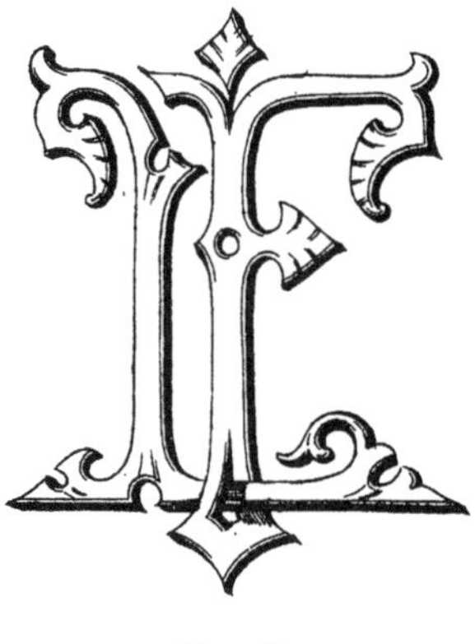

F L
360

F M
361

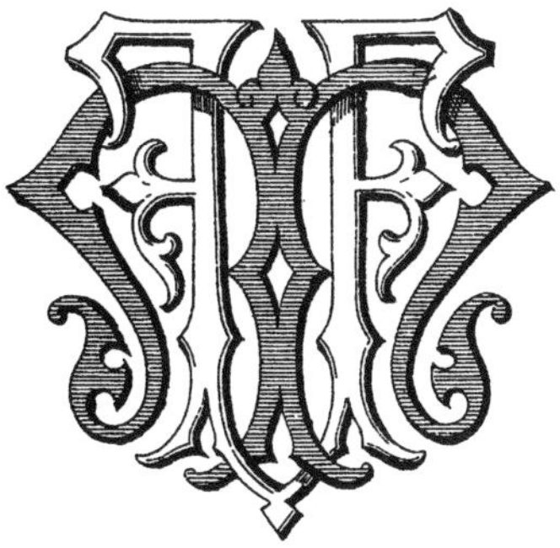

F M
362

F M
363

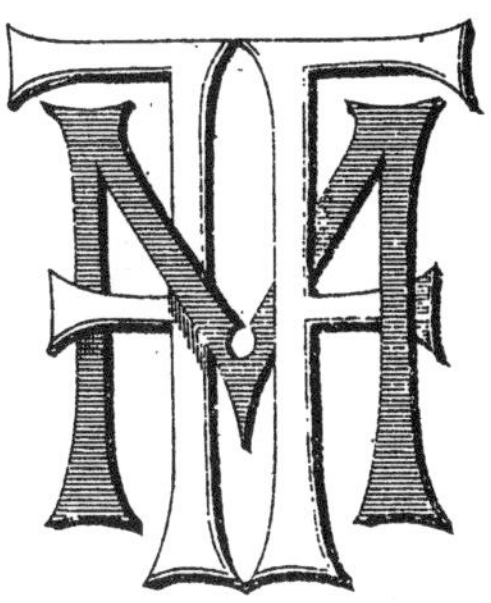

F M
364

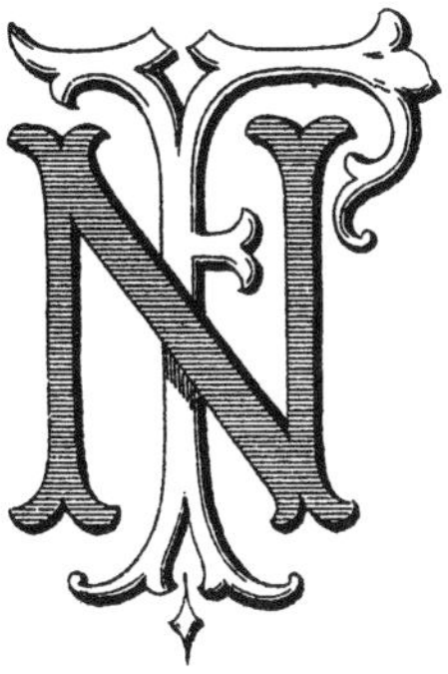

F N
365

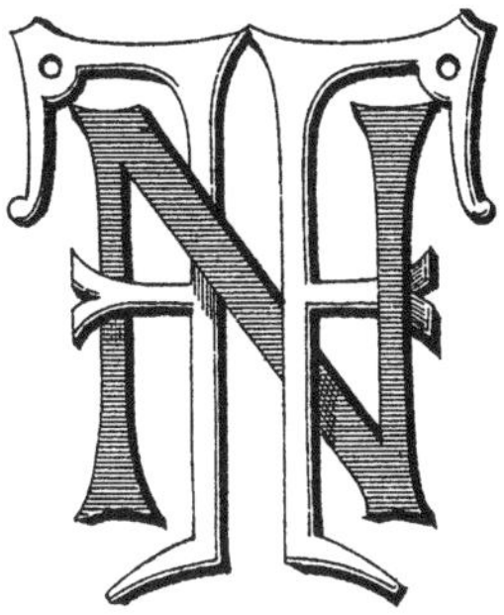

F N
366

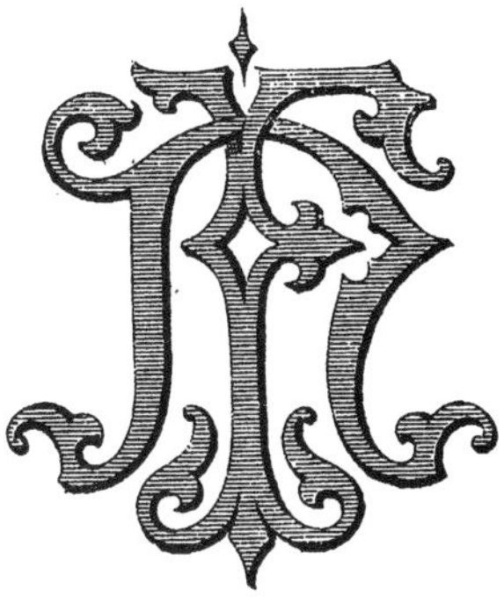

F N
367

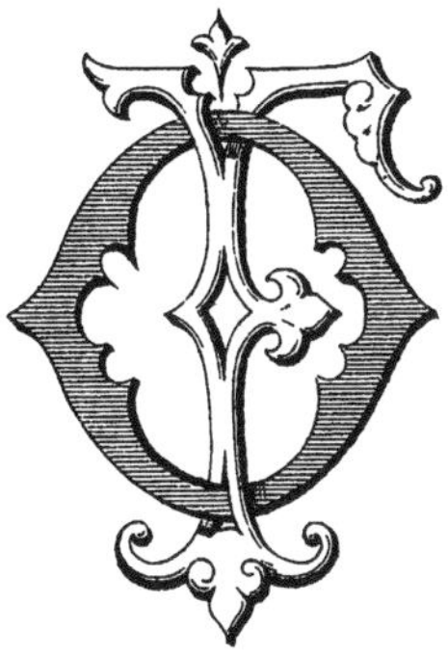

F O
368

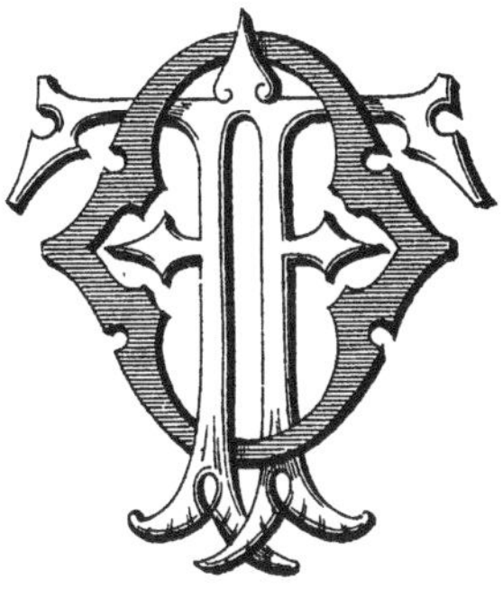

F O
369

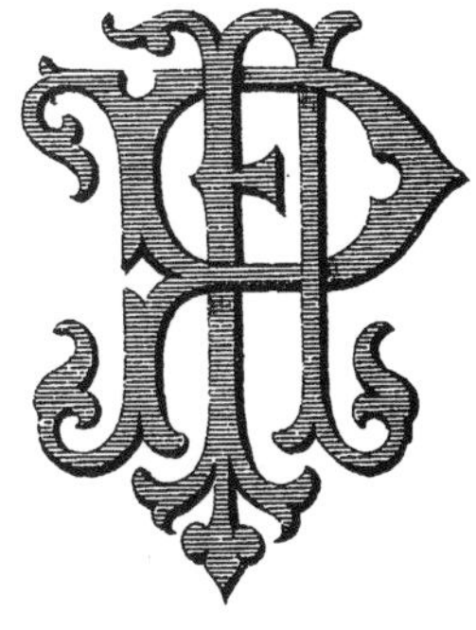

F P
370

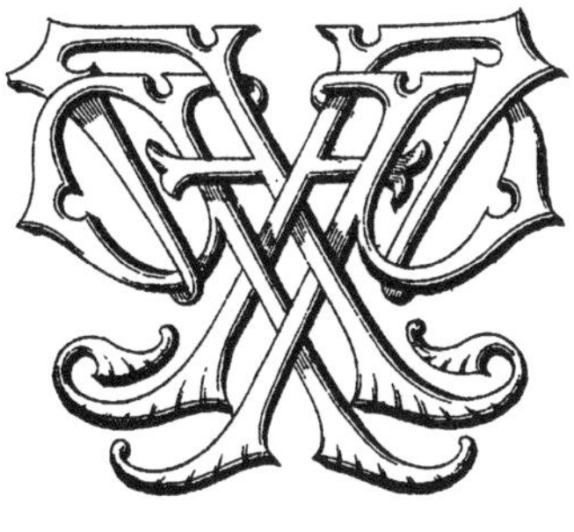

F P
371

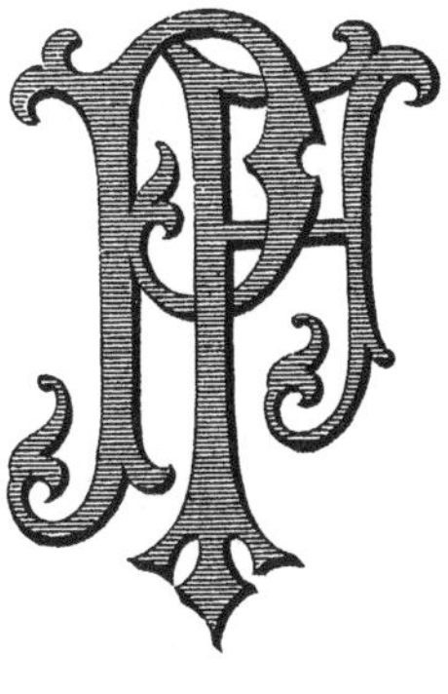

F P
372

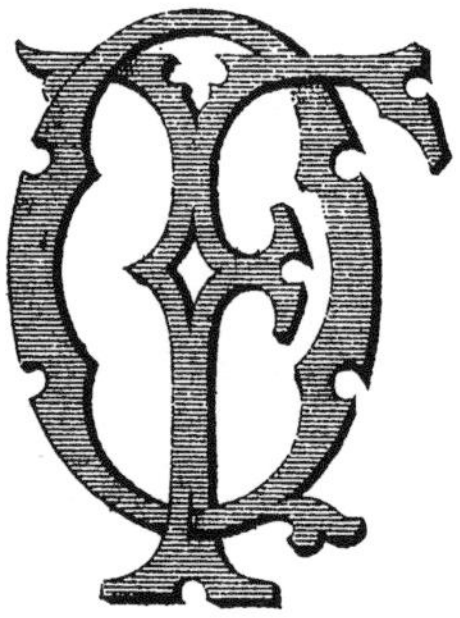

F Q
373

F Q
374

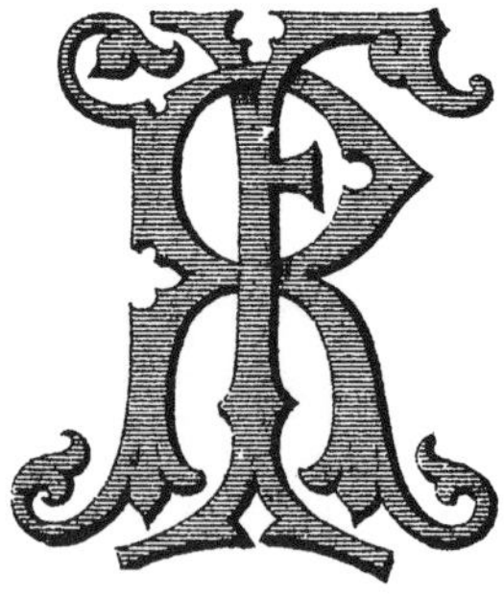

F R
375

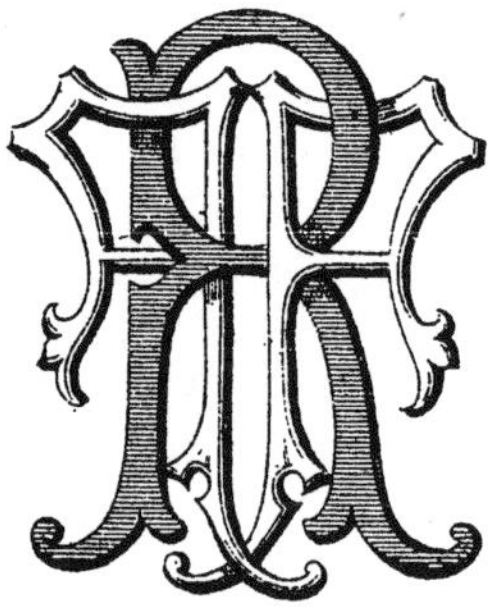

F R
376

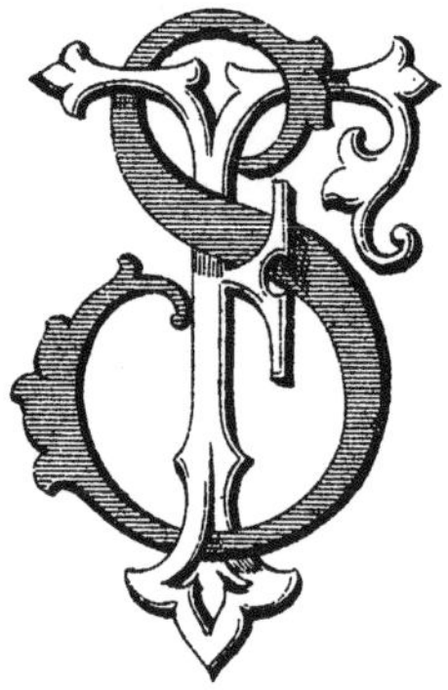

F S
377

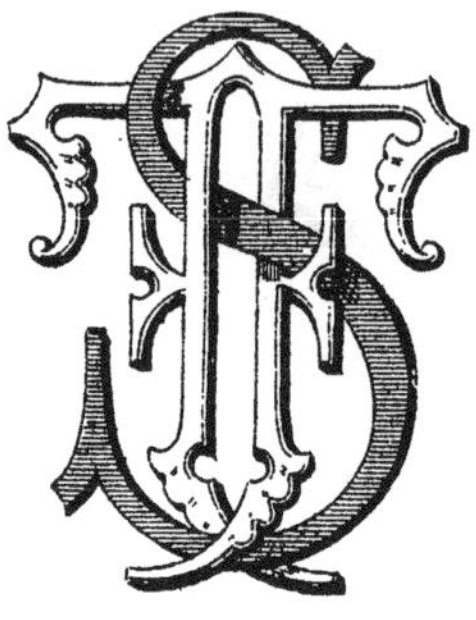

F S
378

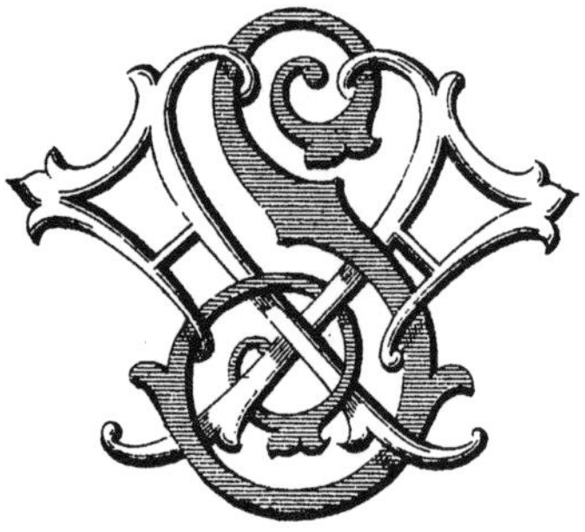

F S
379

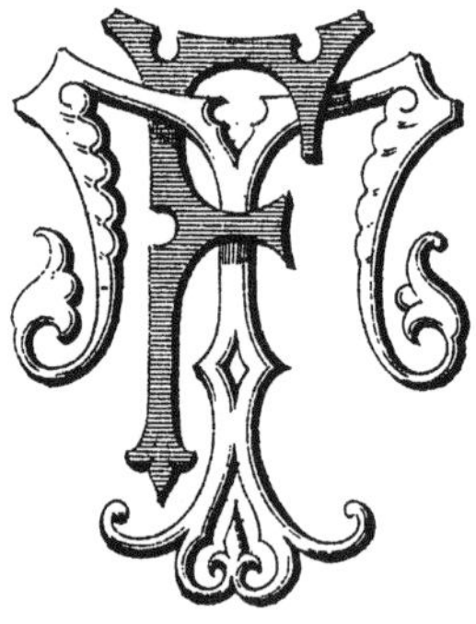

F T
380

F T
381

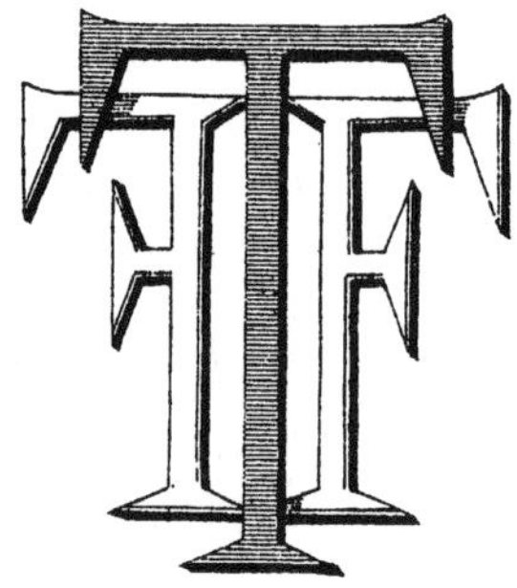

F T
382

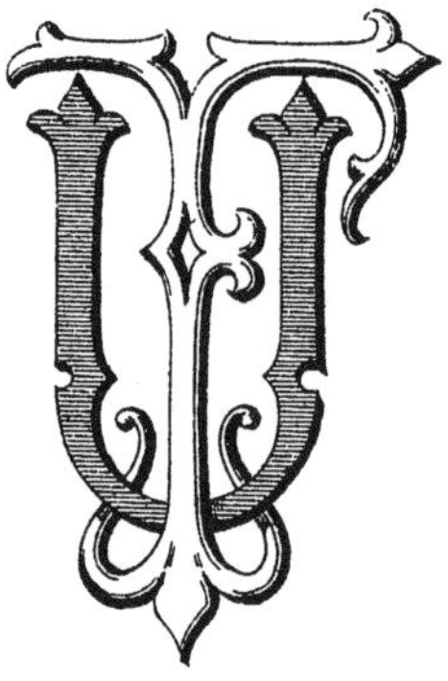

F U
383

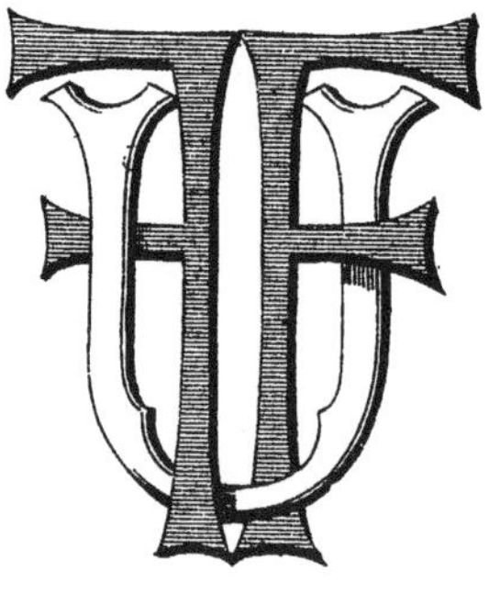

F U
384

F V
385

F V
386

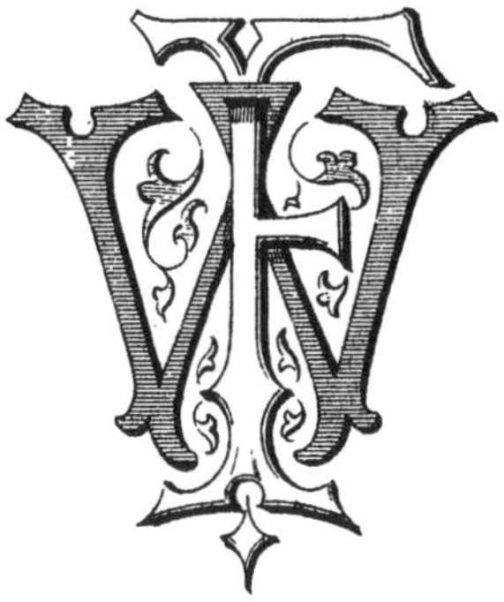

F W
387

F W
388

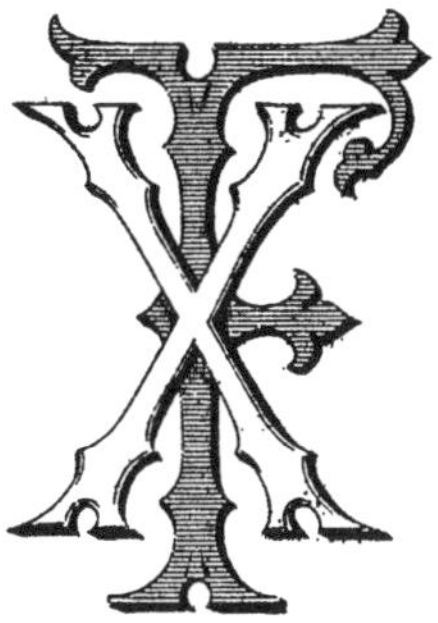

F X
389

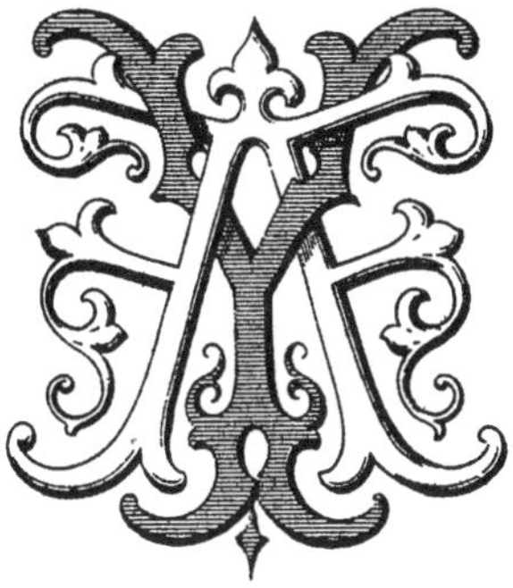

F Y
390

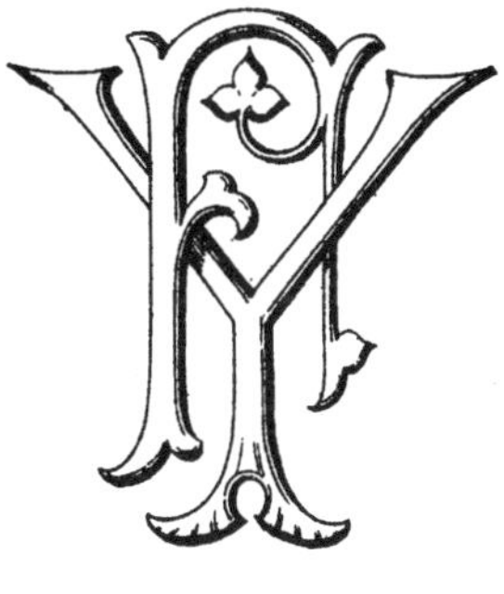

F Y
391

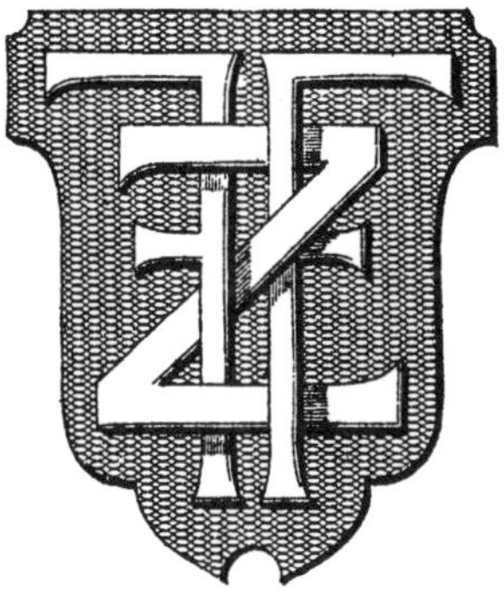

F Z
392

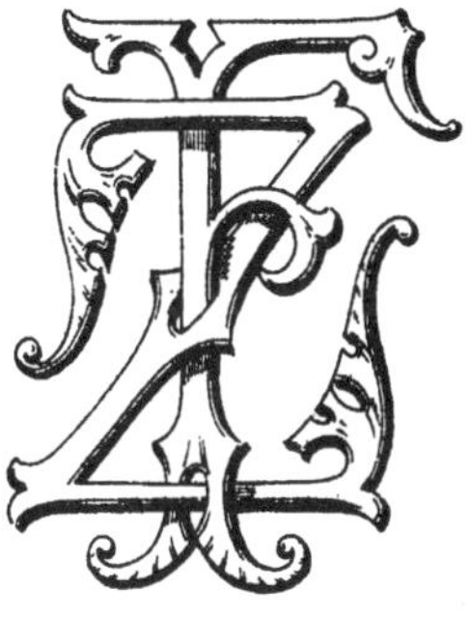

F Z
393

G G
394

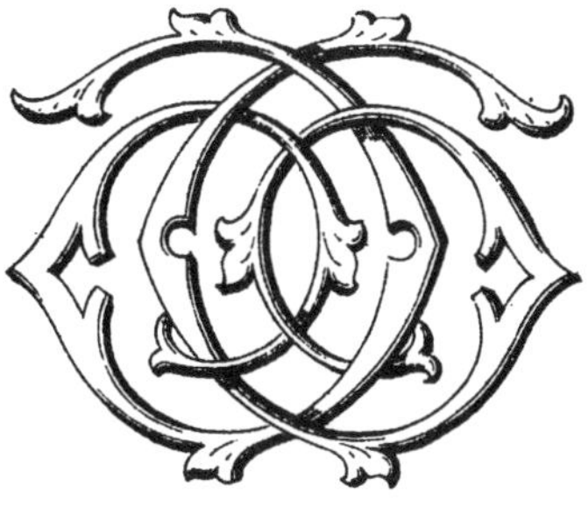

G G
395

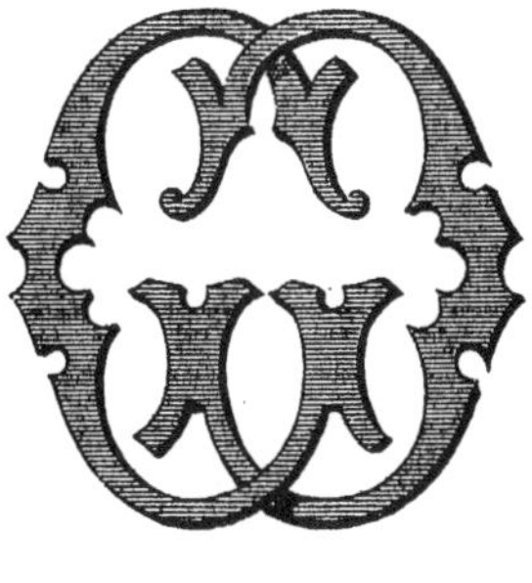

G G
396

G H
397

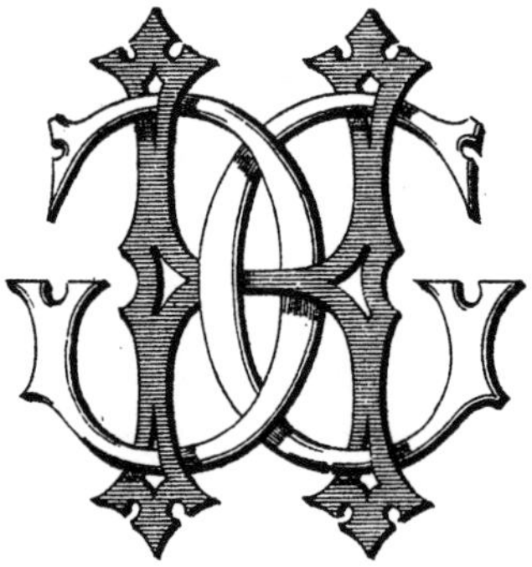

G H
398

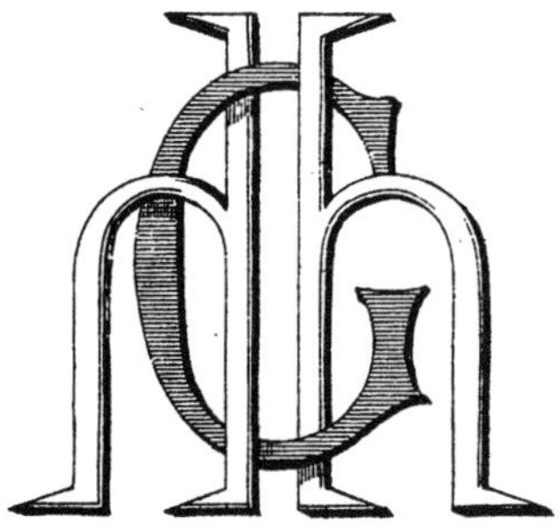

G H
399

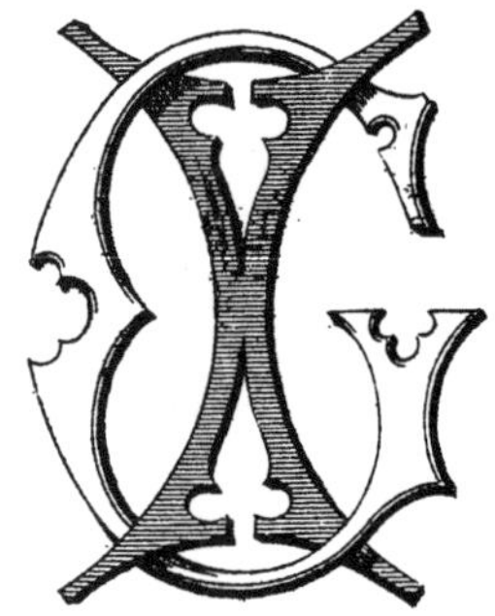

G I
400

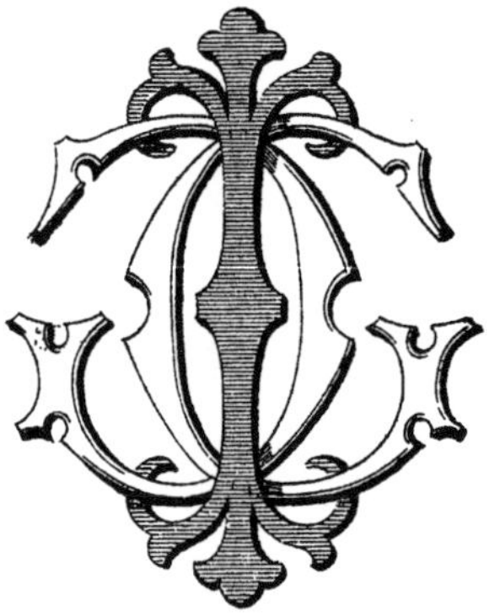

G I
401

G J
402

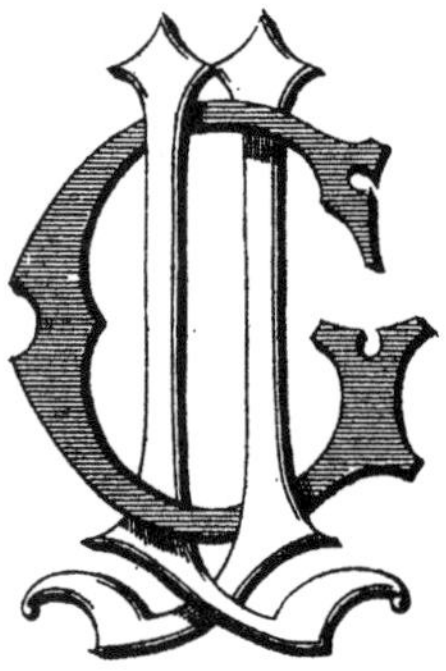

G J
403

G J
404

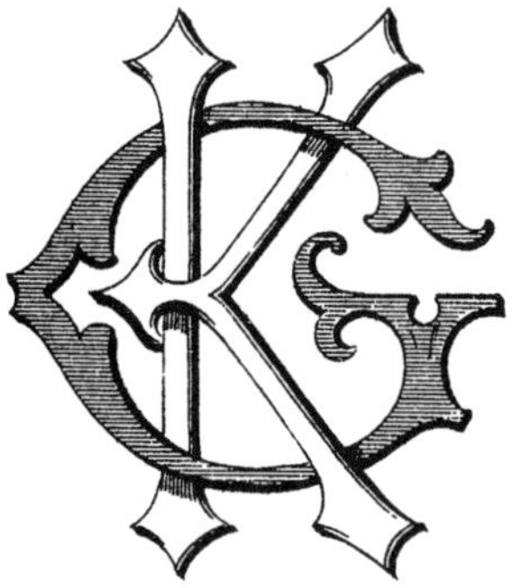

G K
405

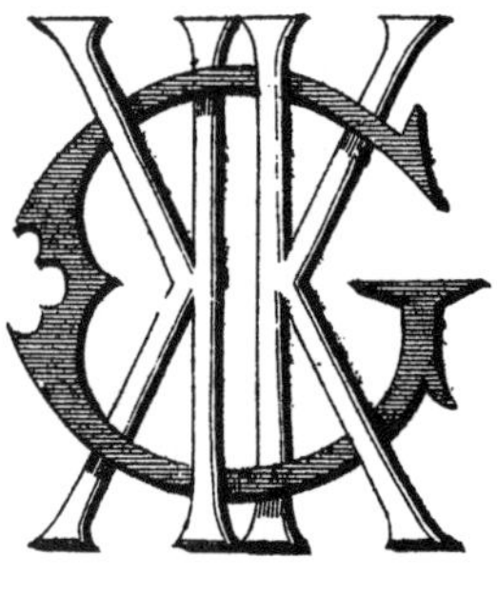

G K
406

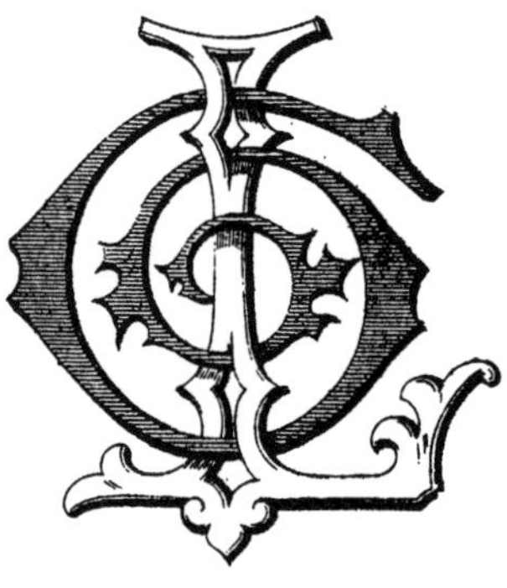

G L
407

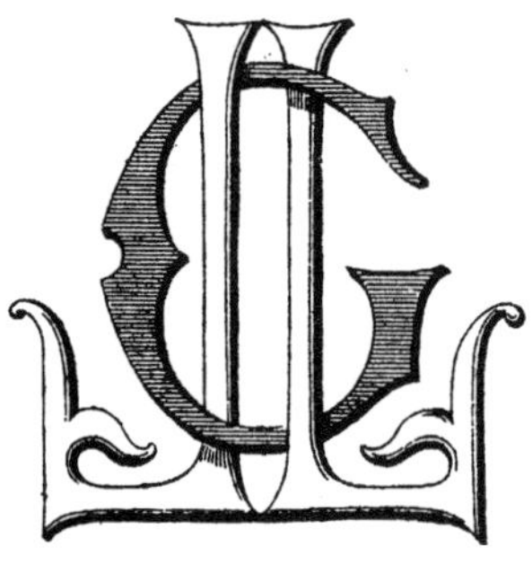

G L
408

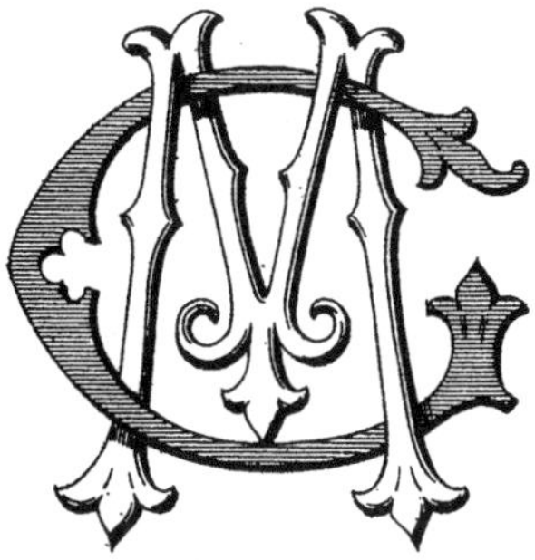

G M
409

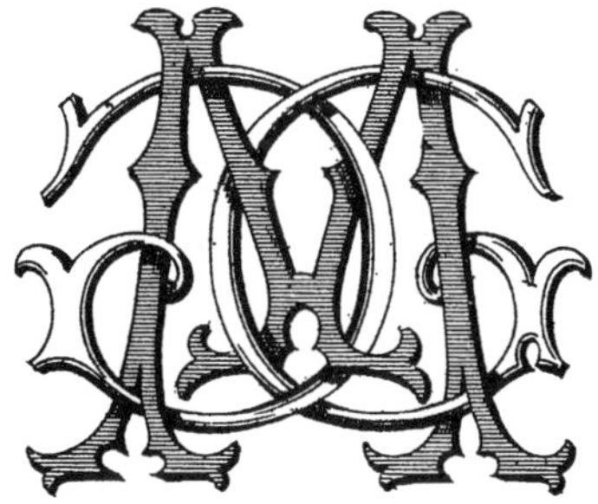

G M
410

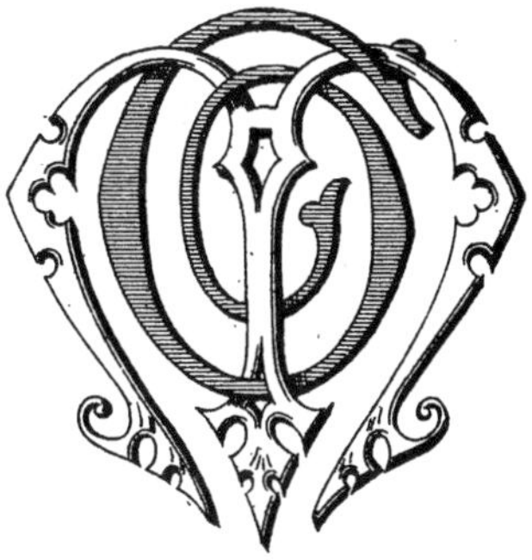

G M
411

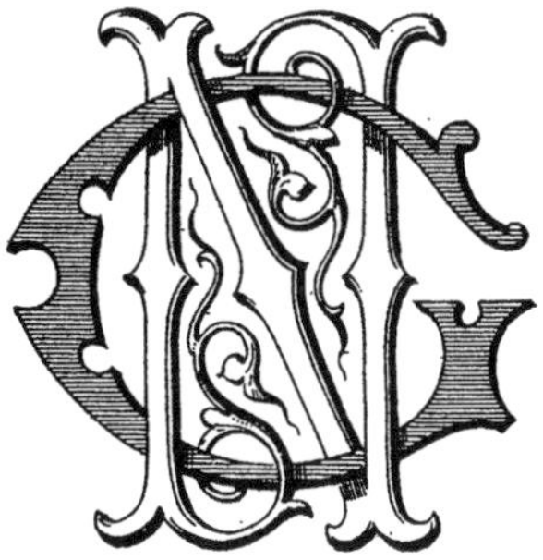

G N
412

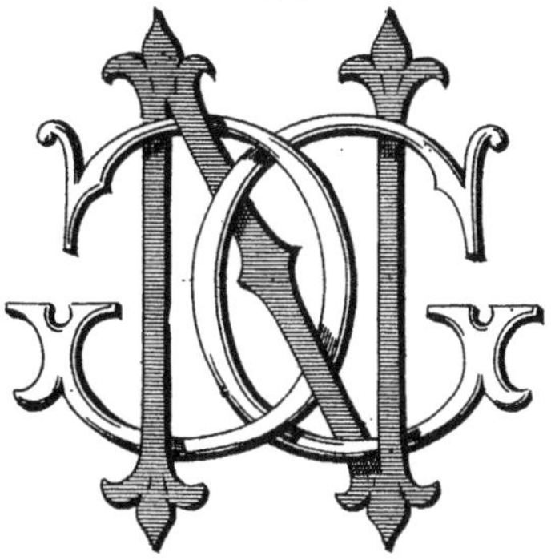

G N
413

G N
414

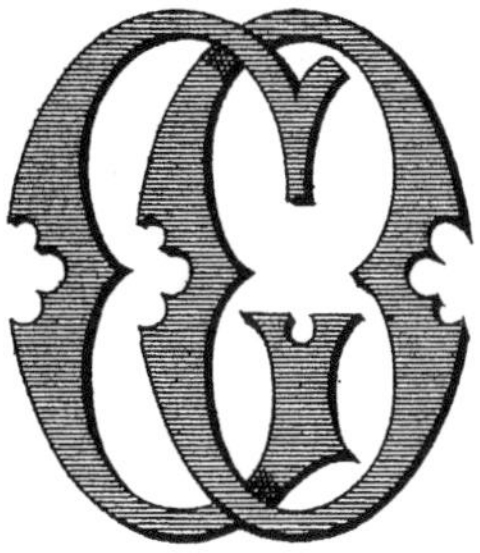

G O
415

G O
416

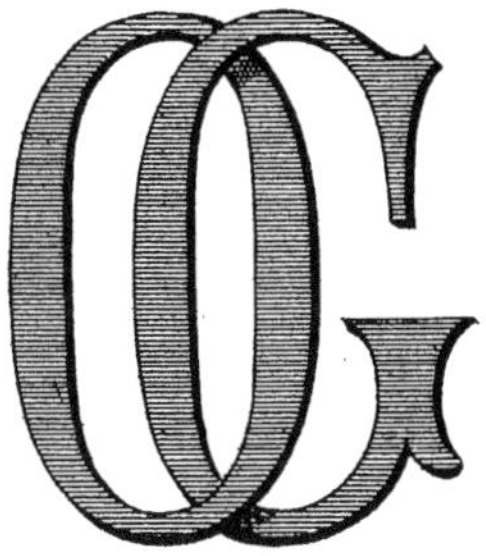

G O
417

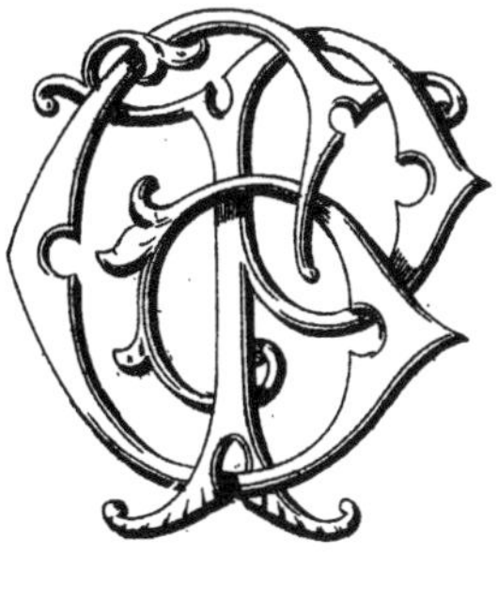

G P
418

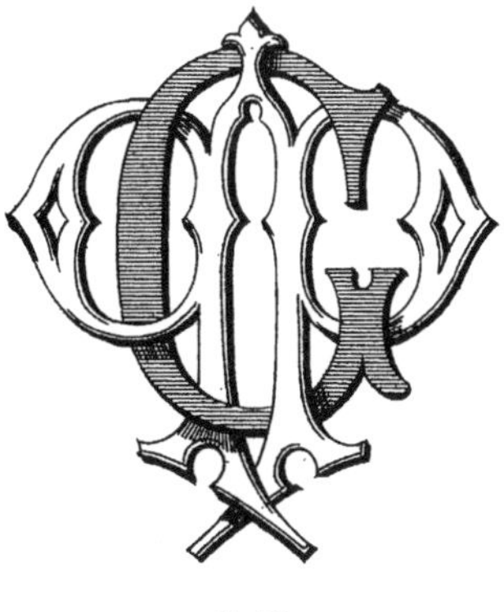

G P
419

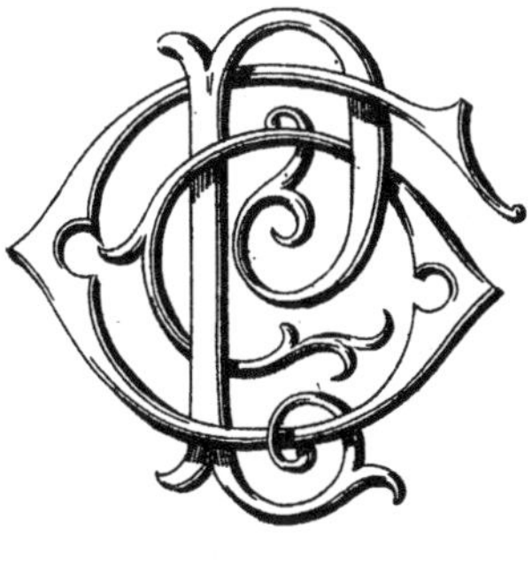

G P
420

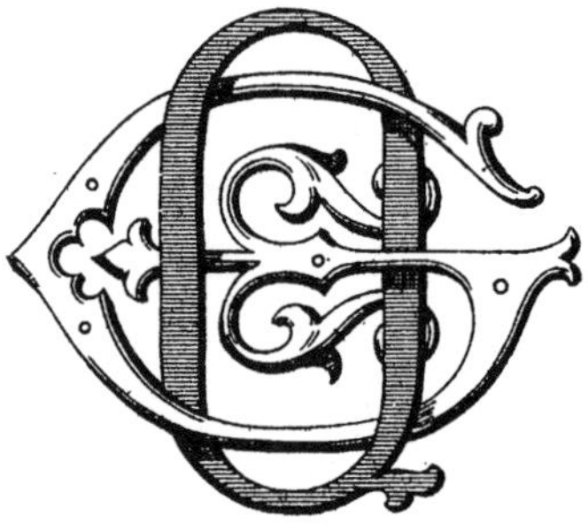

G Q

421

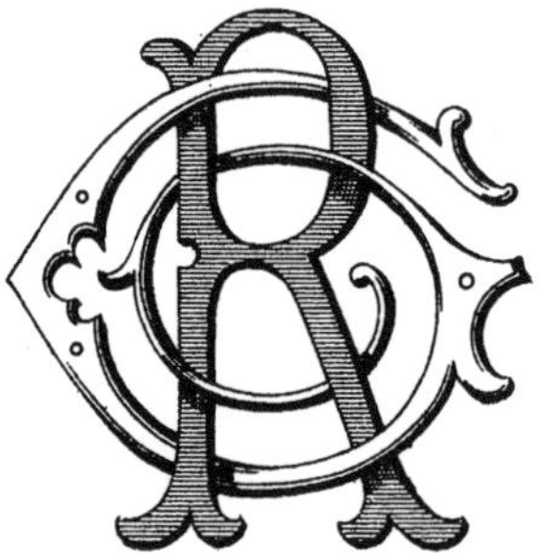

G R

422

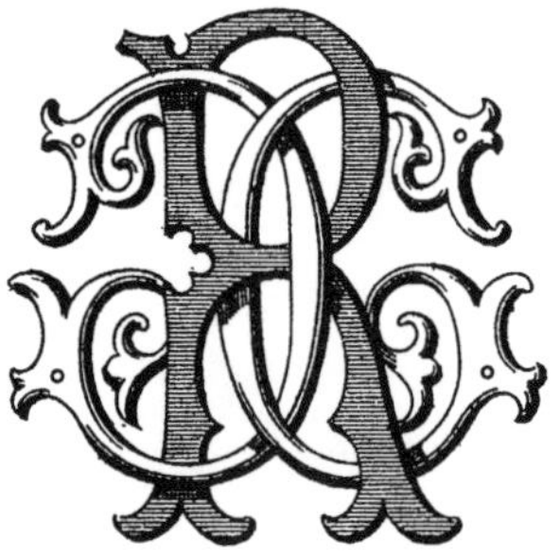

G R

423

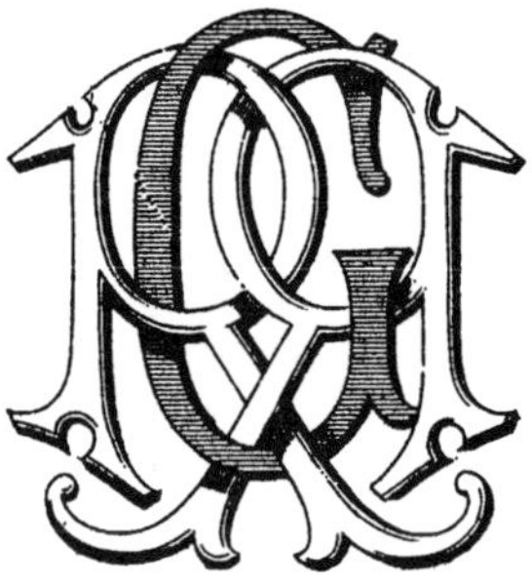

G R

424

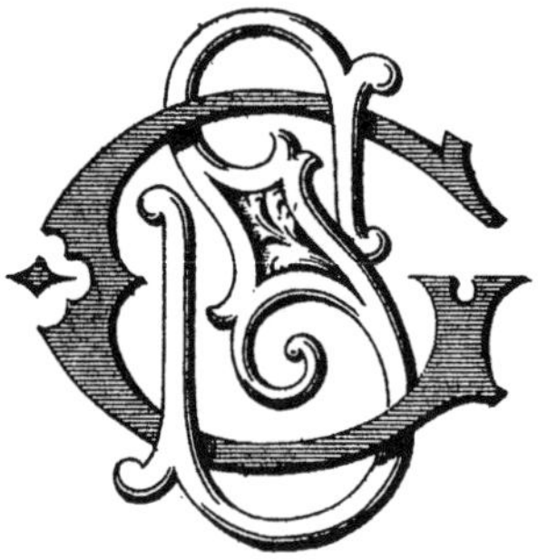

G S

425

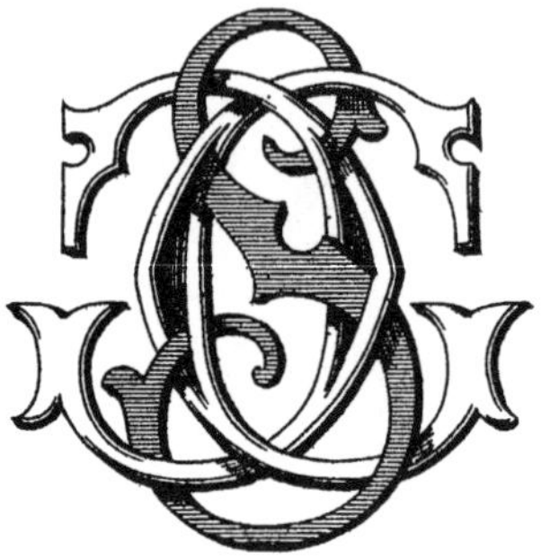

G S

426

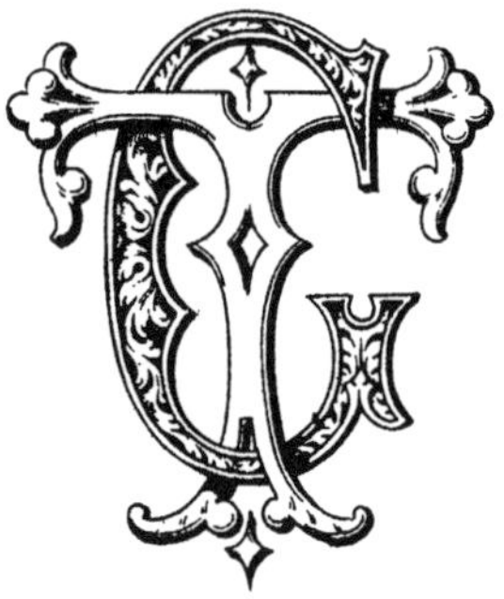

G T

427

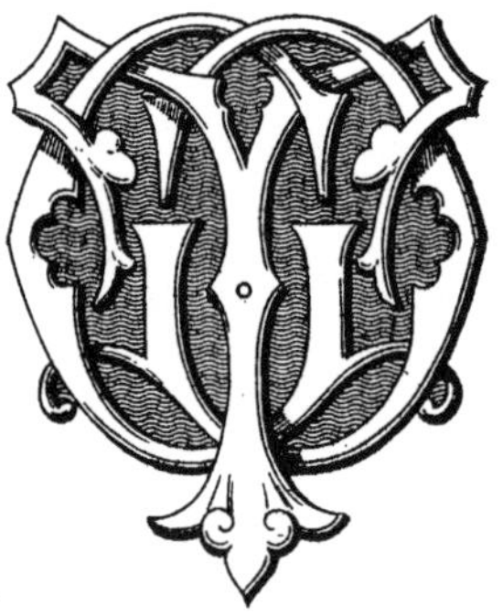

G T

428

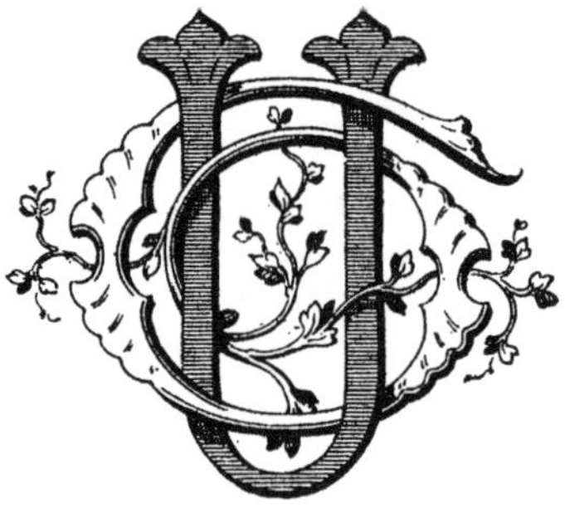

G U

429

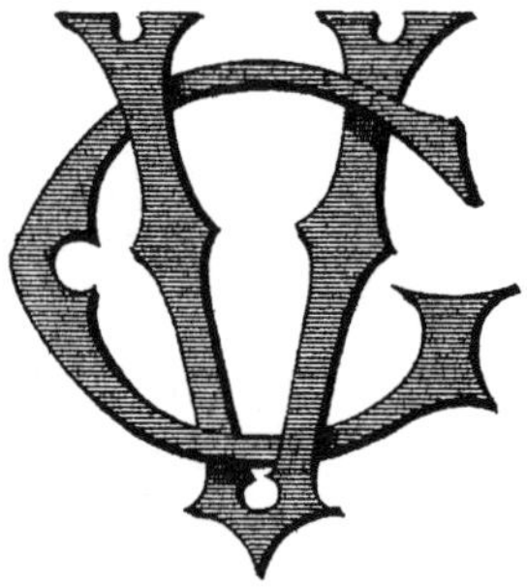

G V

430

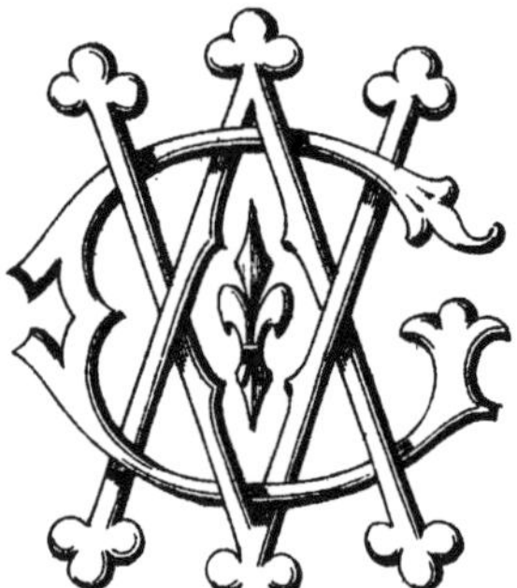

G V

431

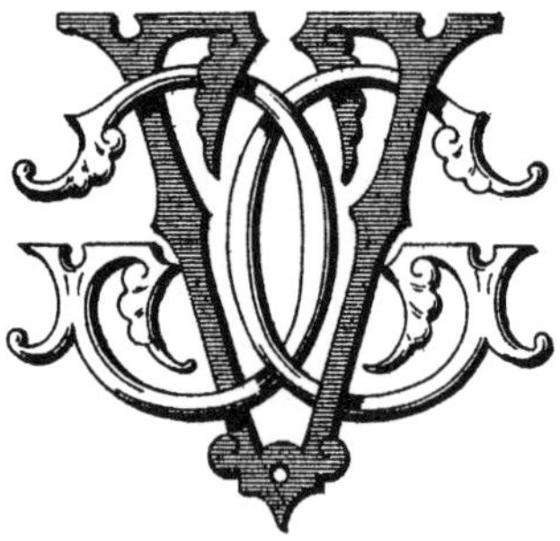

G V

432

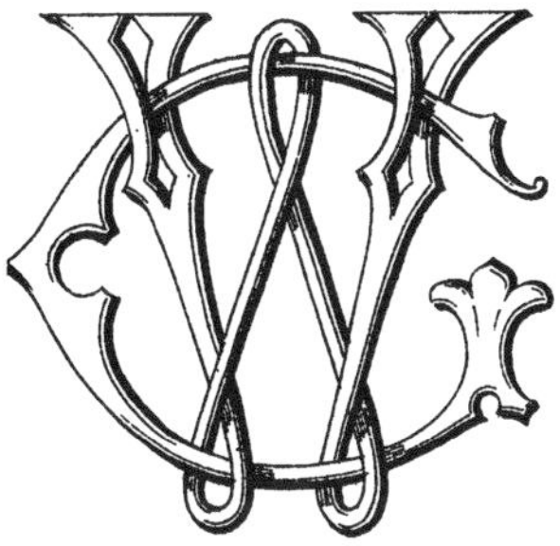

G W

433

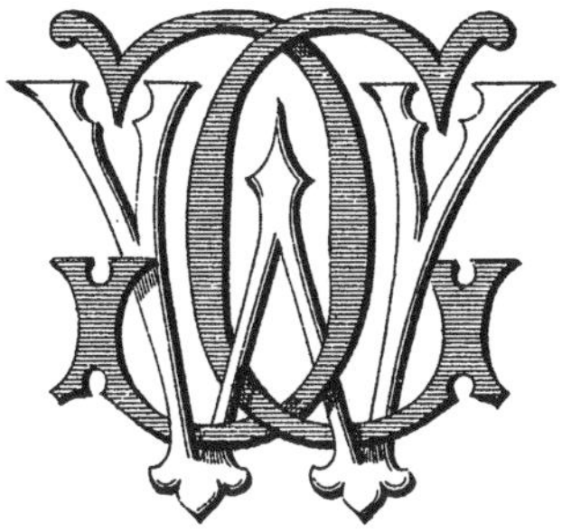

G W

434

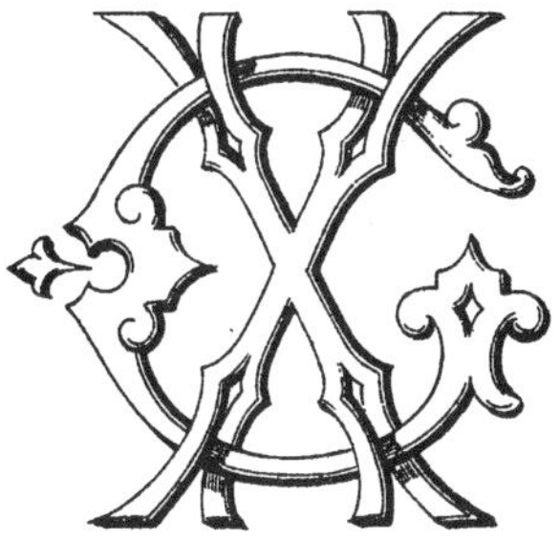

G X

435

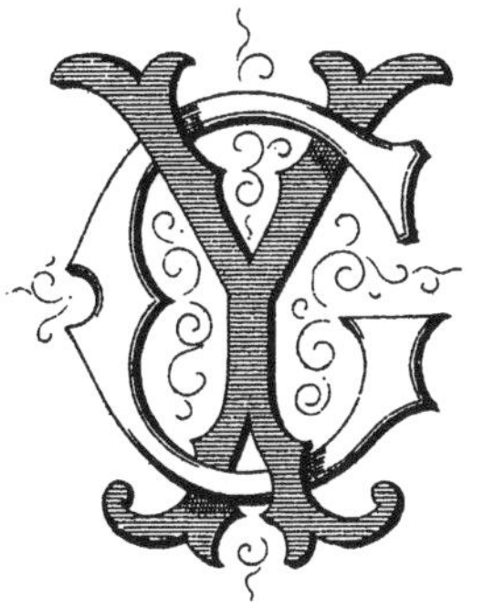

G Y

436

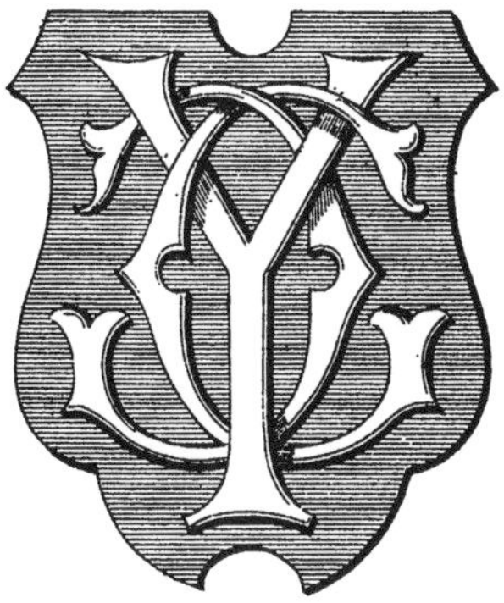

G Y

437

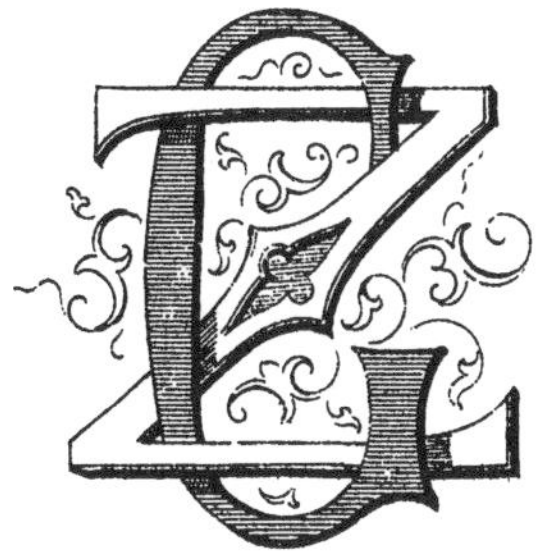

G Z

438

H H

439

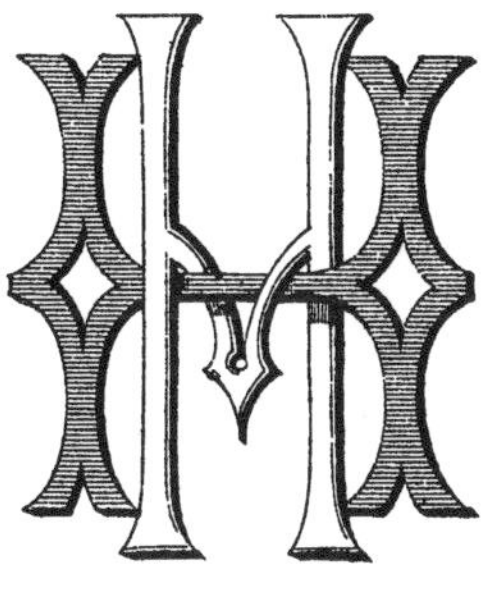

H H

440

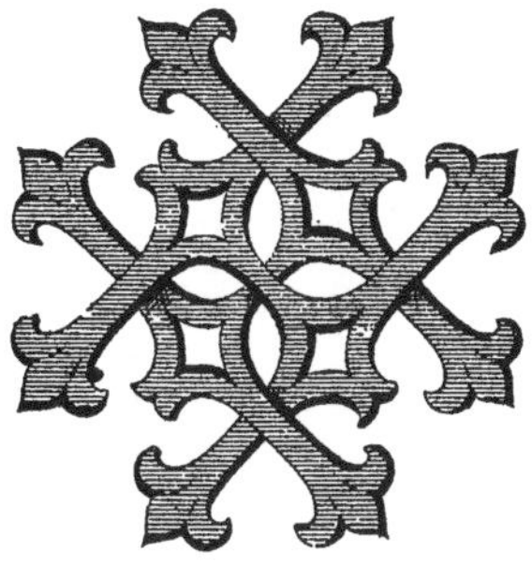

H H

441

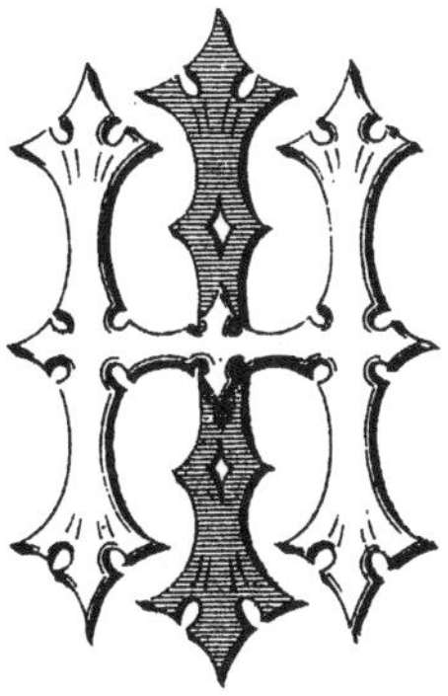

H I

442

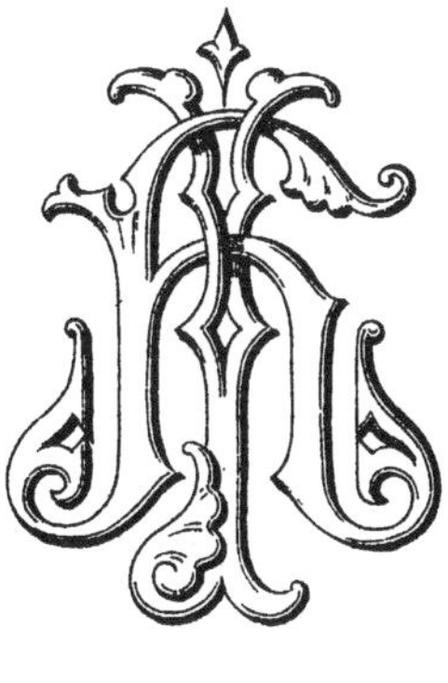

H J

443

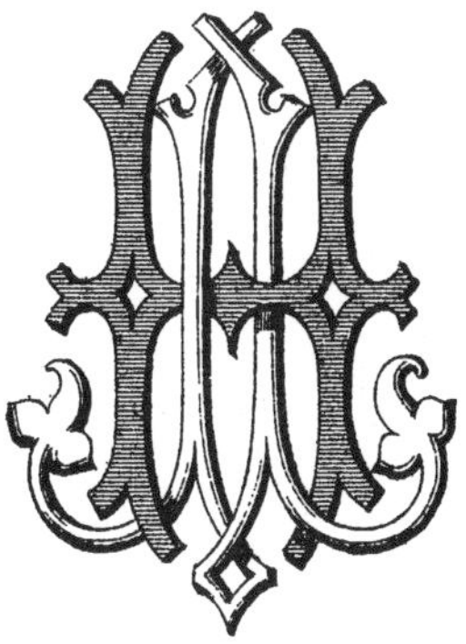

H J

444

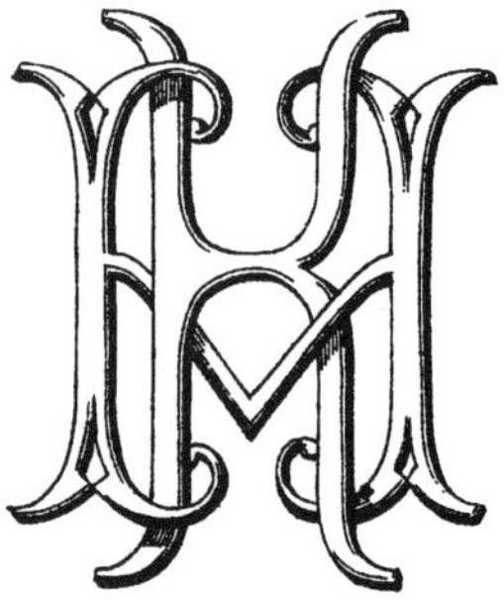

H K

445

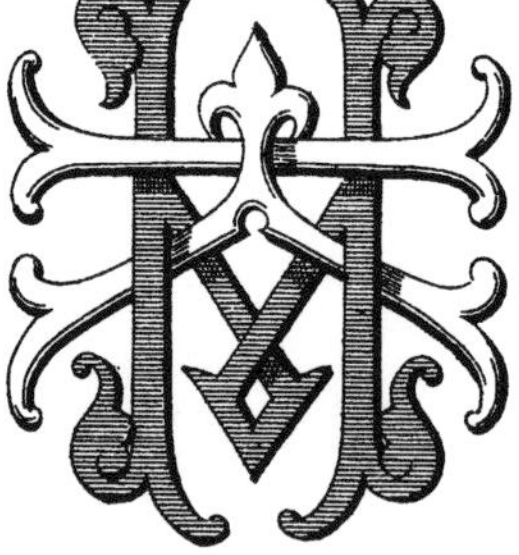

H K

446

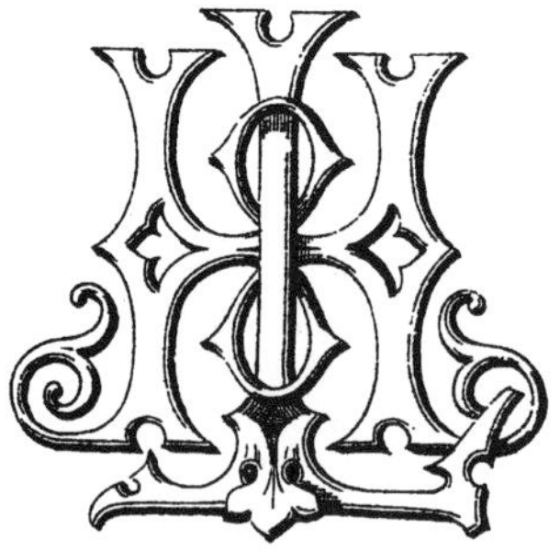

H L

447

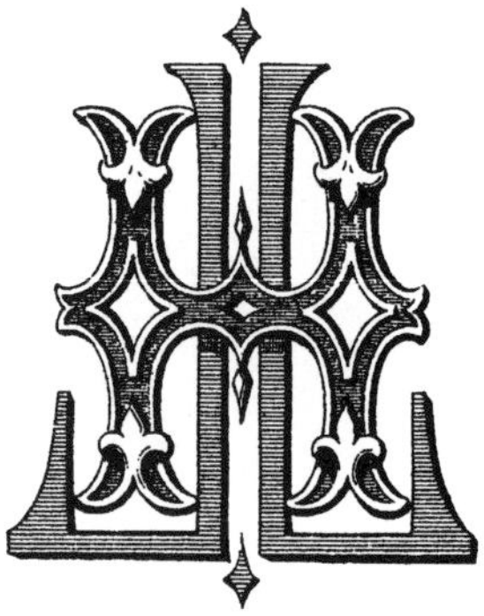

H L

448

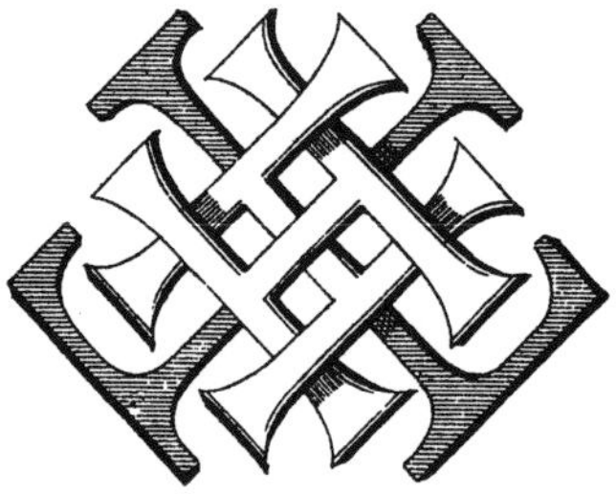

H L

449

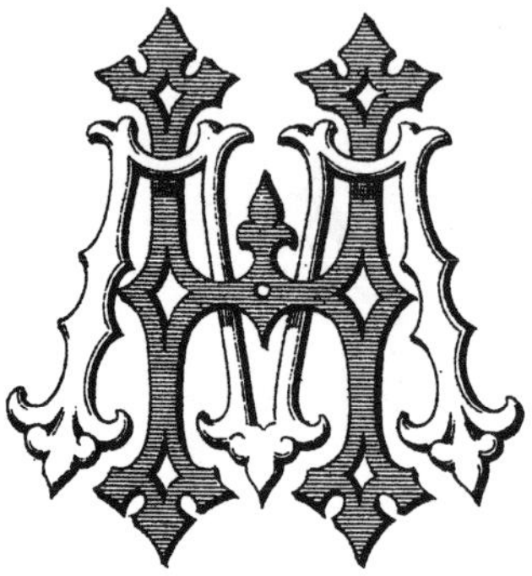

H M

450

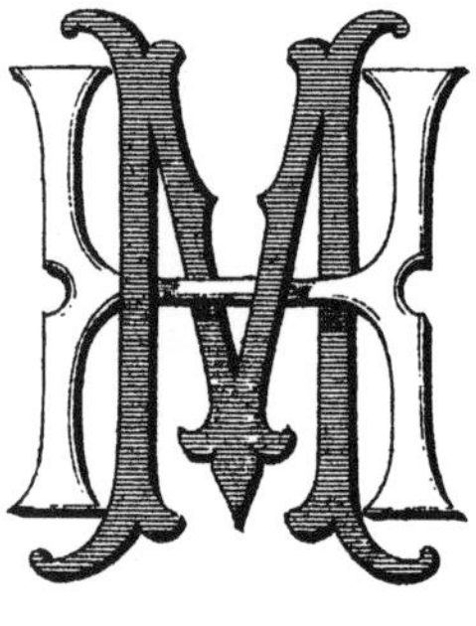

H M

451

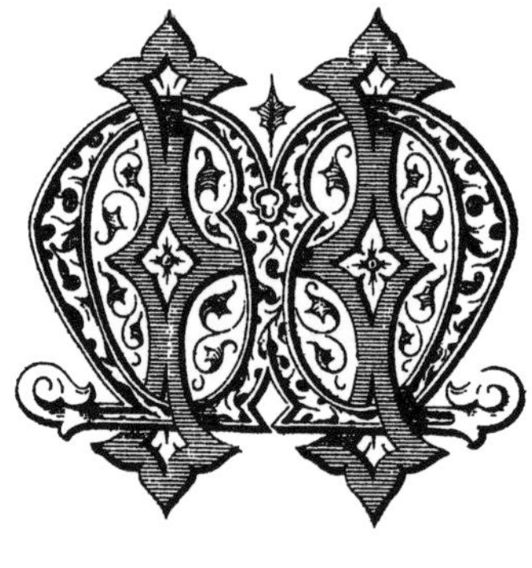

H M

452

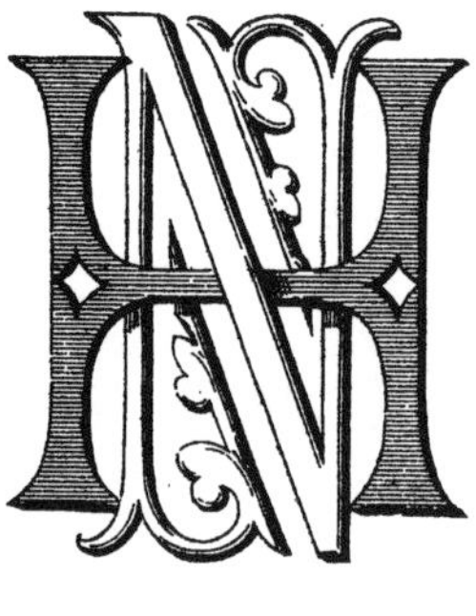

H N

453

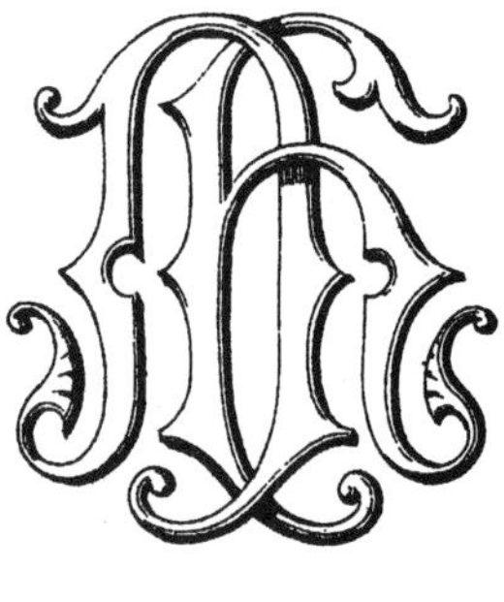

H N

454

H O

455

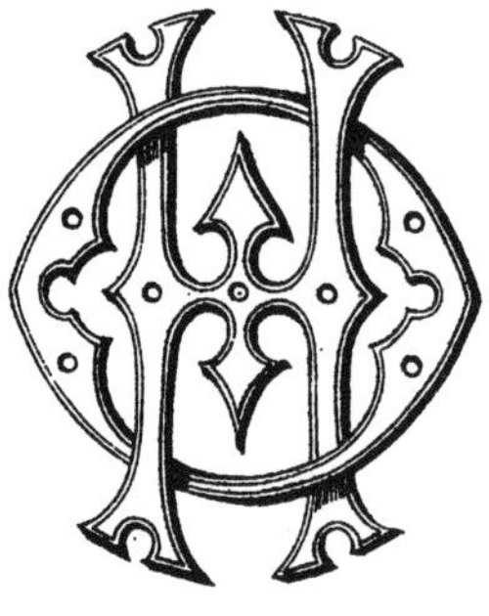

H O

456

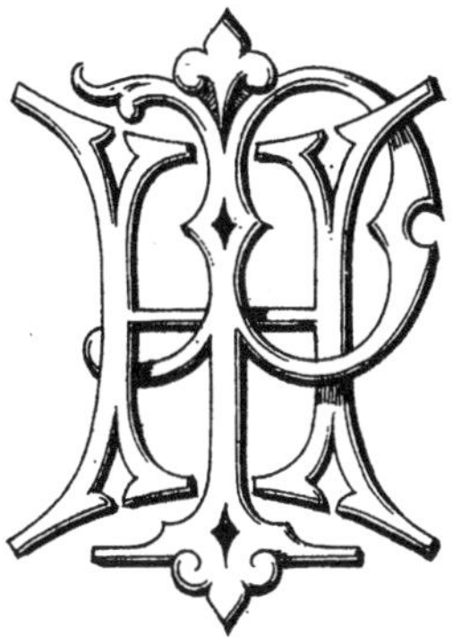

H P

457

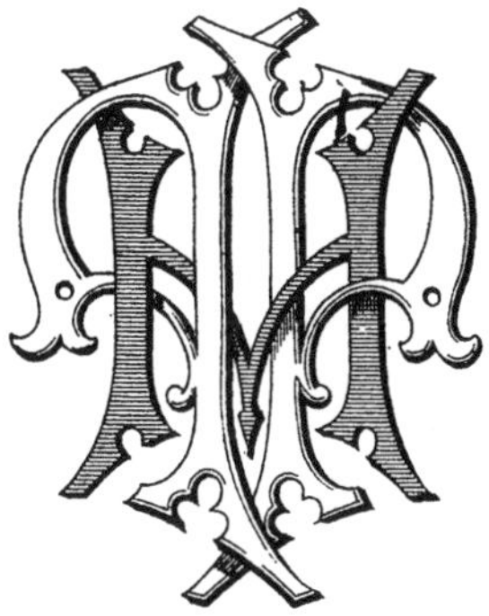

H P

458

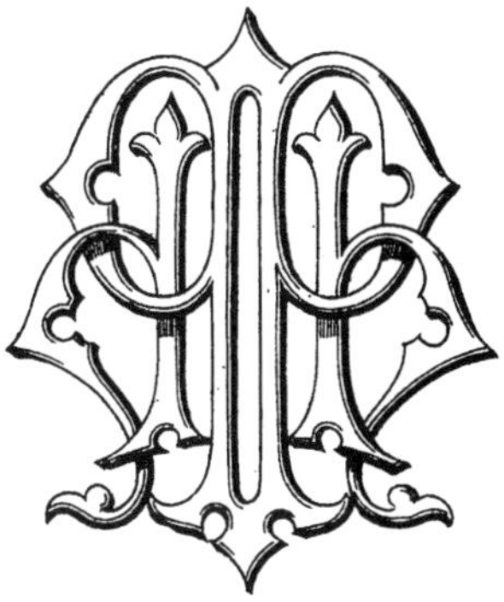

H P

459

H Q

460

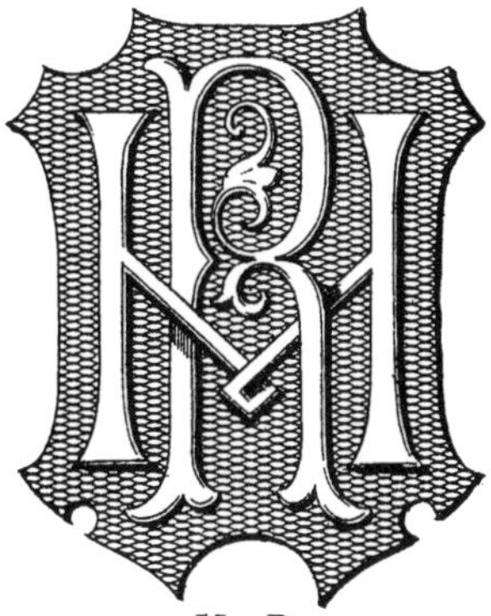

H R

461

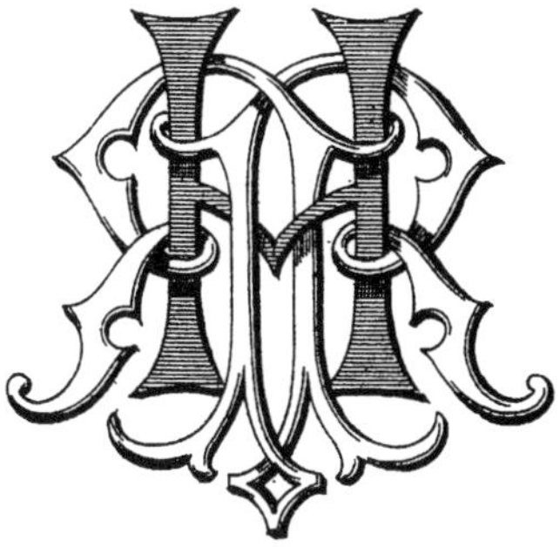

H R

462

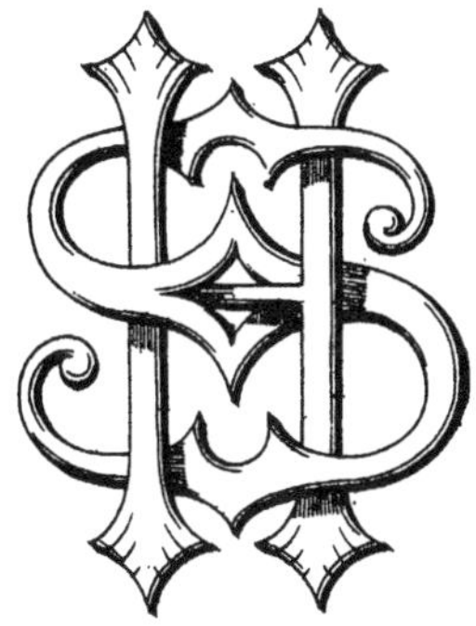

H S

463

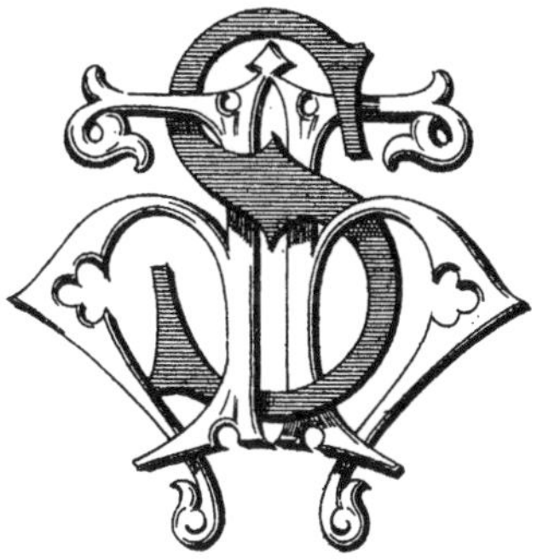

H S

464

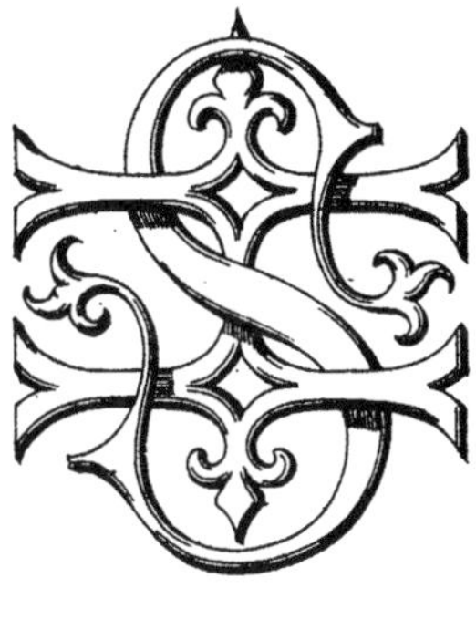

H S

465

H T

466

H T

467

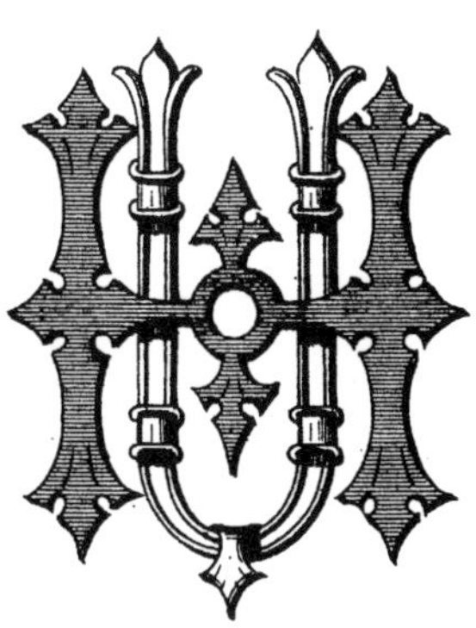

H U

468

H V

469

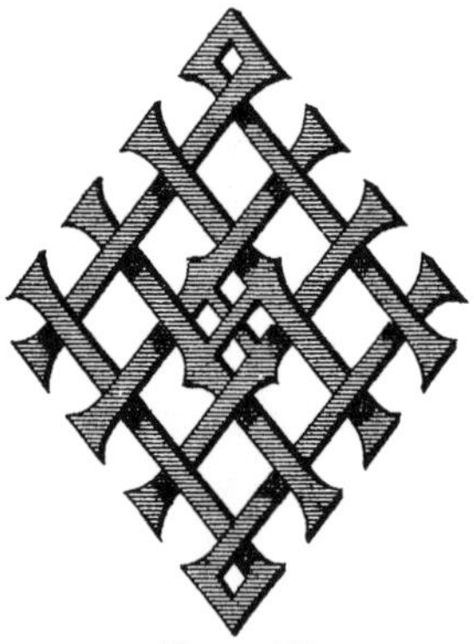

H V

470

H W

471

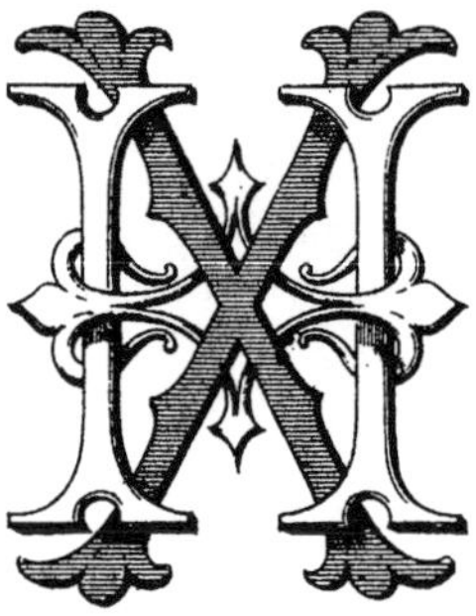

H X

472

H Y

473

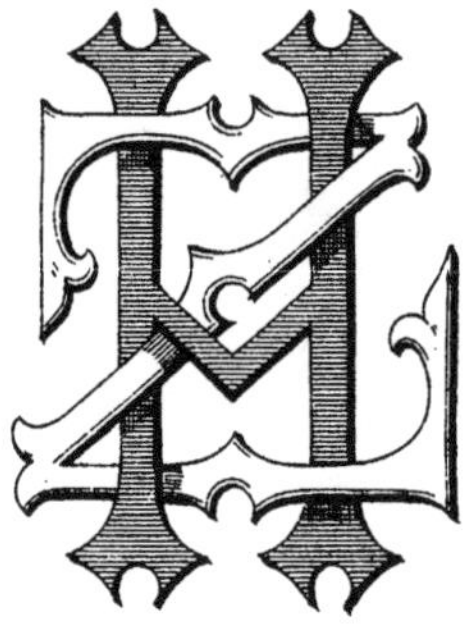

H Z

474

I I

475

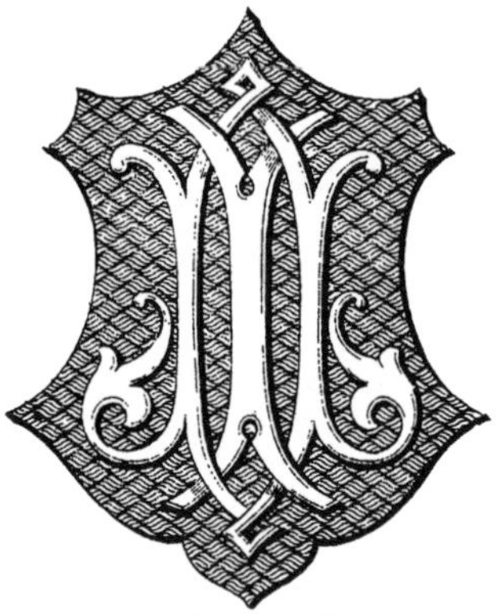

I J

476

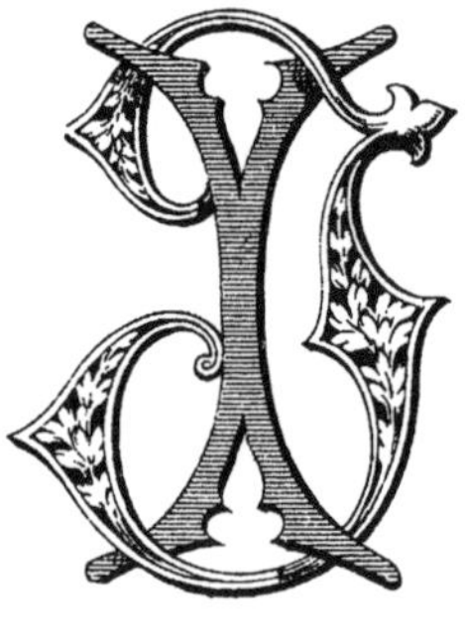

I J

477

I J

478

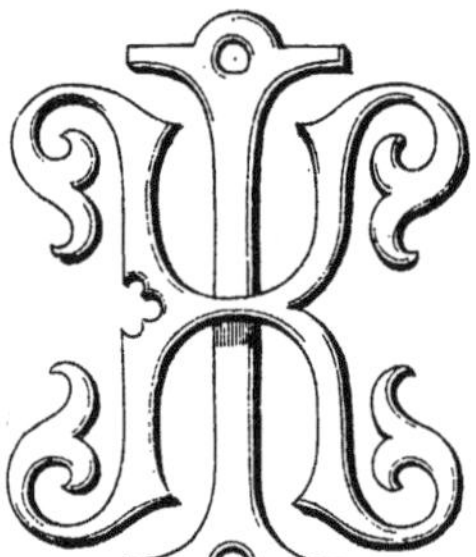

I K

479

I L

480

I L

481

I M

482

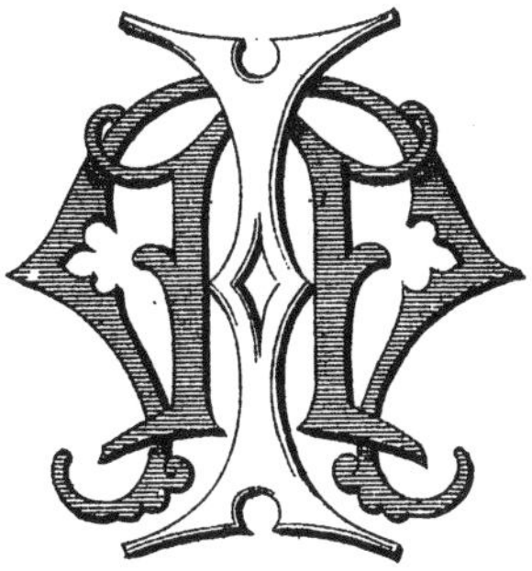

I N

483

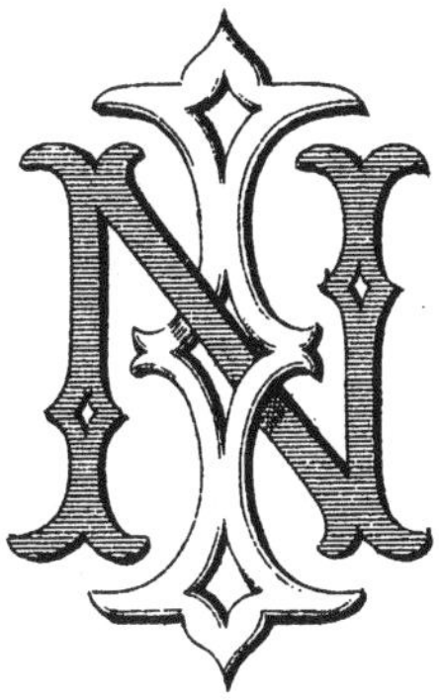

I N

484

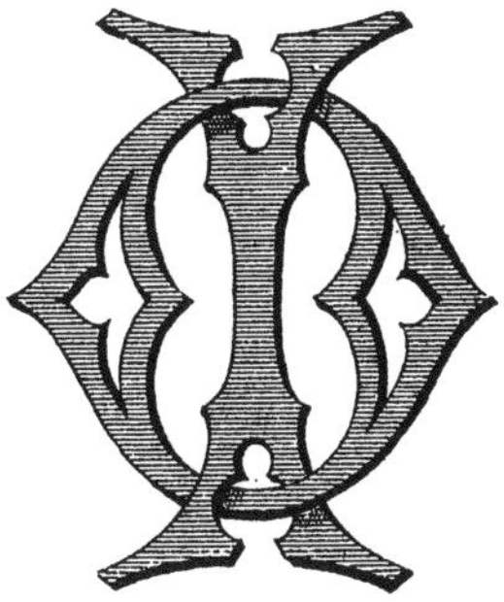

I O

485

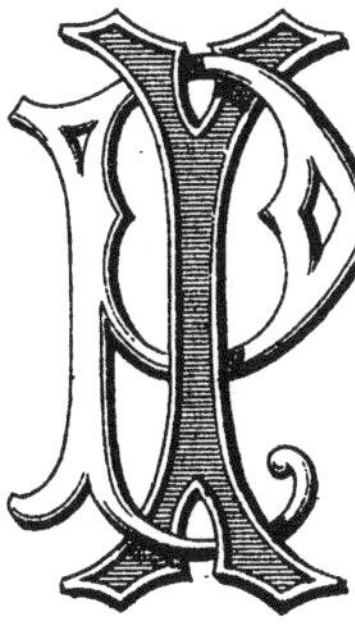

I P

486

I P

487

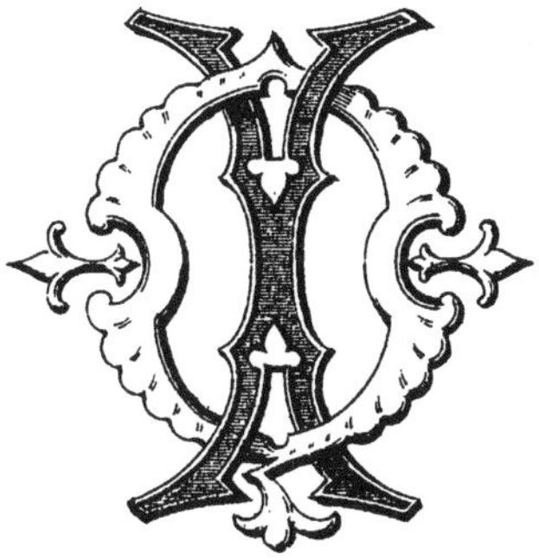

I Q

488

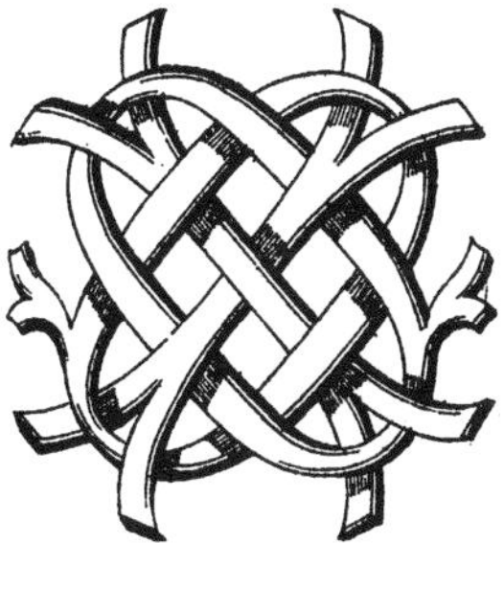

I Q

489

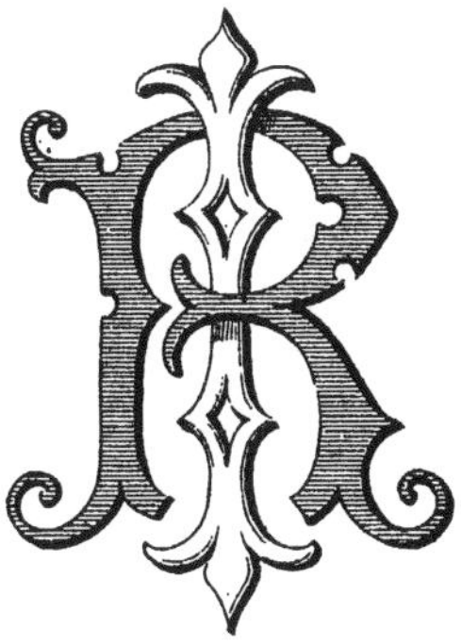

I R

490

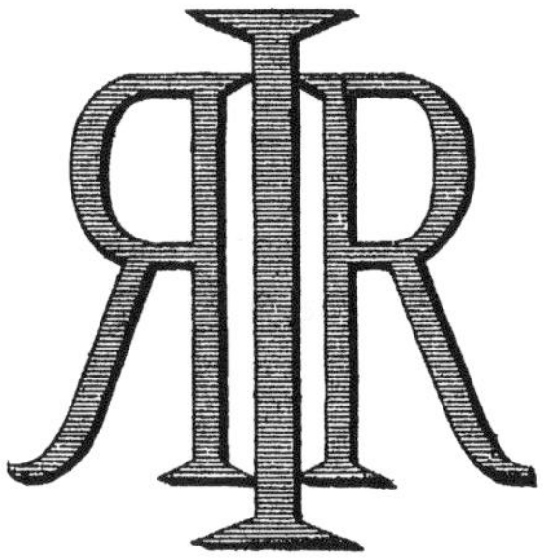

I R

491

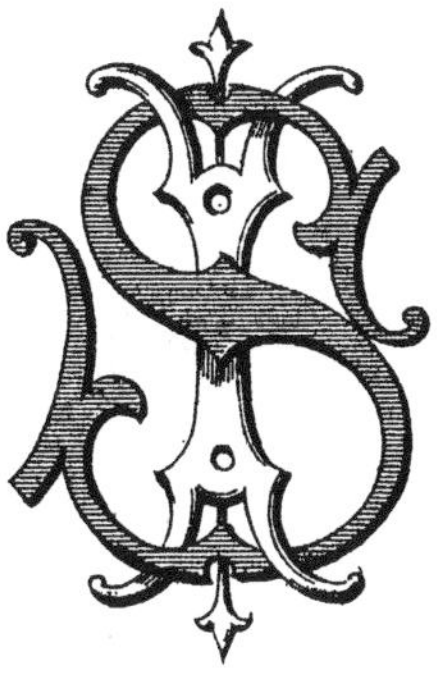

I S

492

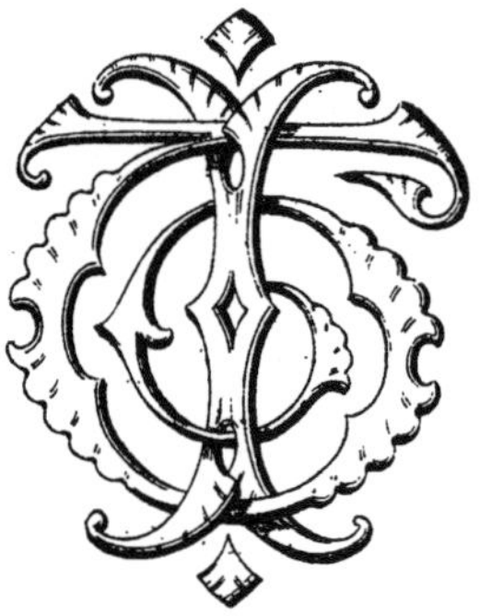

I T

493

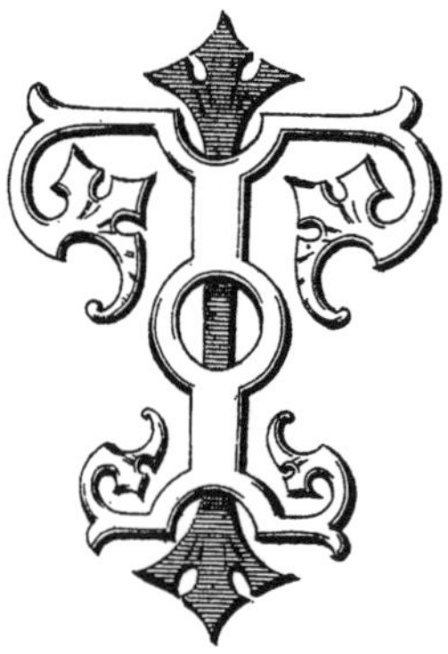

I T

494

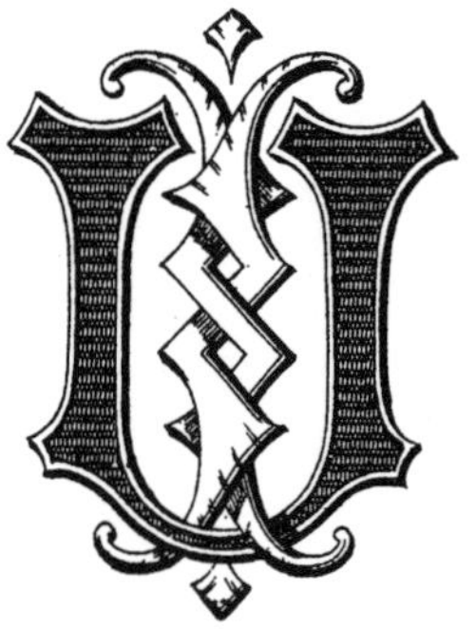

I U

495

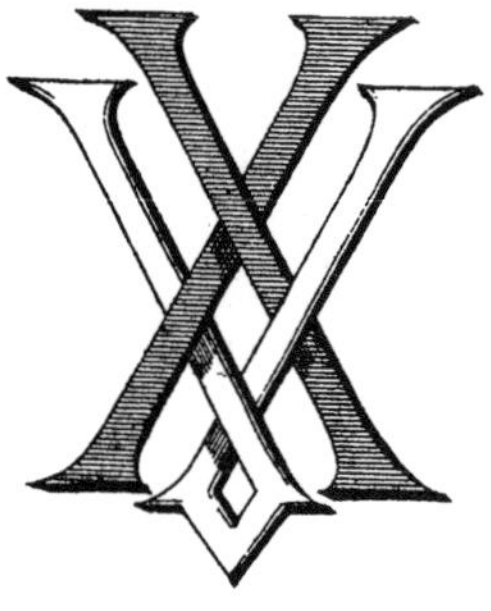

I V

496

I V

497

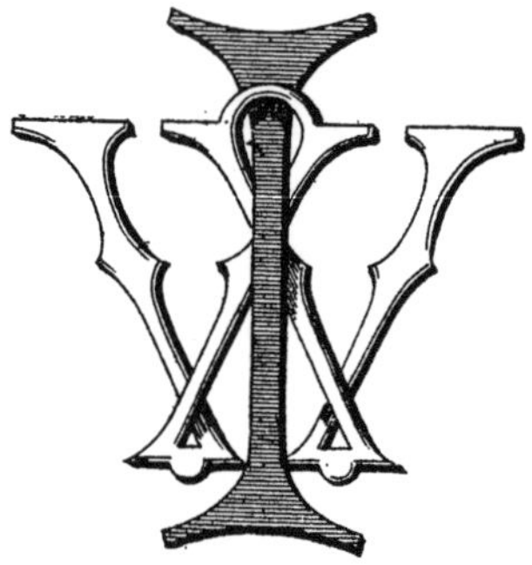

I W

498

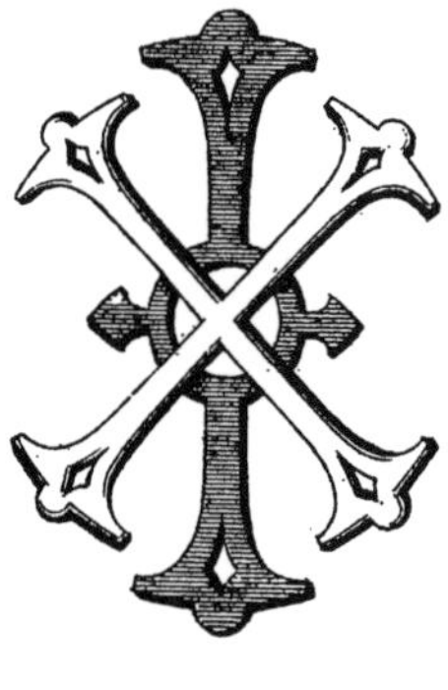

I X

499

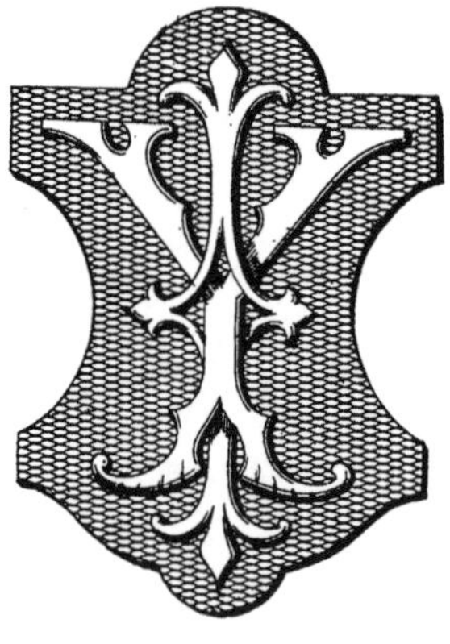

I Y

500

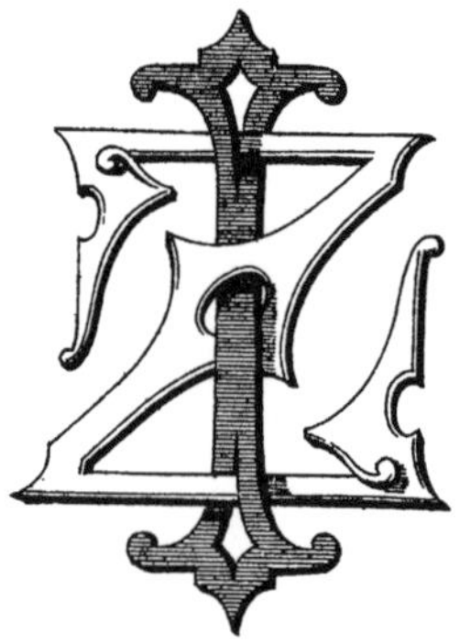

I Z

501

J J

502

J J

503

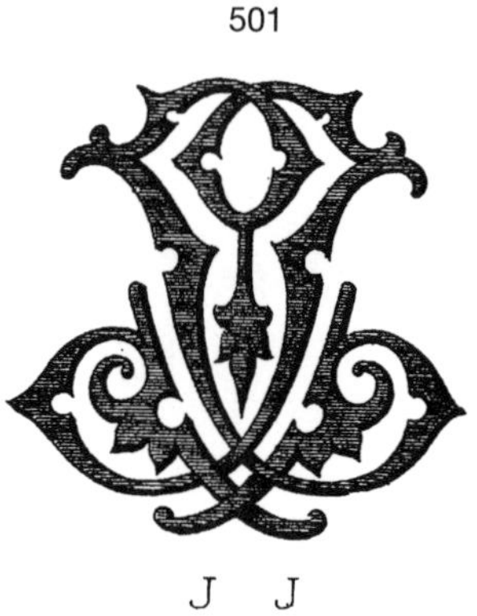

J J

504

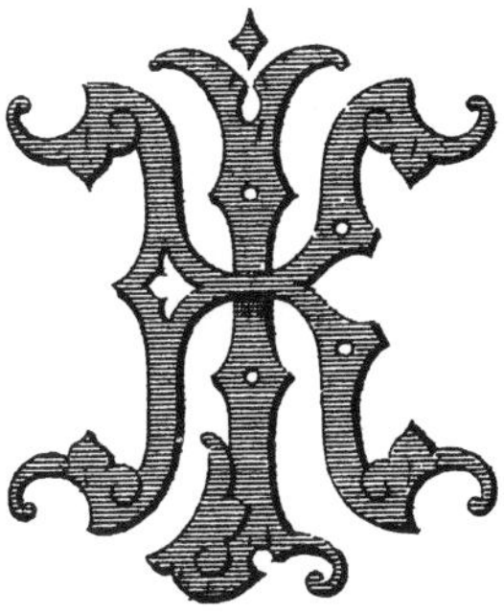

J K

505

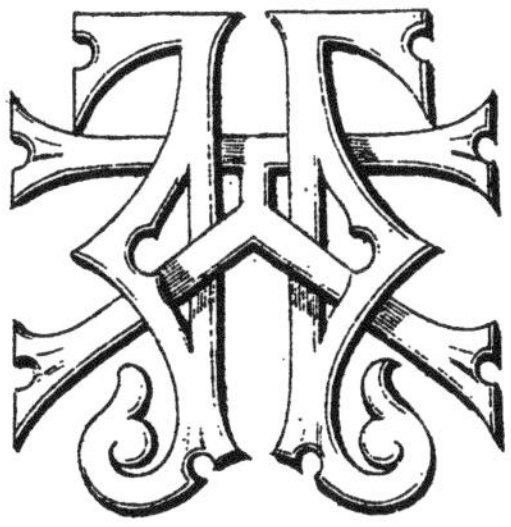

J K

506

J L

507

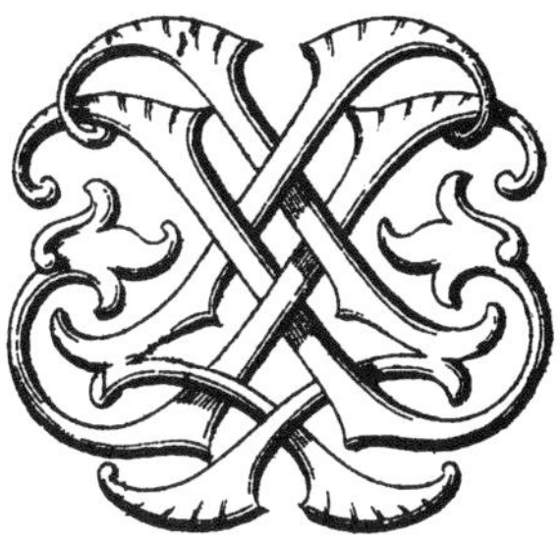

J L

508

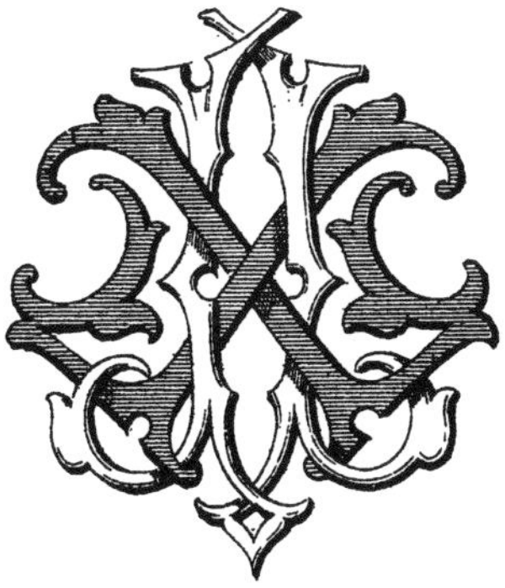

J L

509

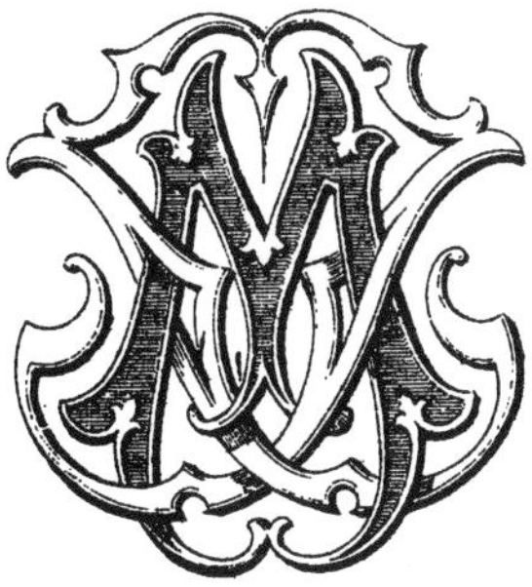

J M

510

J M

511

J M

512

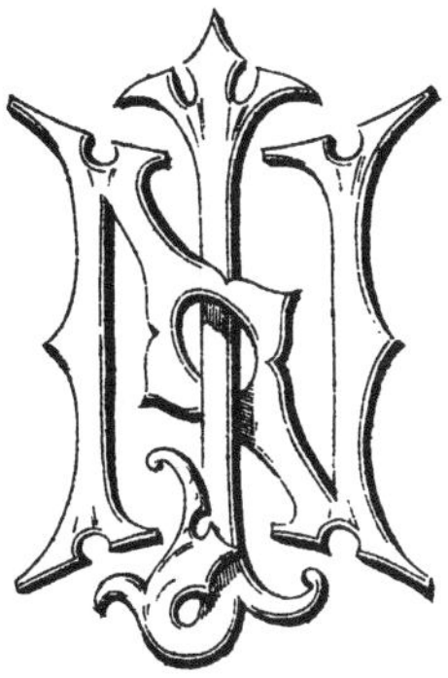

J N

513

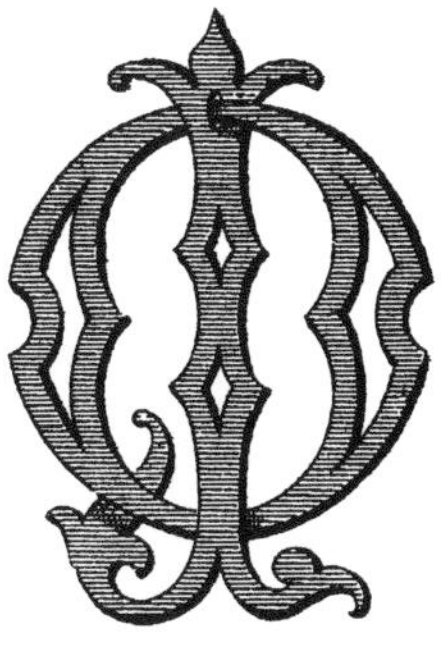

J O

514

J O

515

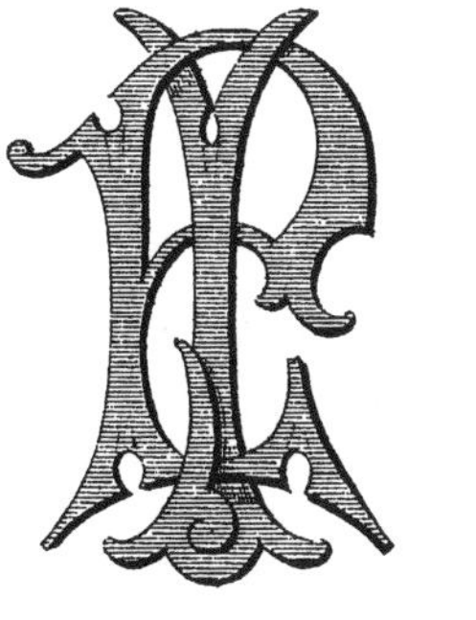

J P

516

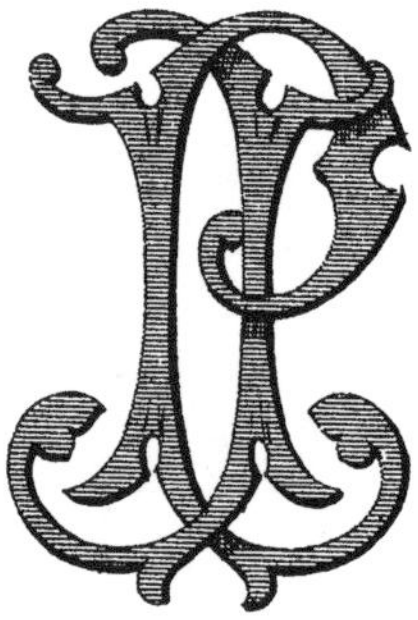

J P

517

J P

518

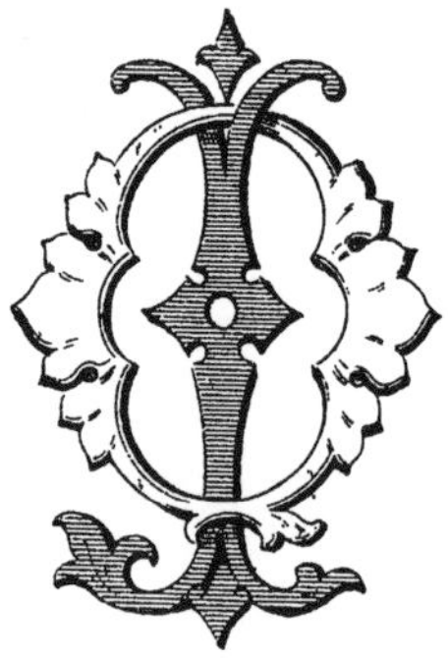

J Q

519

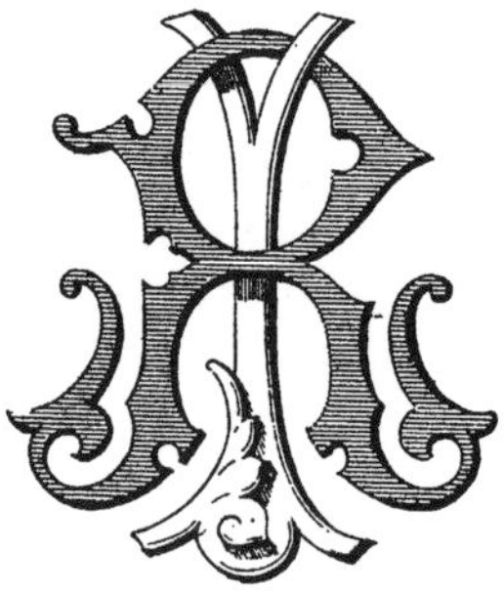

J R

520

J R

521

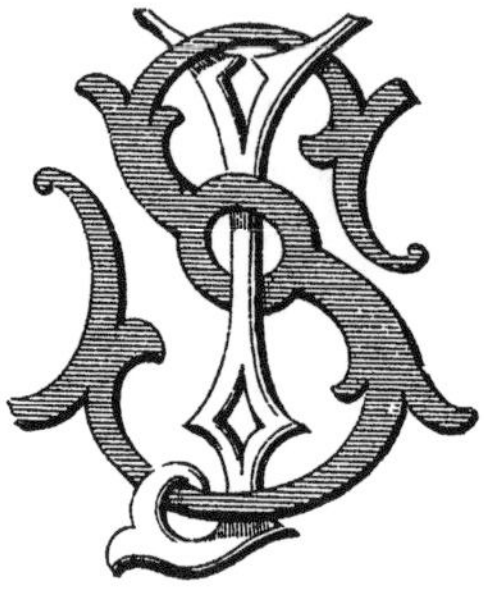

J S

522

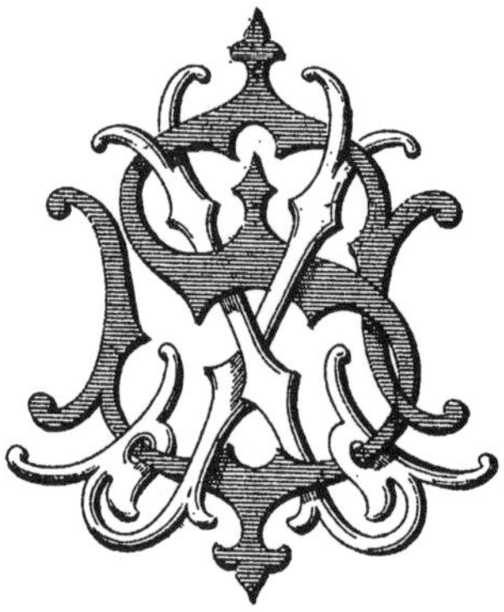

J S

523

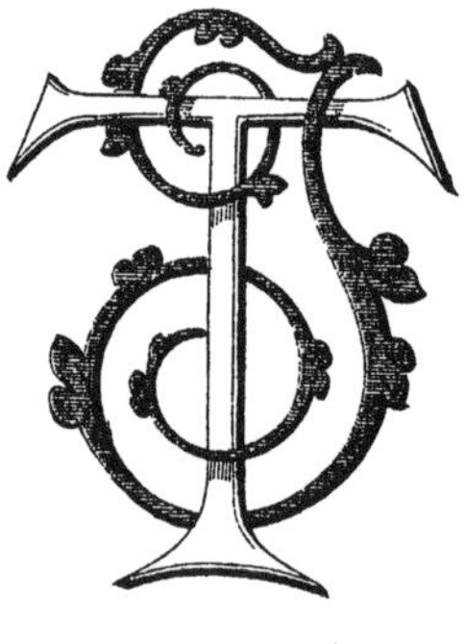

J T

524

J T

525

J T

526

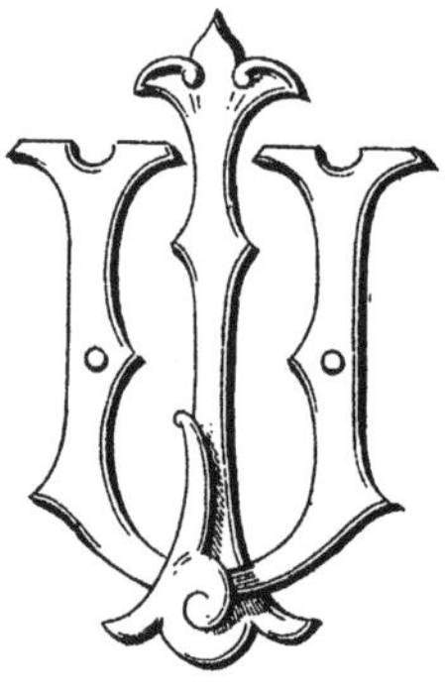

J U

527

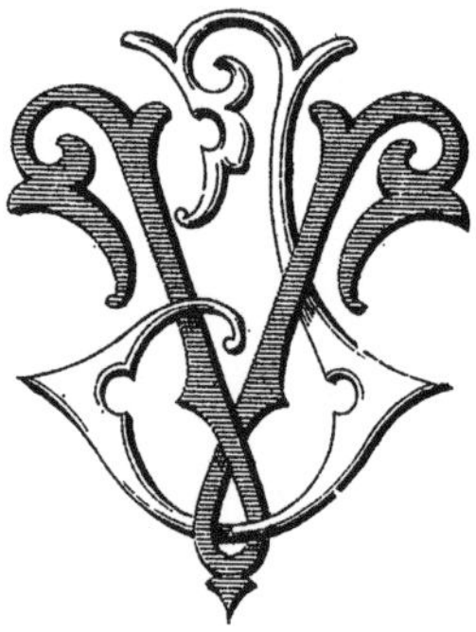

J V

528

J V

529

J W

530

J W

531

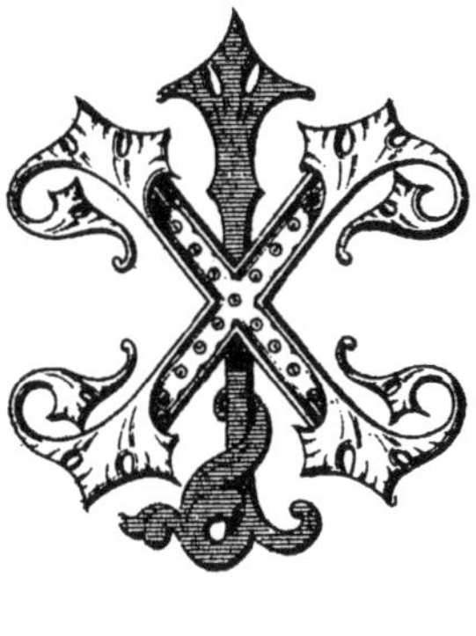

J X

532

J Y

533

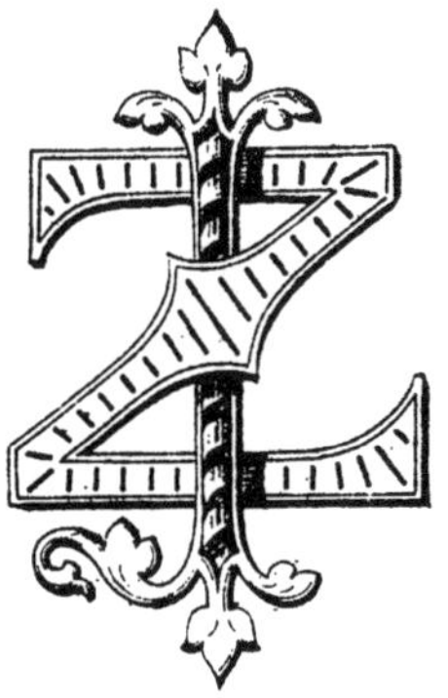

J Z

534

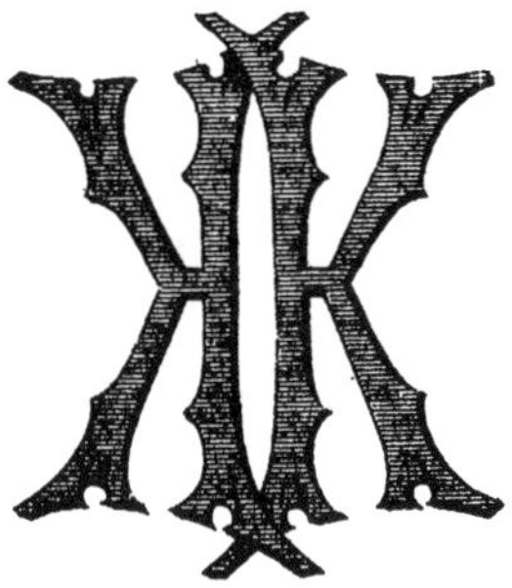

K K

535

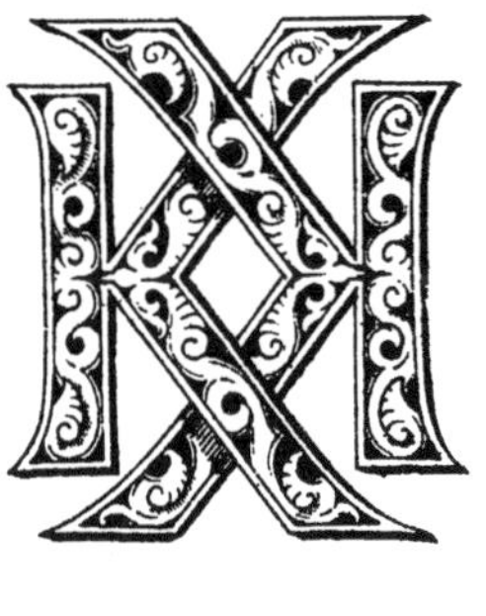

K K

536

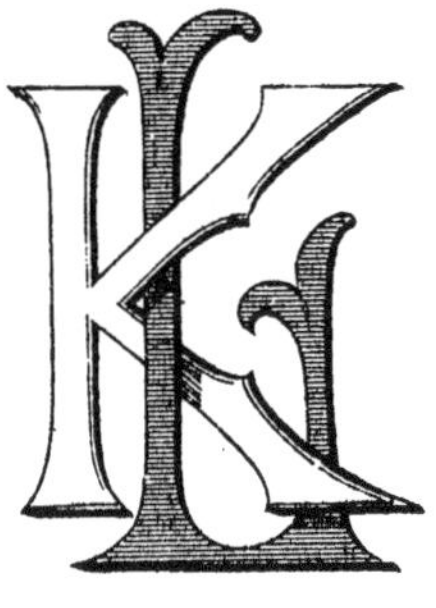

K L

537

K L

538

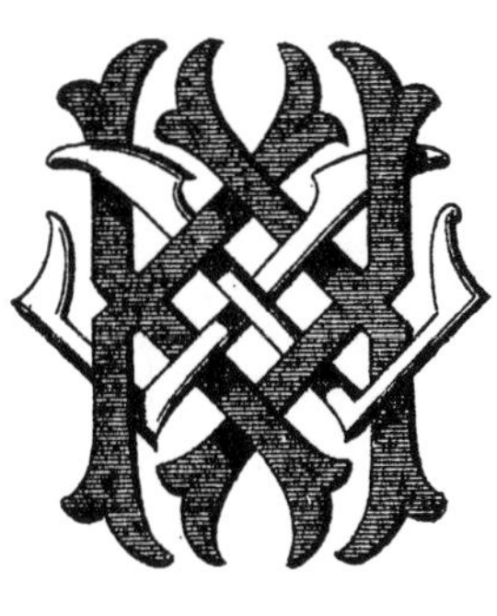

K L

539

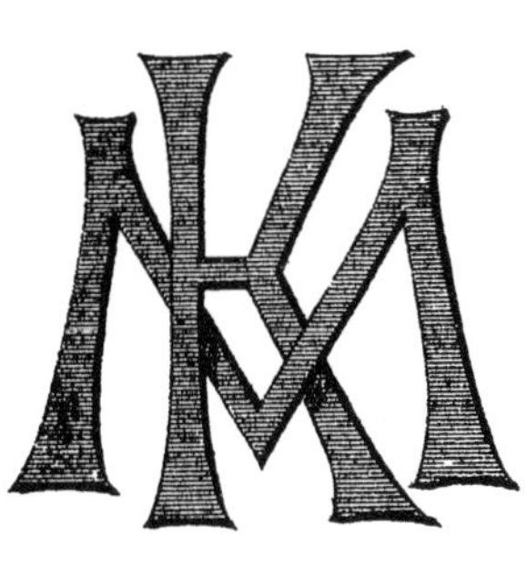

K M

540

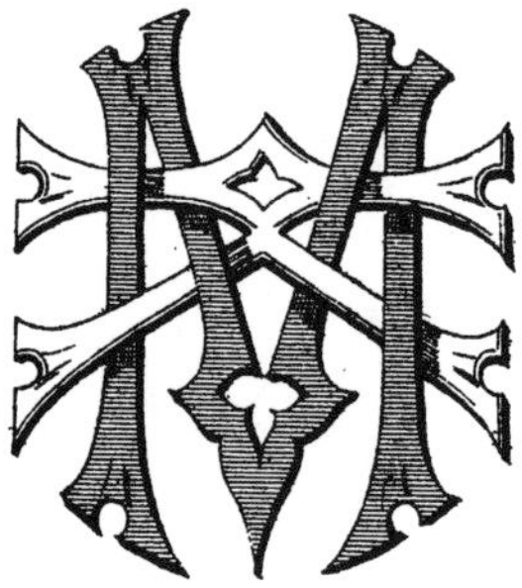

K M

541

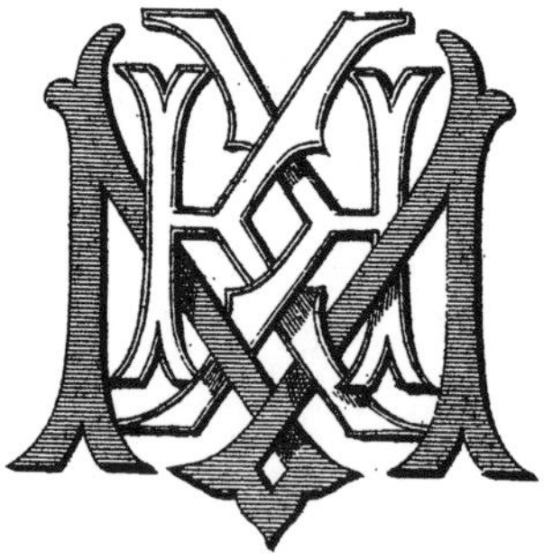

K M

542

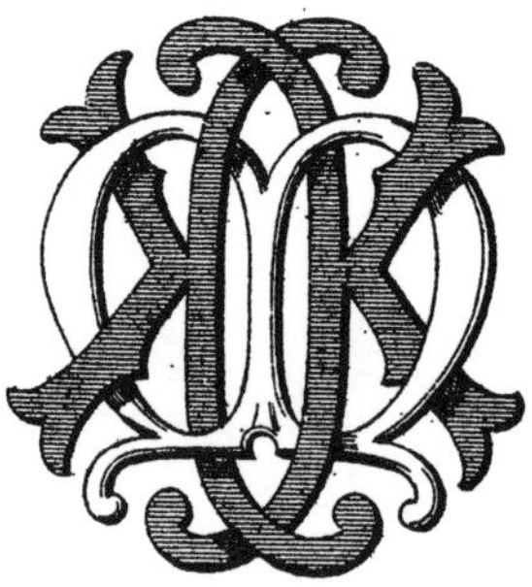

K M

543

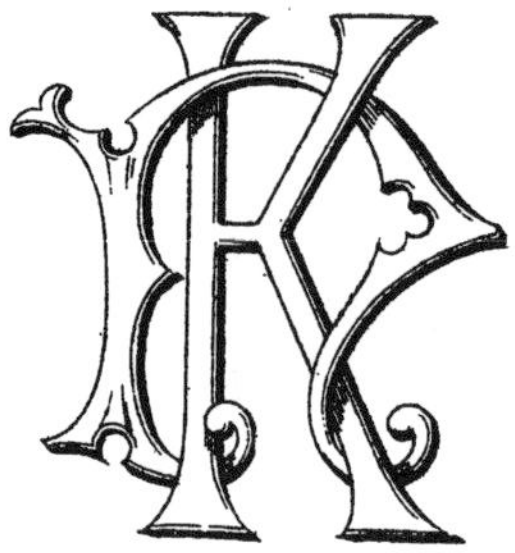

K N

544

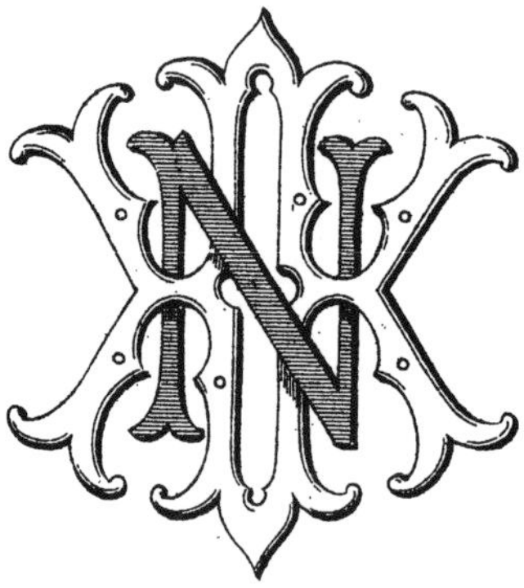

K N

545

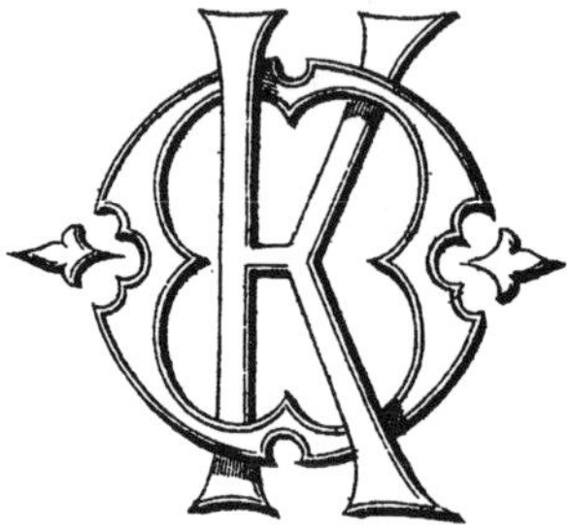

K O

546

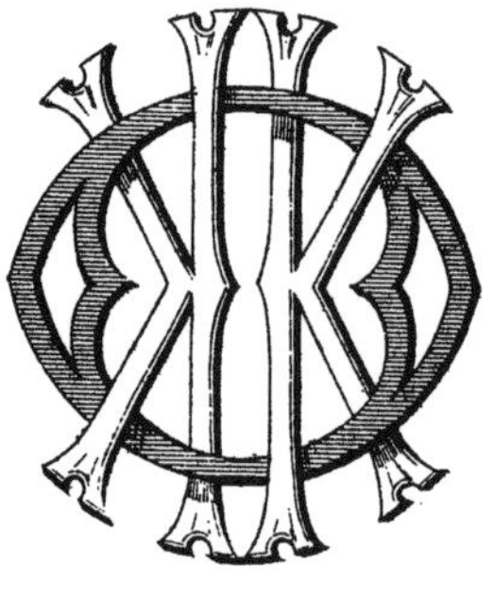

K O

547

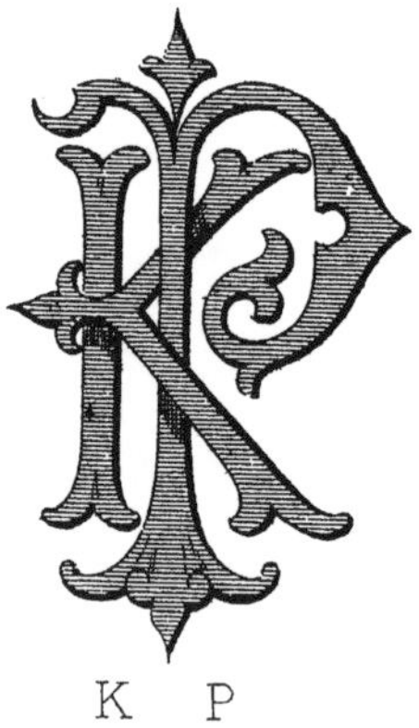

K P

548

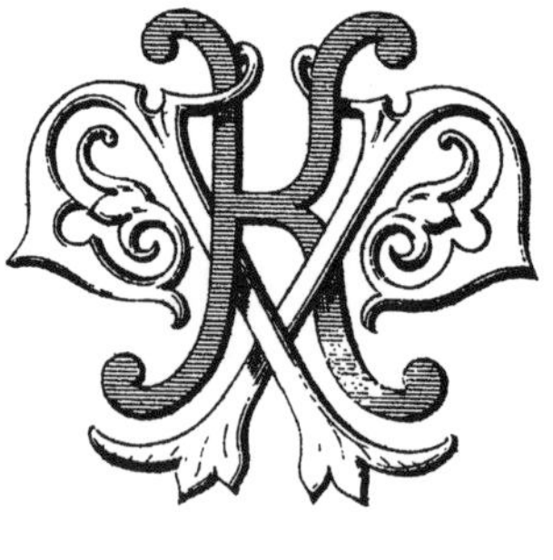

K P

549

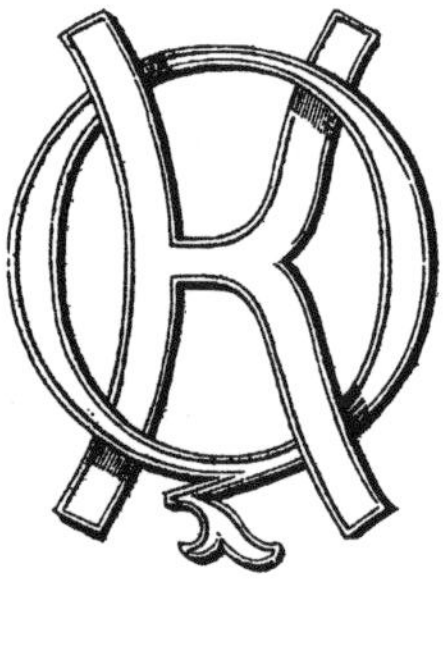

K Q

550

K R

551

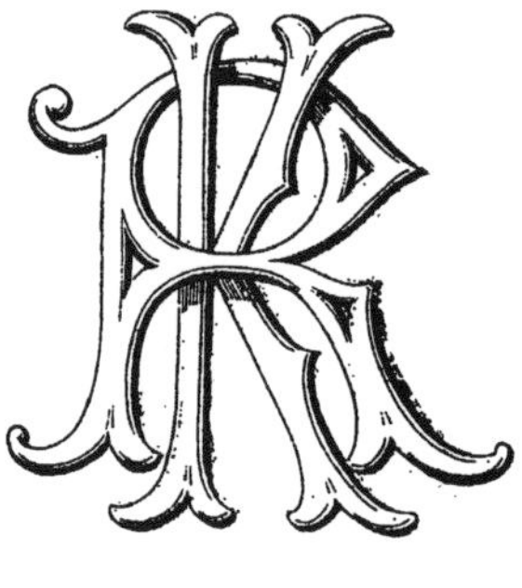

K R

552

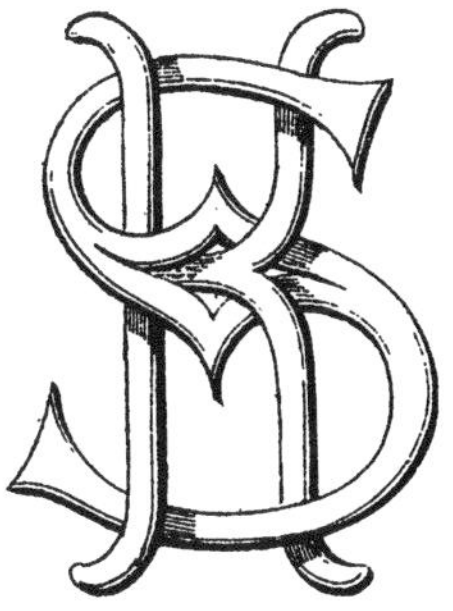

K S
553

K S
554

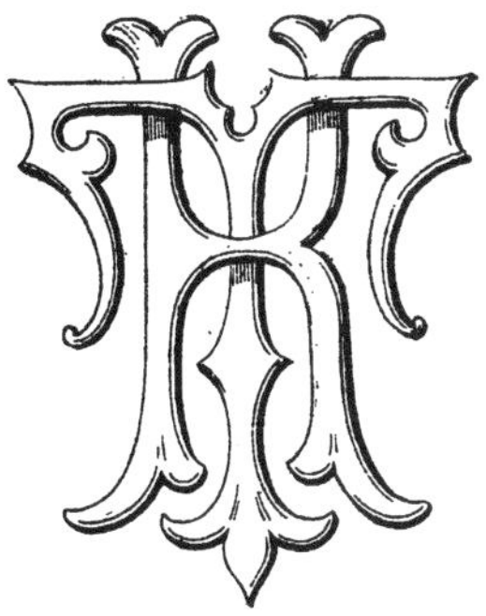

K T
555

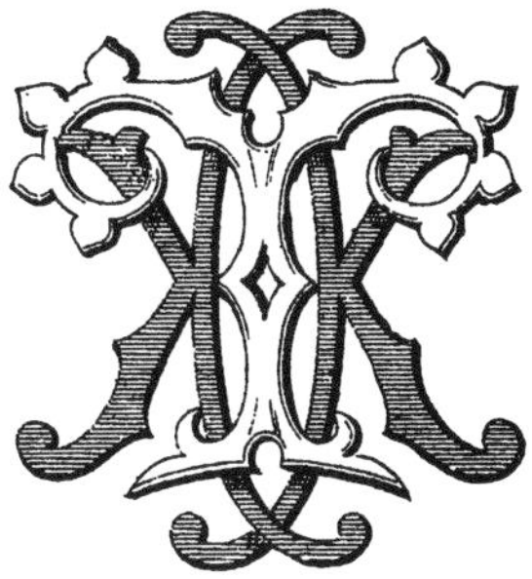

K T
556

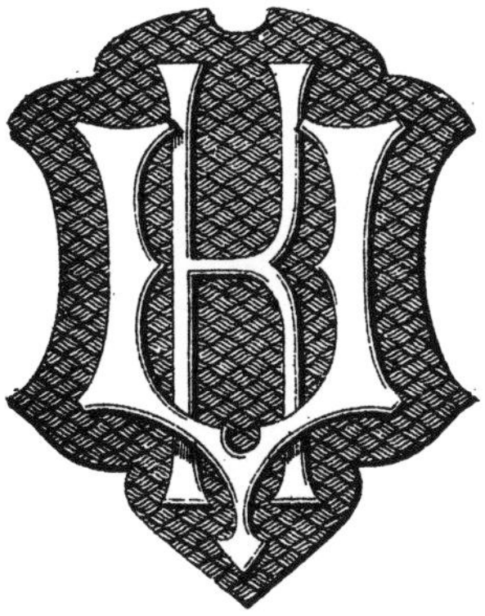

K U
557

K V
558

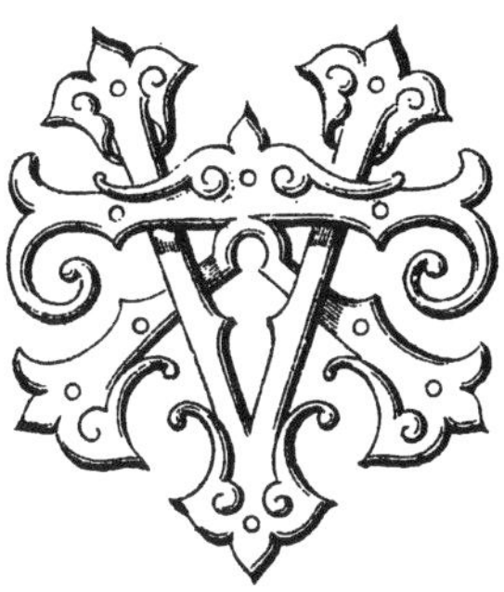

K V
559

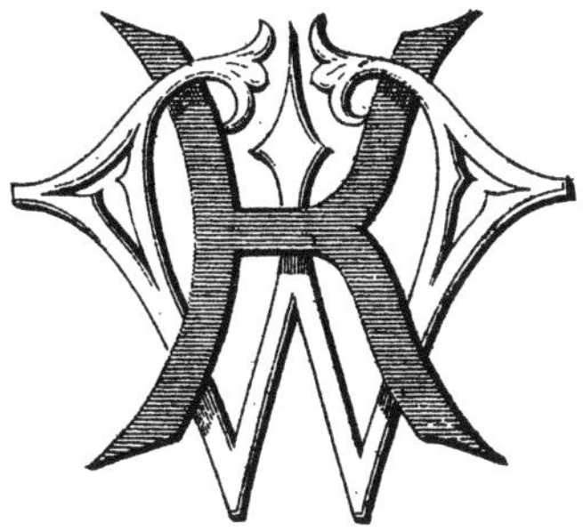

K W
560

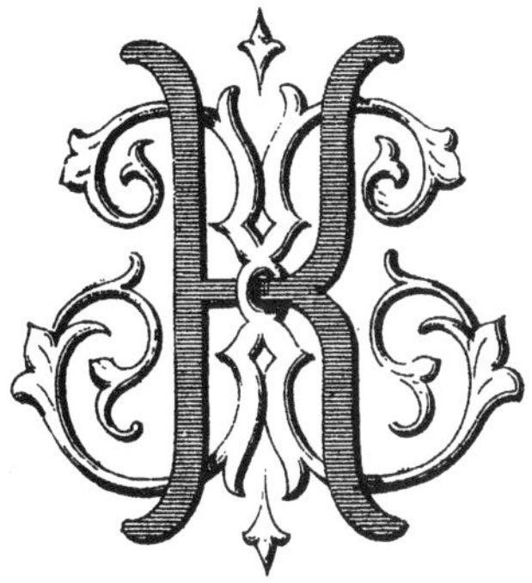

K X
561

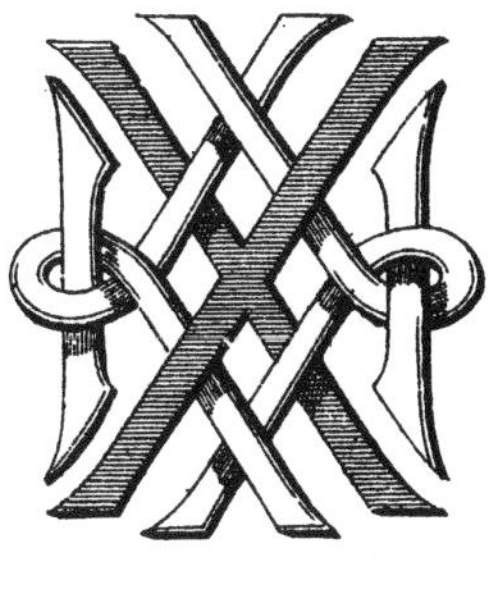

K X
562

K Y
563

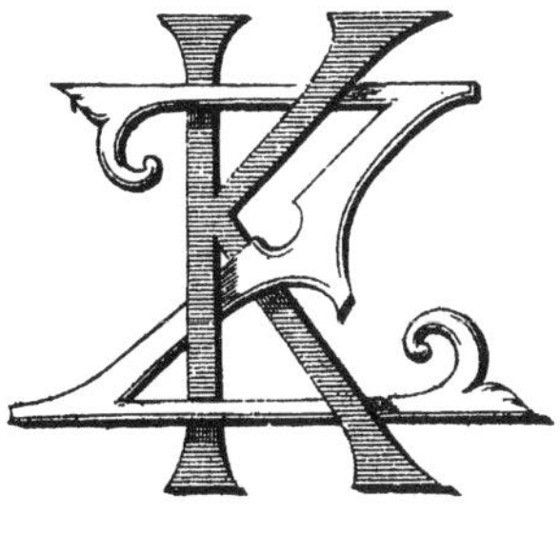

K Z
564

L L

565

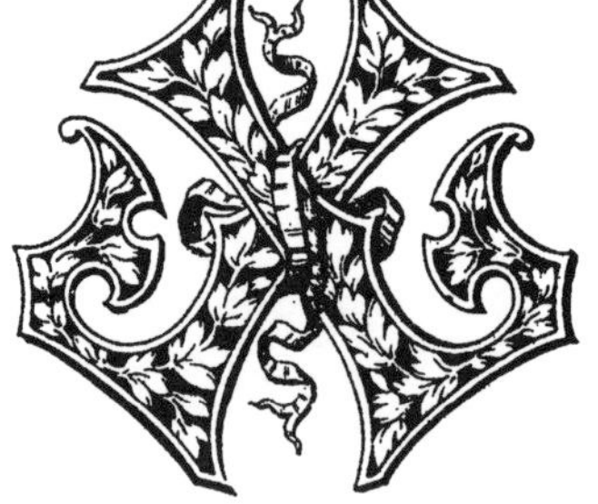

L L

566

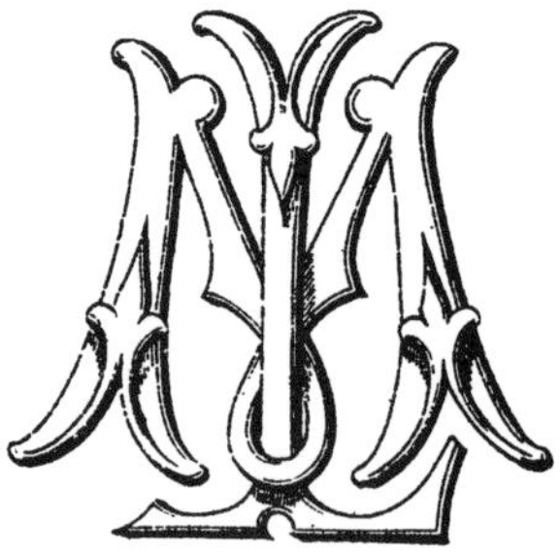

L M

567

L M

568

L M

569

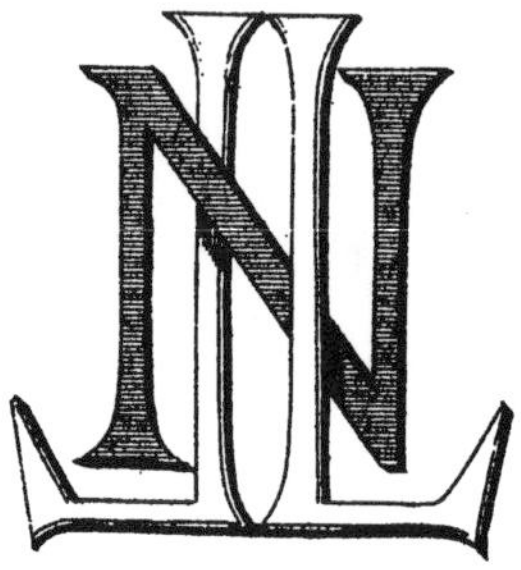

L N

570

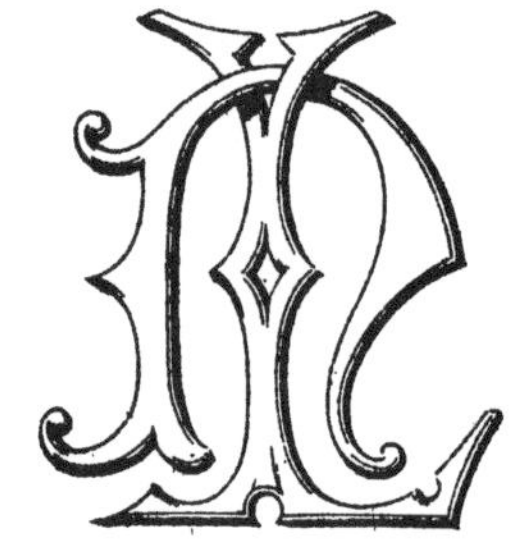

L N

571

L O

572

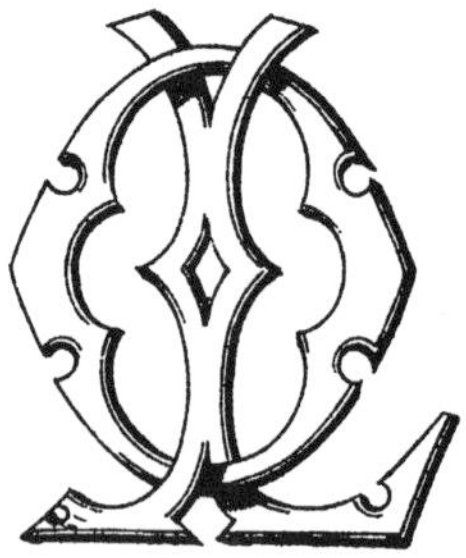

L O

573

L O

574

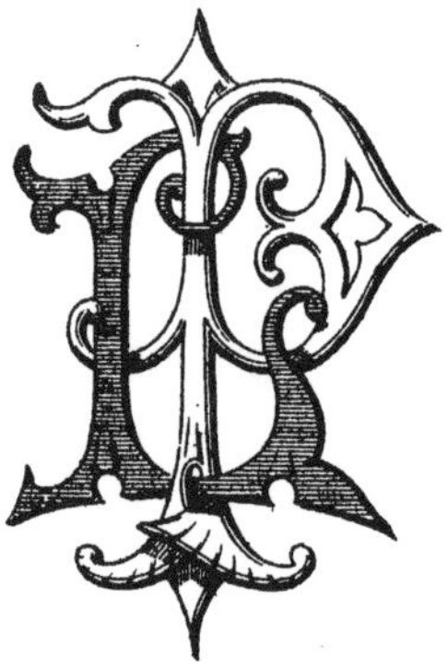

L P

575

L P

576

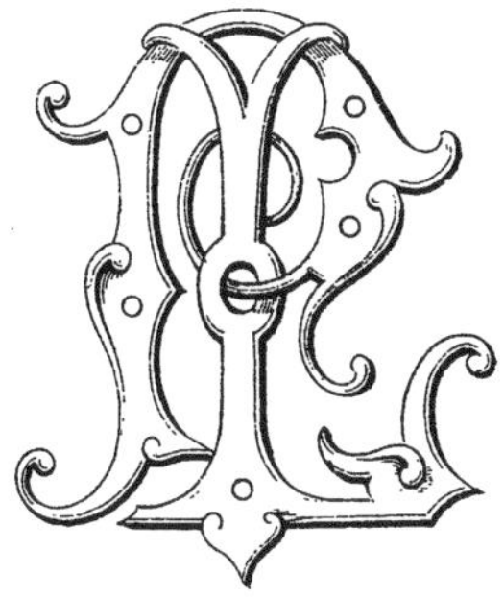

L P
577

L P
578

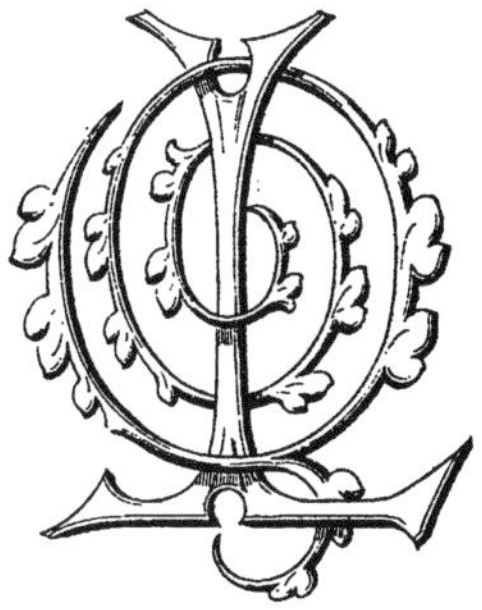

L Q
579

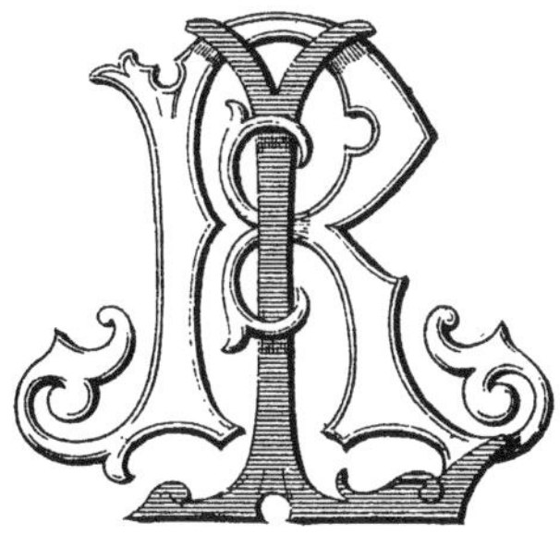

L R
580

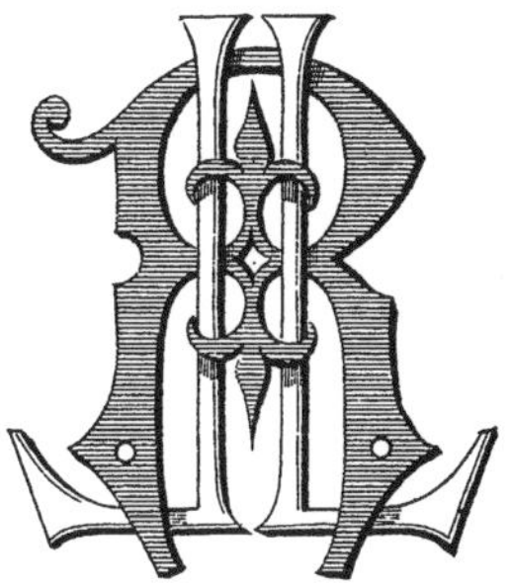

L R
581

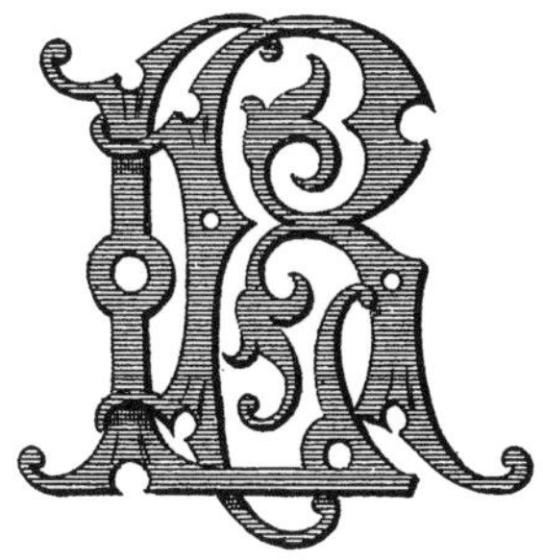

L R
582

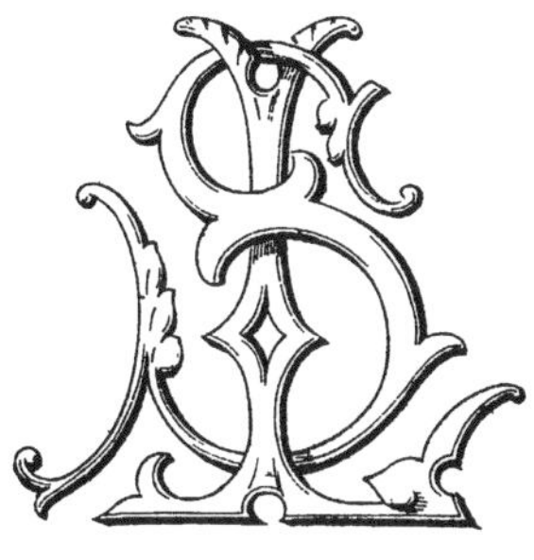

L S
583

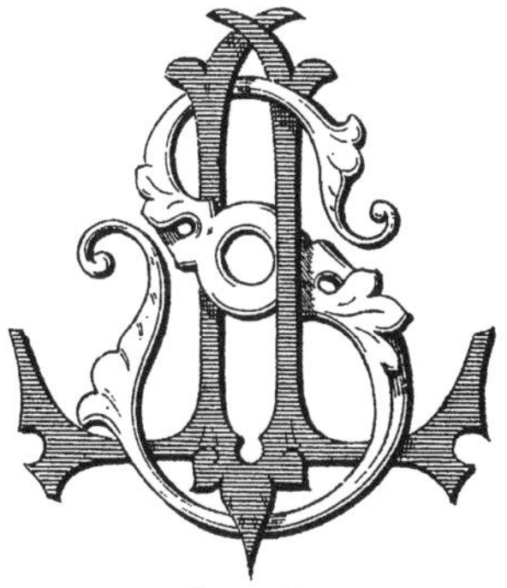

L S
584

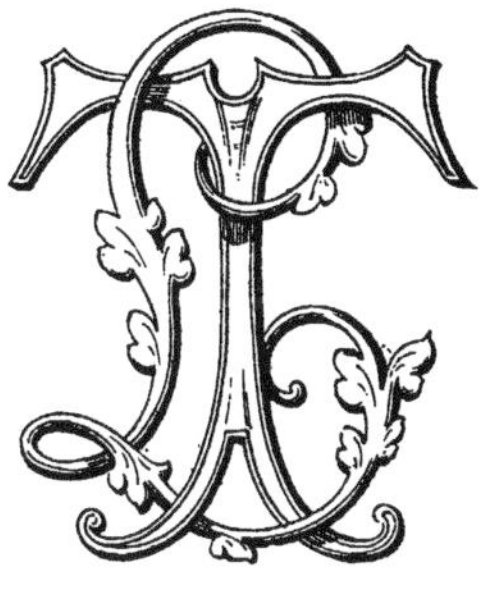

L T
585

L T
586

L U
587

L V
588

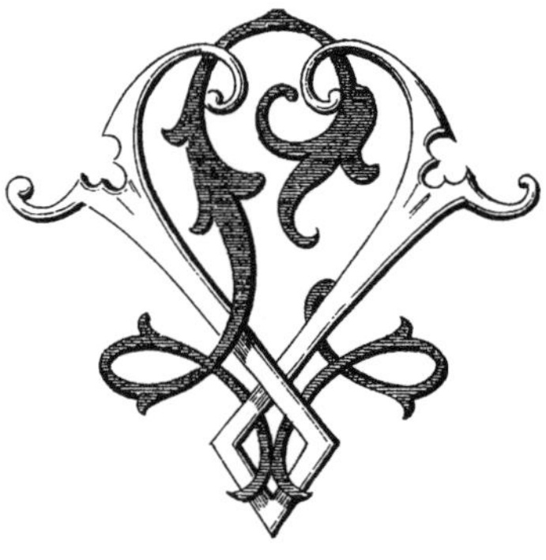

L V

589

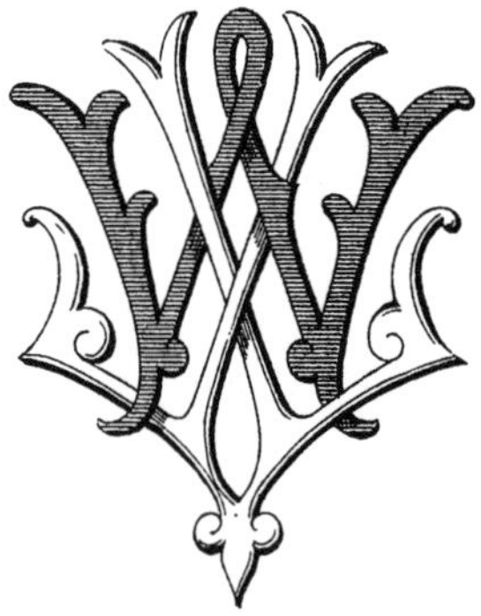

L W

590

L W

591

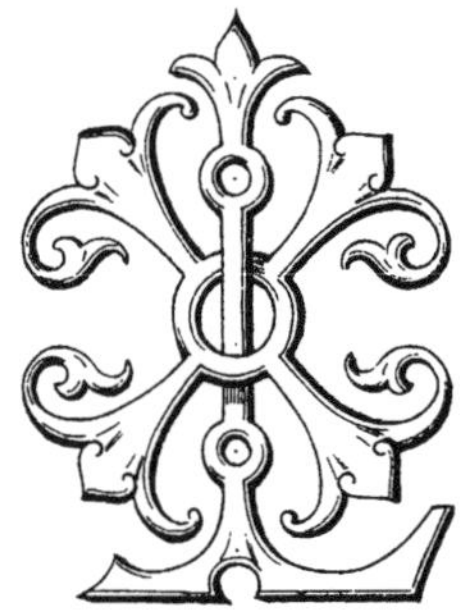

L X

592

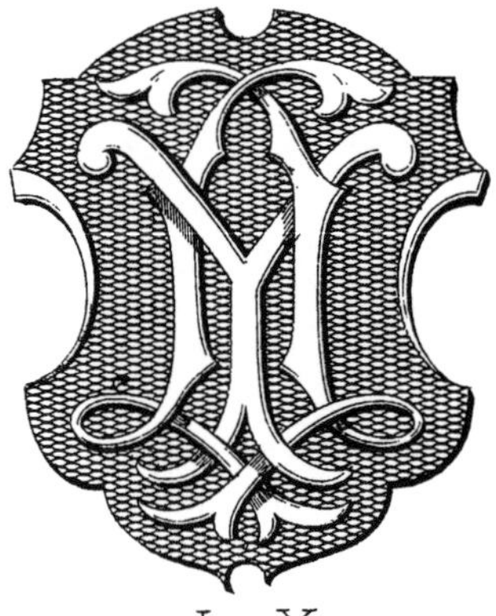

L Y

593

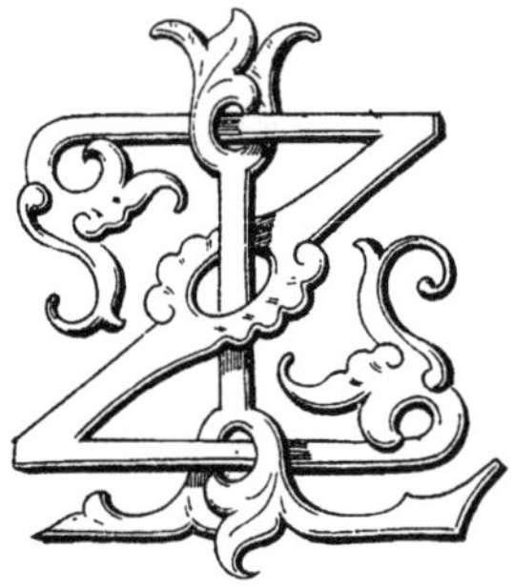

L Z

594

M M

595

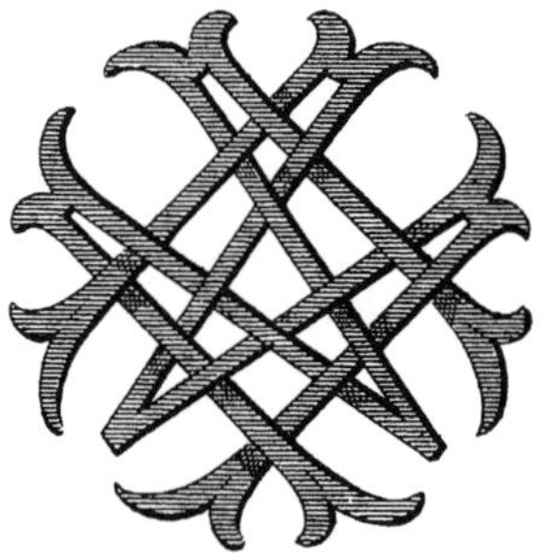

M M

596

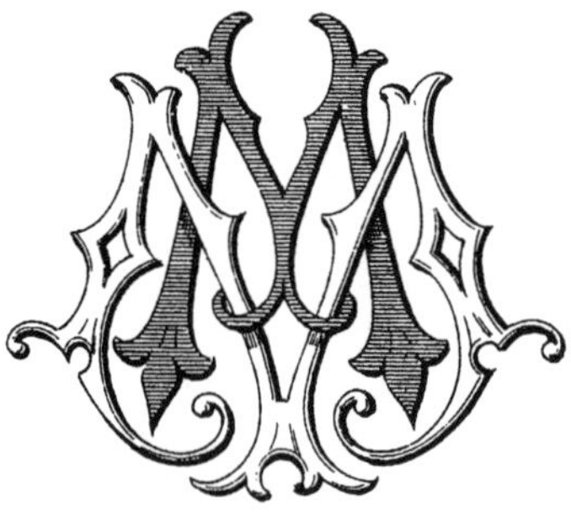

M M

597

M N

598

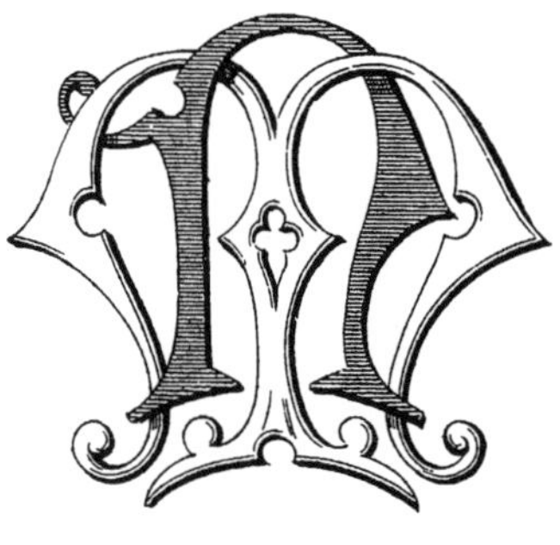

M N

599

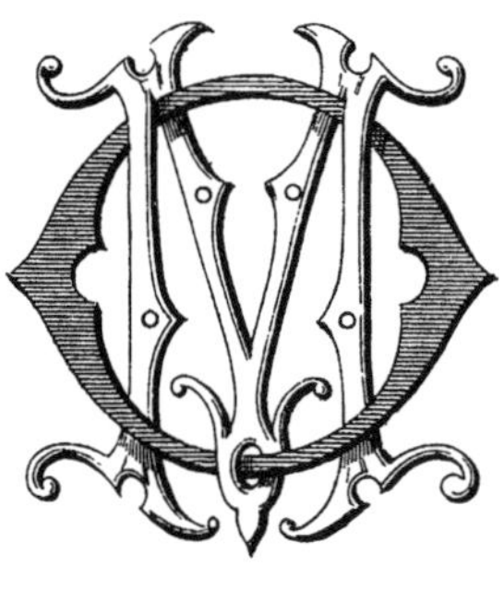

M O

600

M O
601

M P
602

M P
603

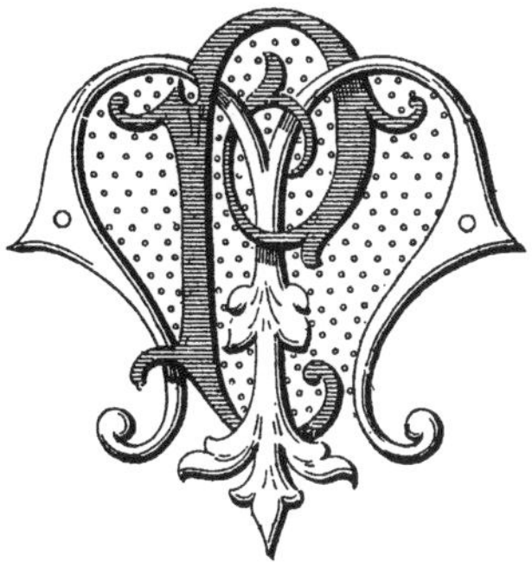

M P
604

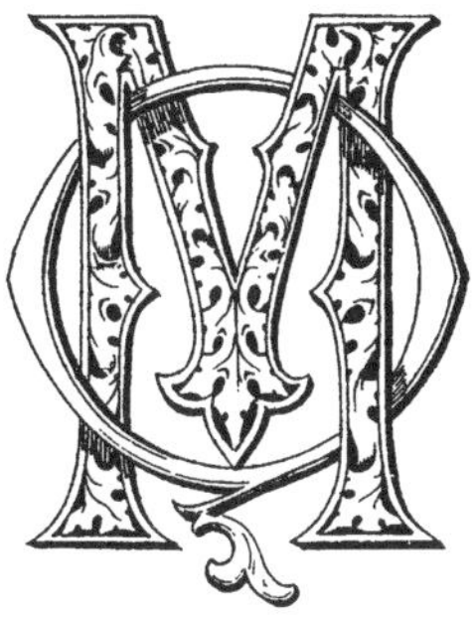

M Q
605

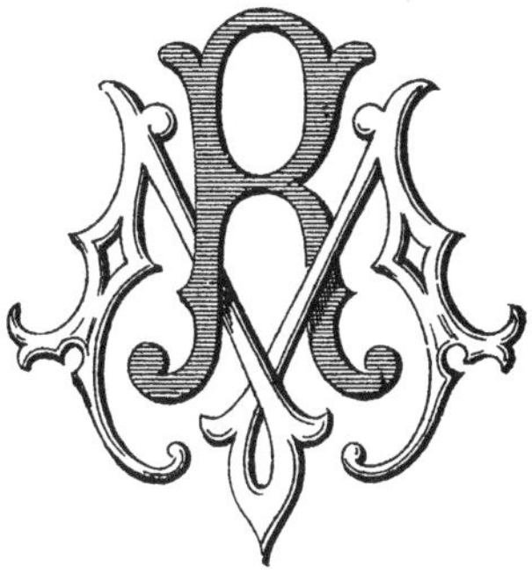

M R
606

M R
607

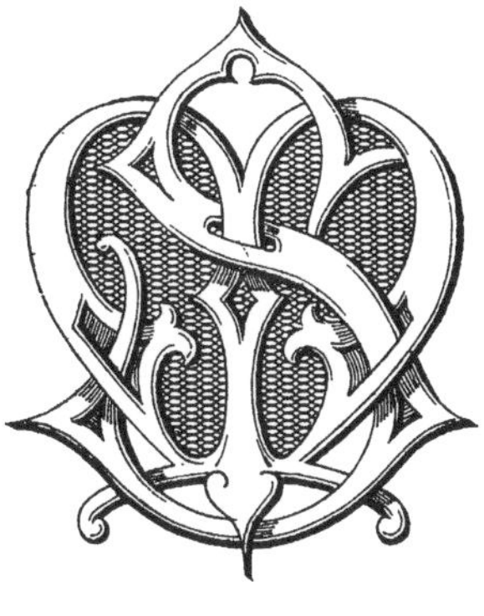

M S
608

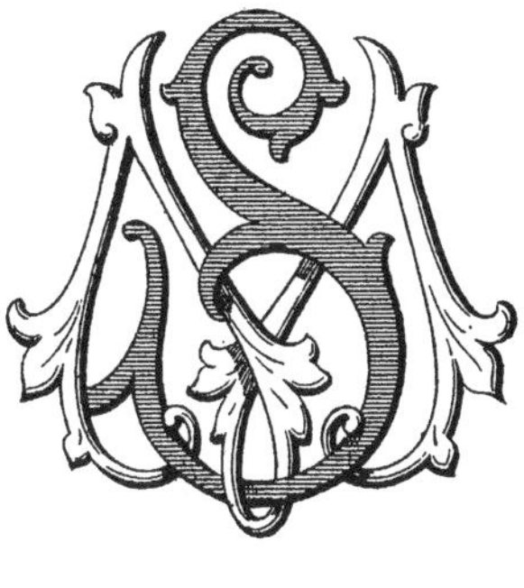

M S
609

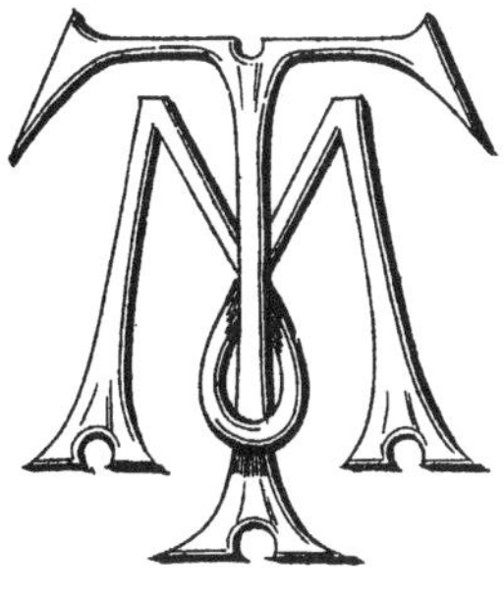

M T
610

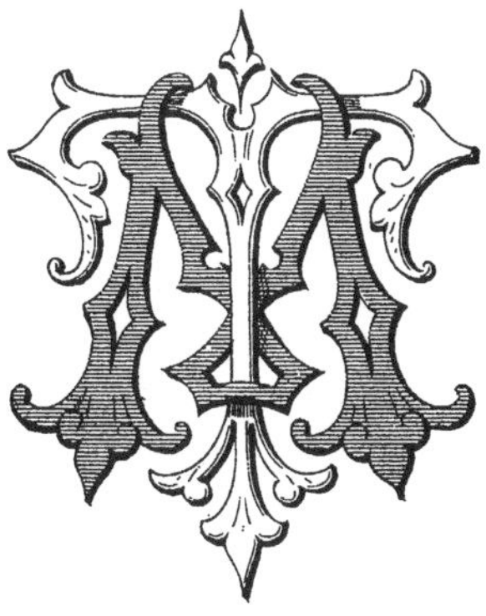

M T
611

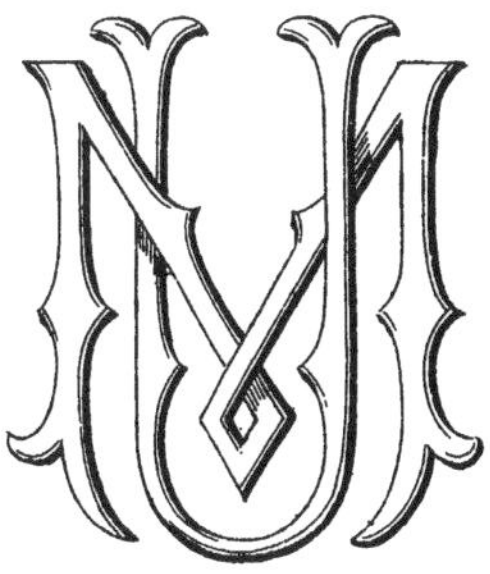

M U
612

M V
613

M V
614

M W
615

M X
616

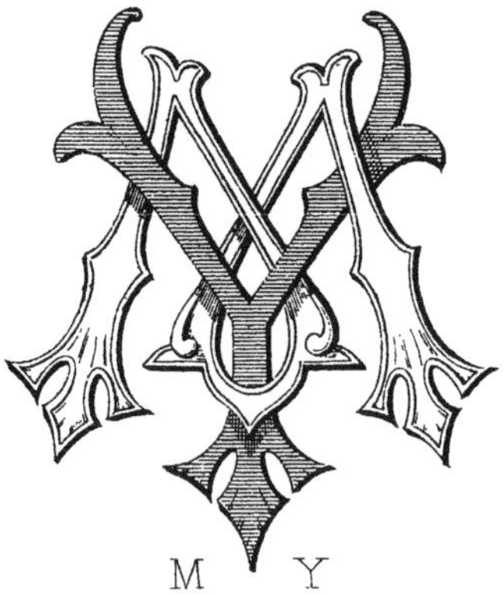

M Y
617

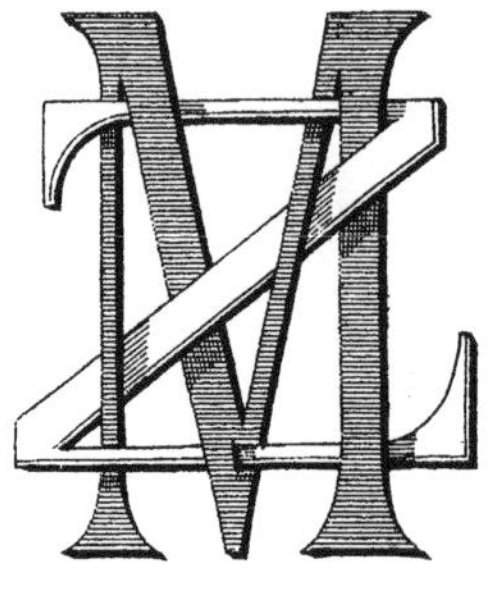

M Z
618

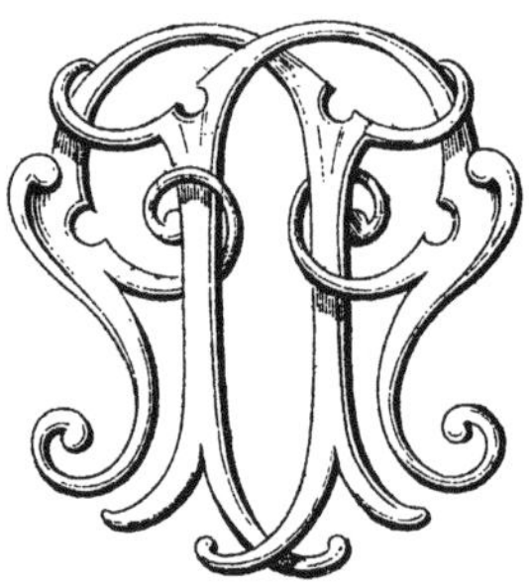

N N
619

N N
620

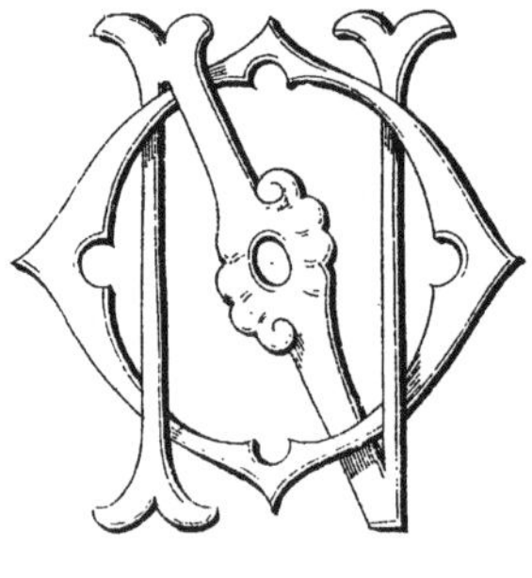

N O
621

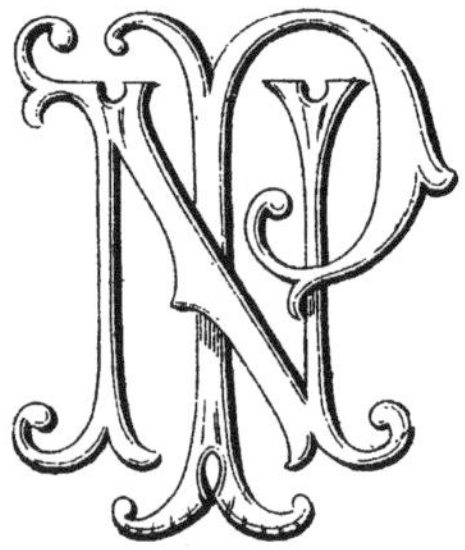

N P
622

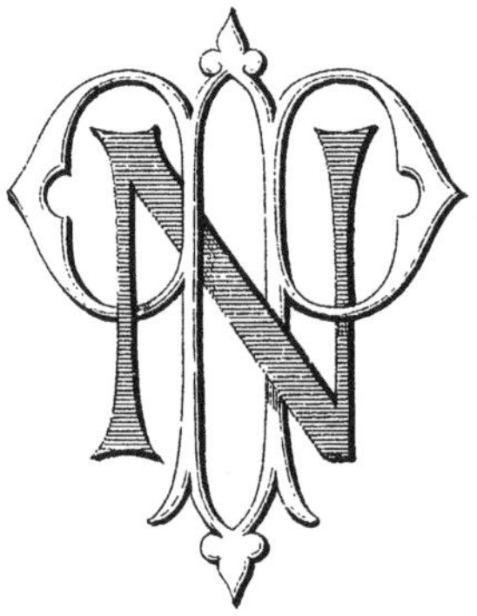

N P
623

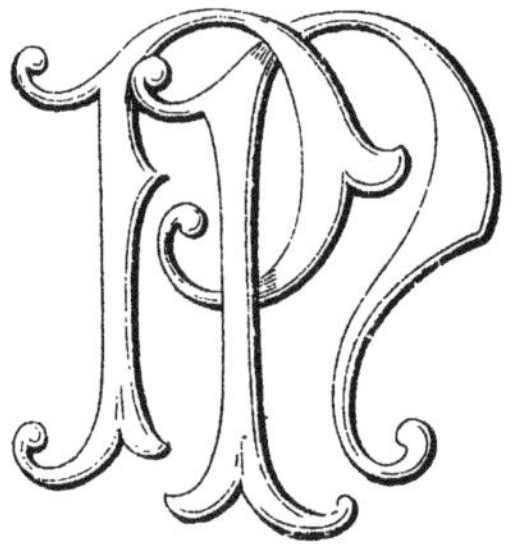

N P
624

N Q

625

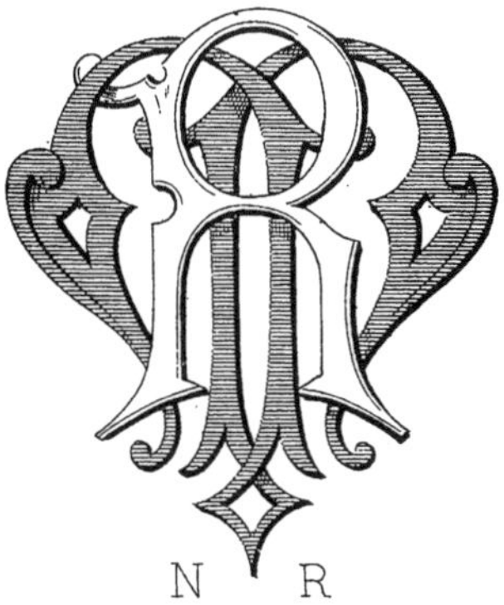

N R

626

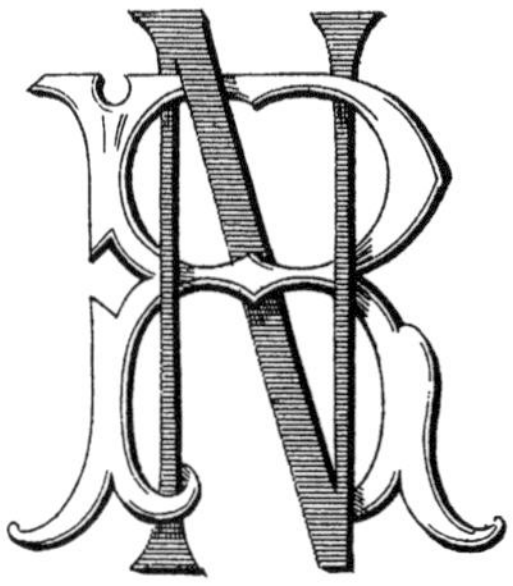

N R

627

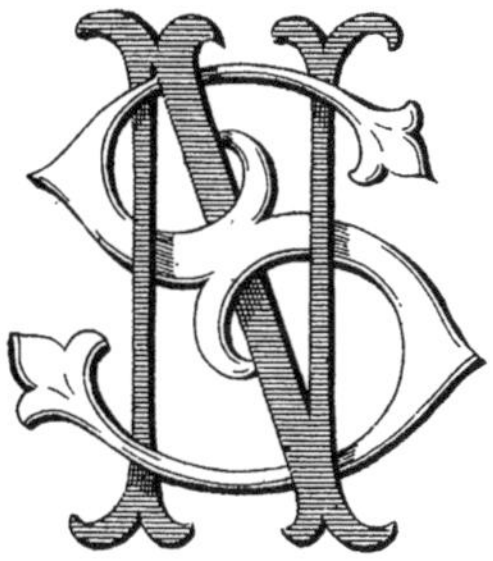

N S

628

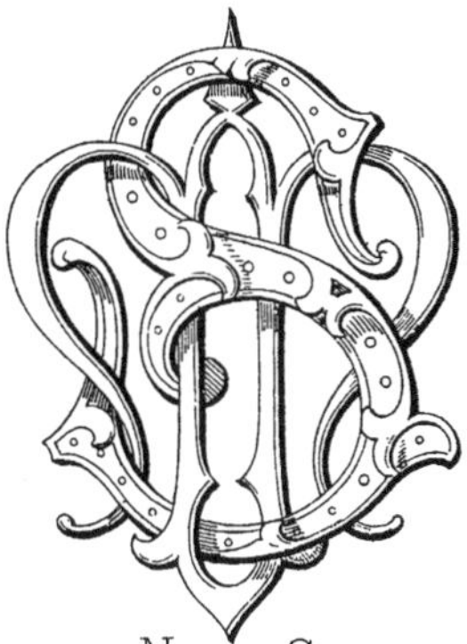

N S

629

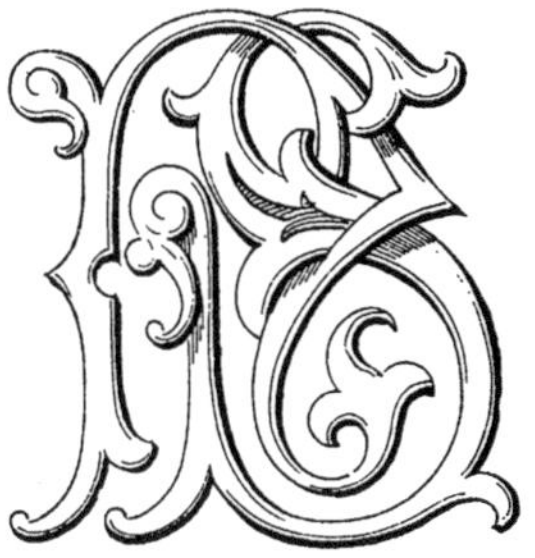

N S

630

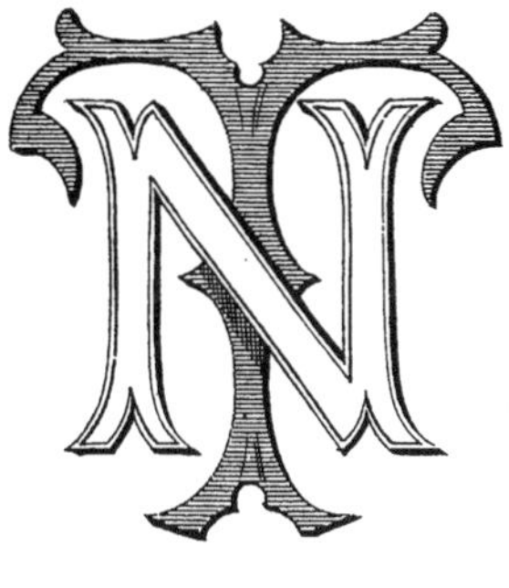

N T

631

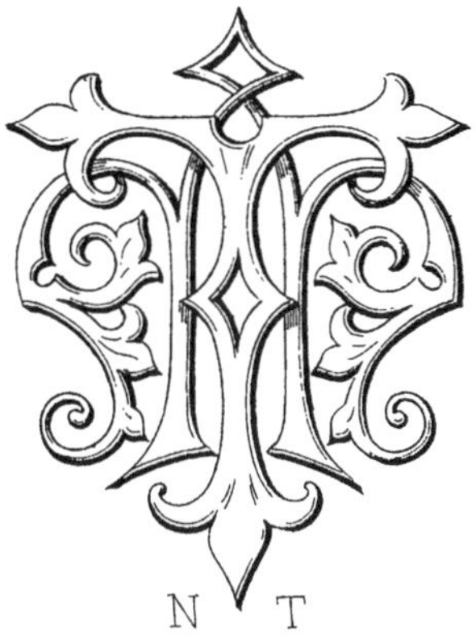

N T

632

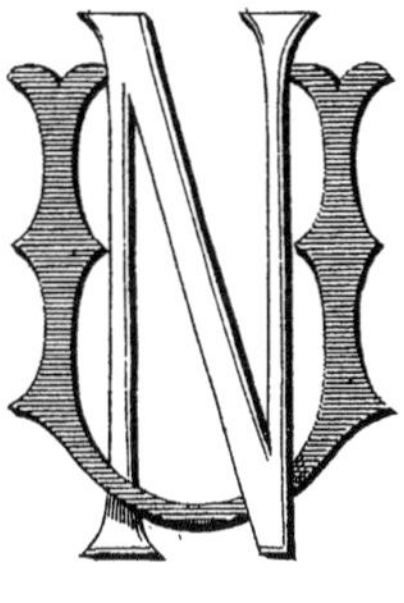

N U

633

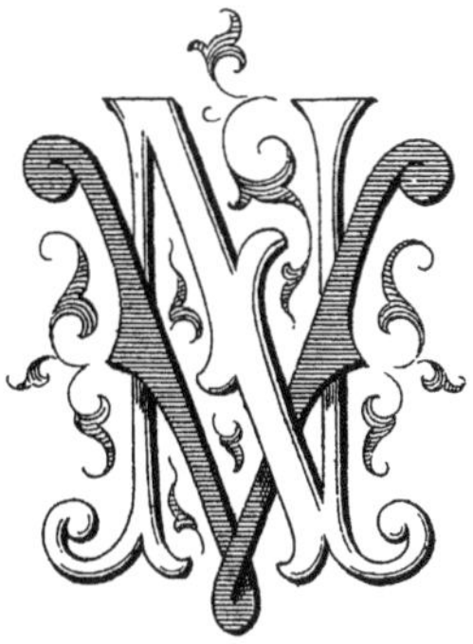

N V

634

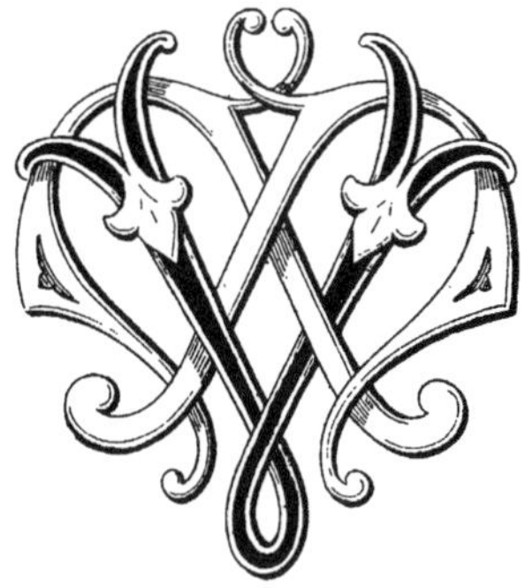

N V

635

N W

636

N X

637

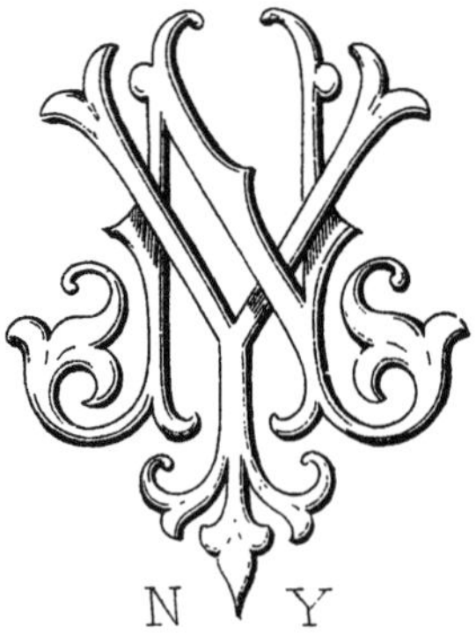

N Y

638

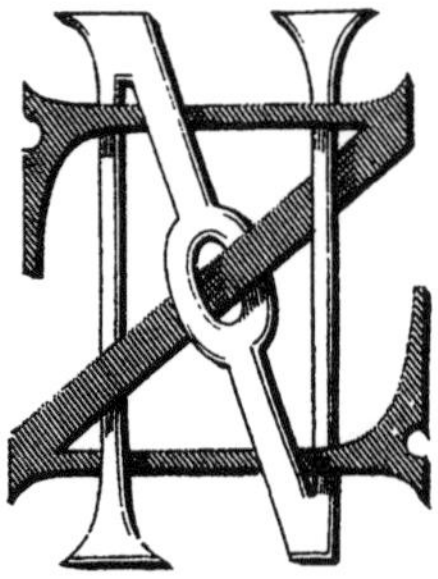

N Z

639

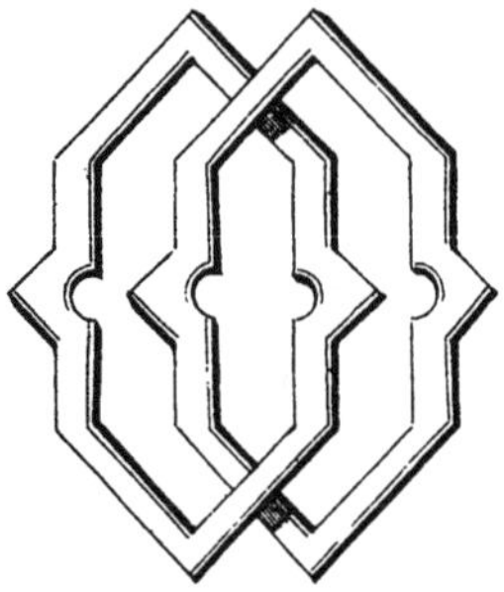

O O

640

O O

641

O O

642

O P

643

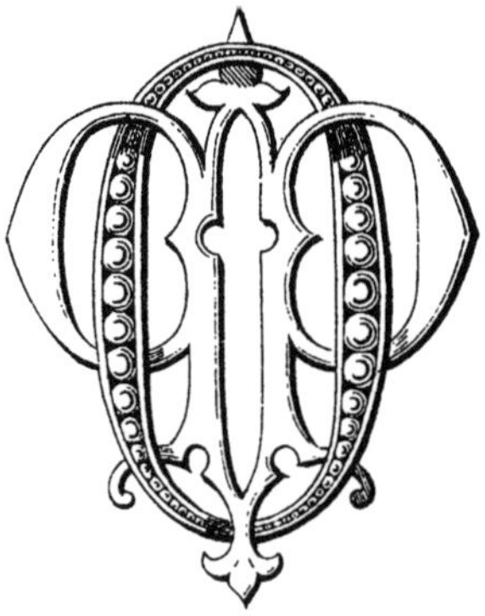

O P

644

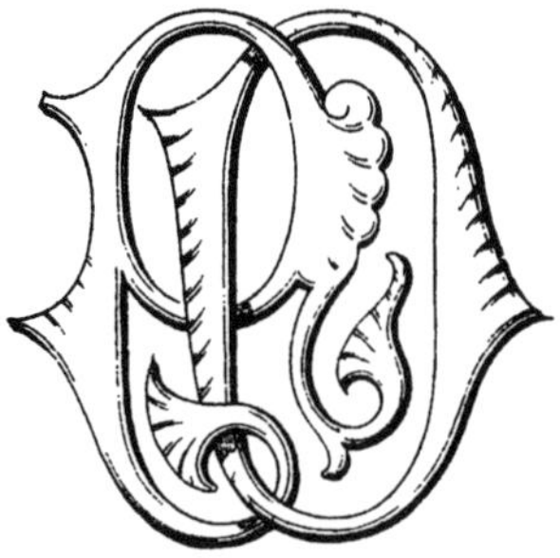

O P

645

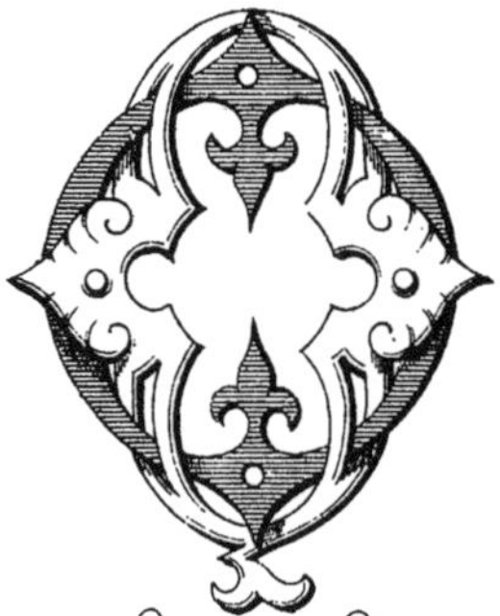

O Q

646

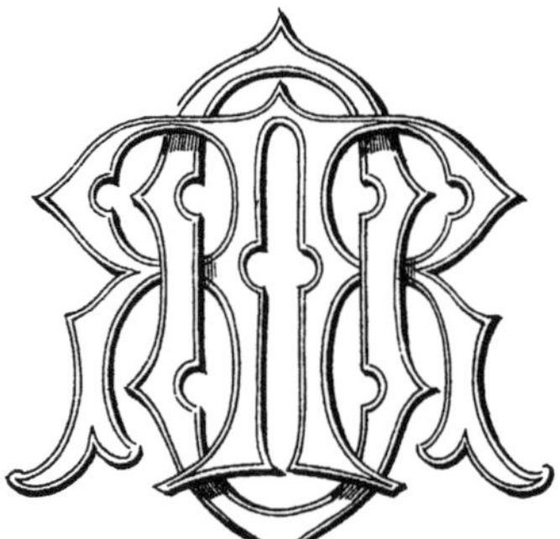

O R

647

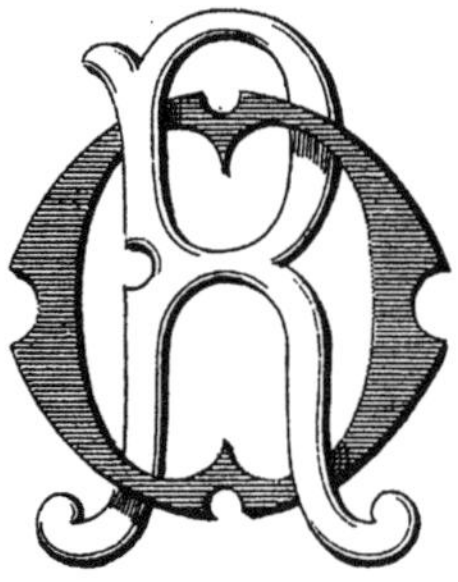

O R

648

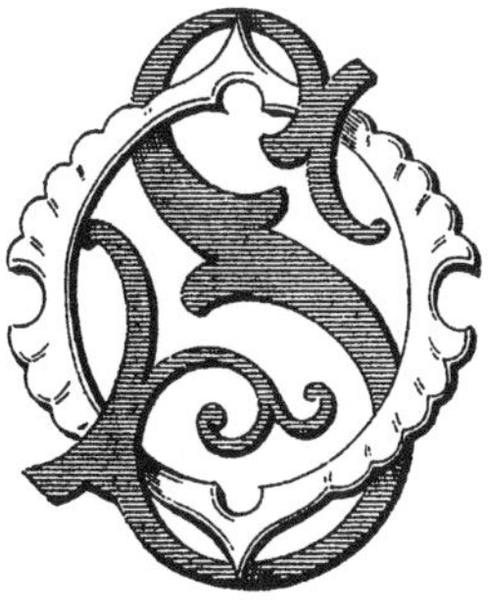

O S

649

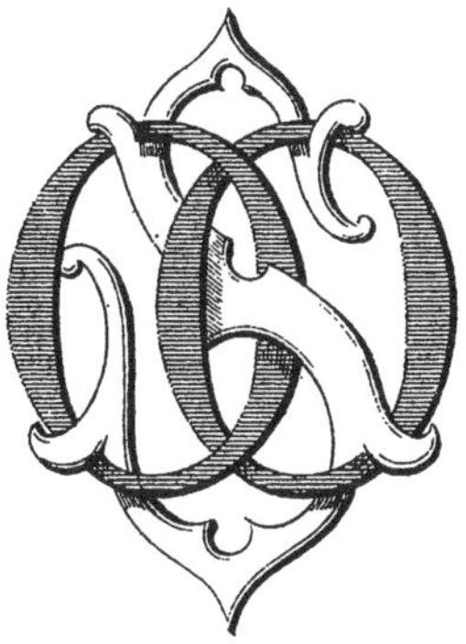

O S

650

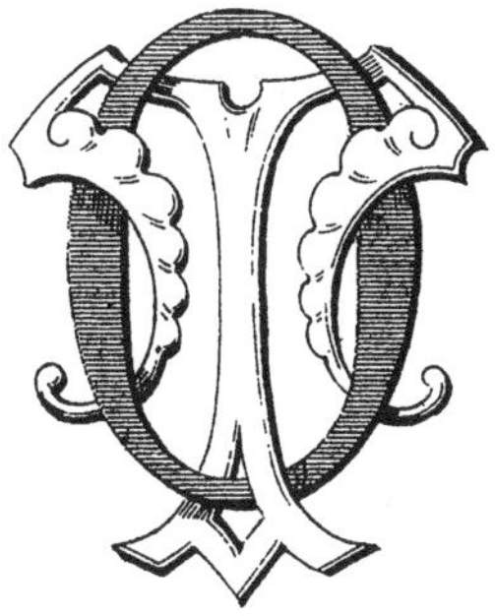

O T

651

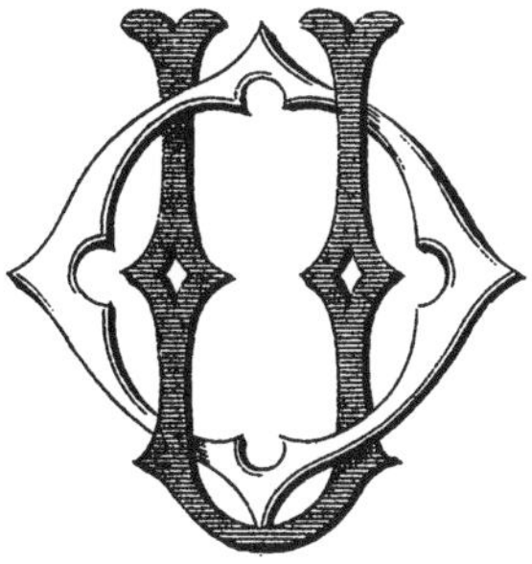

O U

652

O V

653

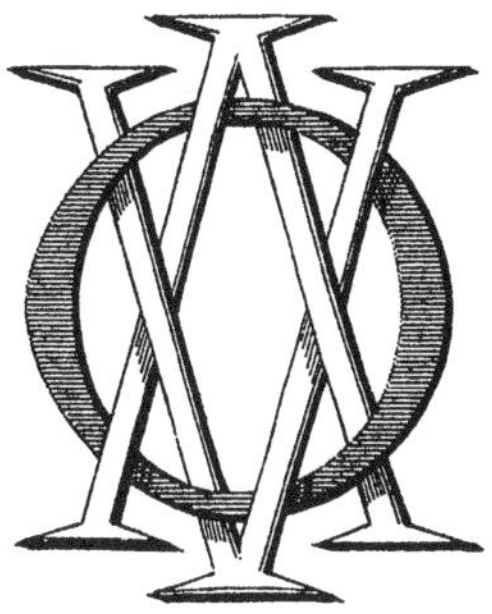

O V

654

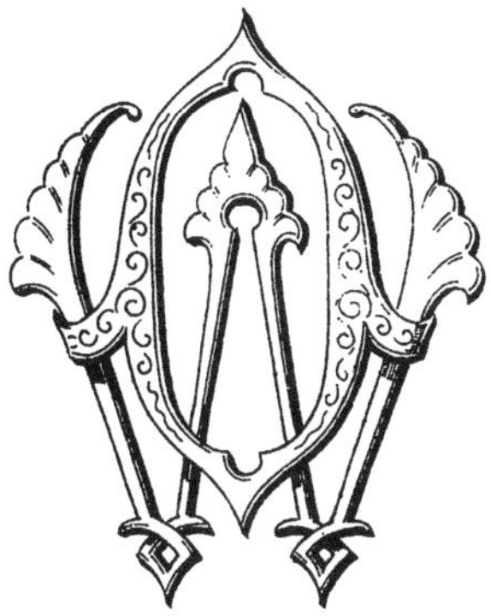

O W

655

O X

656

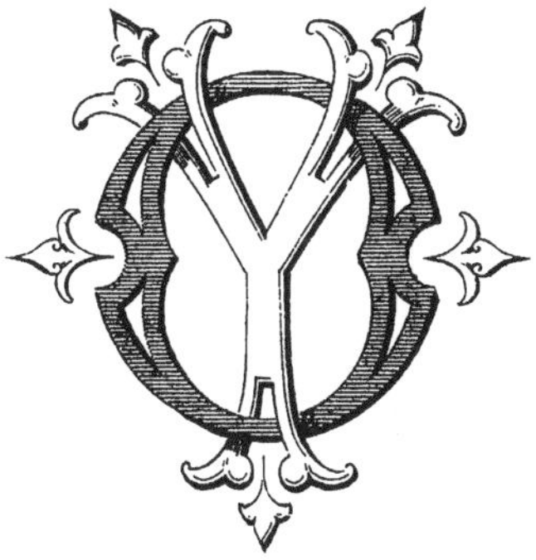

O Y

657

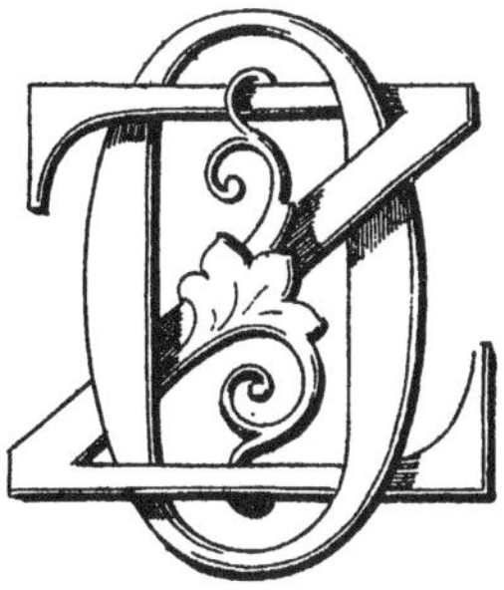

O Z

658

P P

659

P P

660

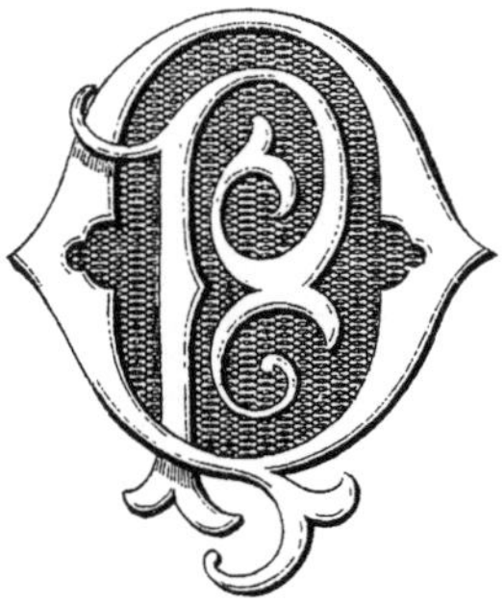
P Q
661

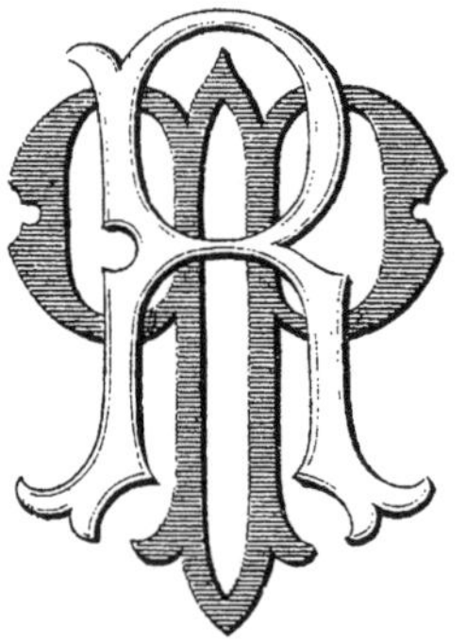
P R
662

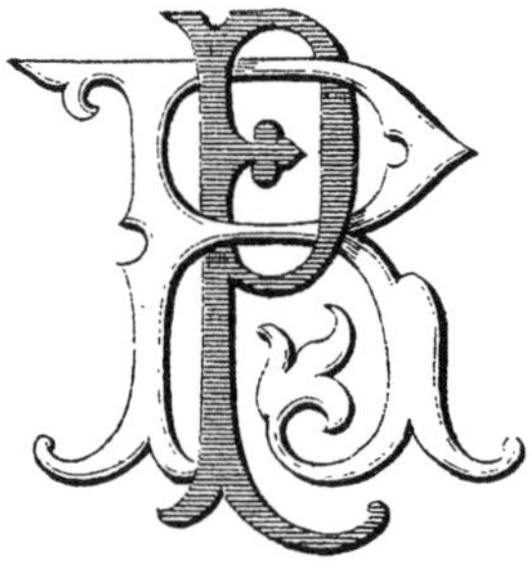
P R
663

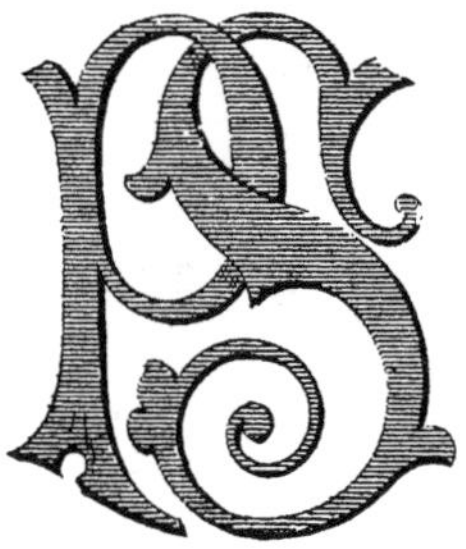
P S
664

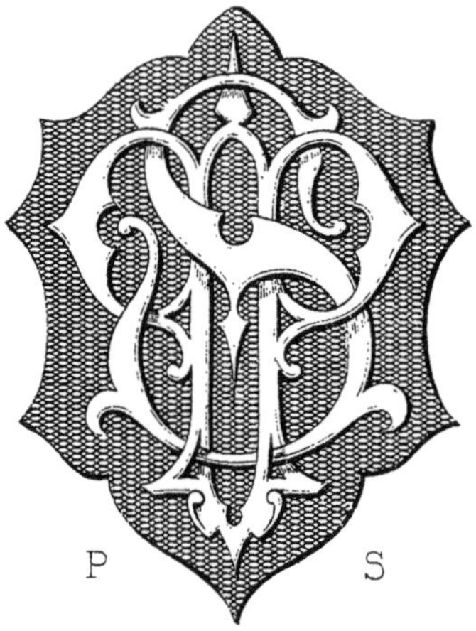
P S
665

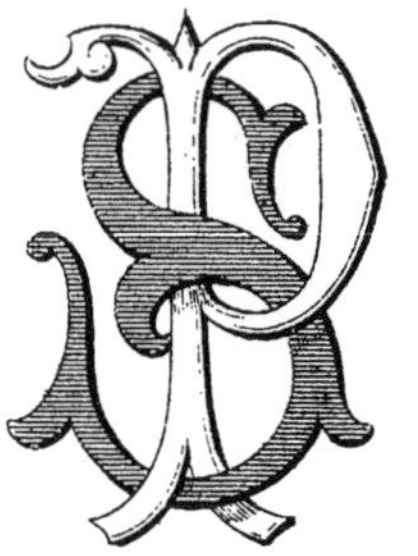
P S
666

P T
667

P T
668

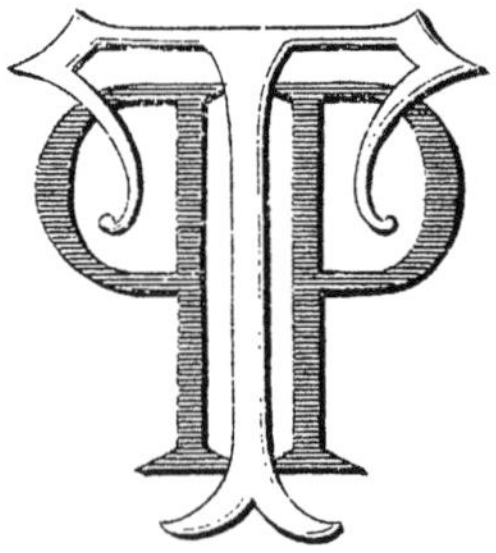
P T
669

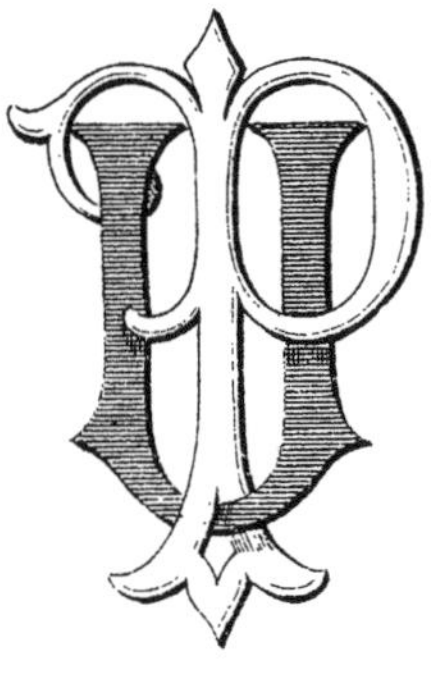
P U
670

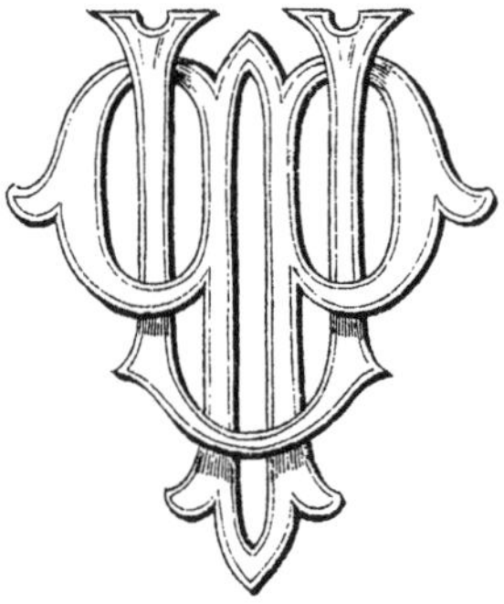
P U
671

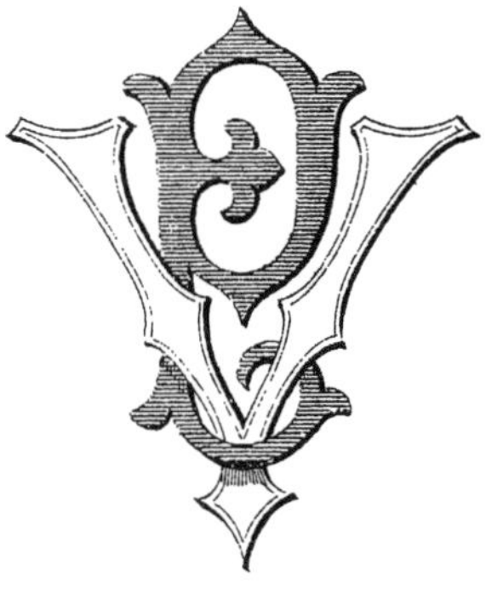
P V
672

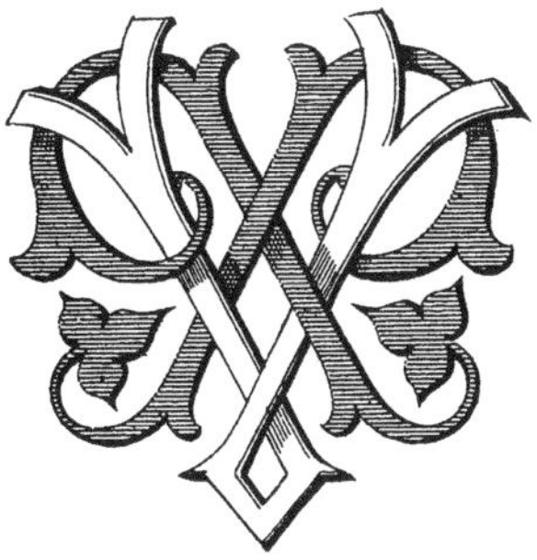

P V

673

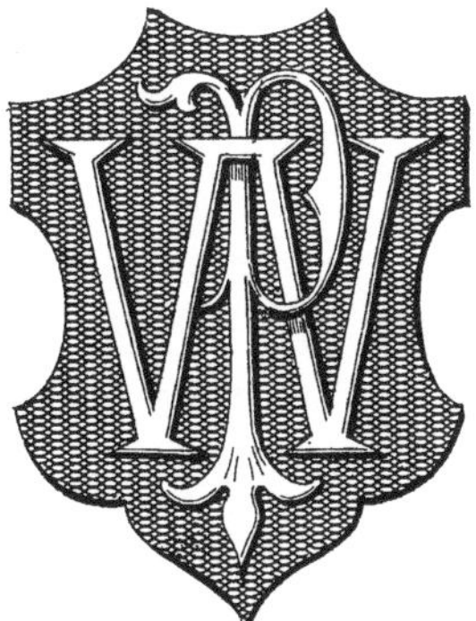

P W

674

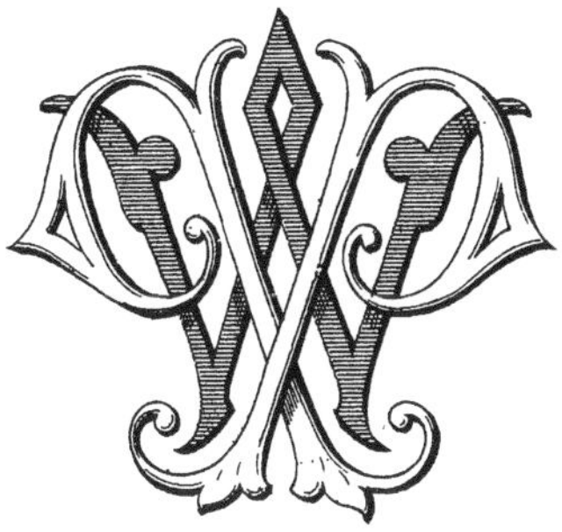

P W

675

P X

676

P X

677

P Y

678

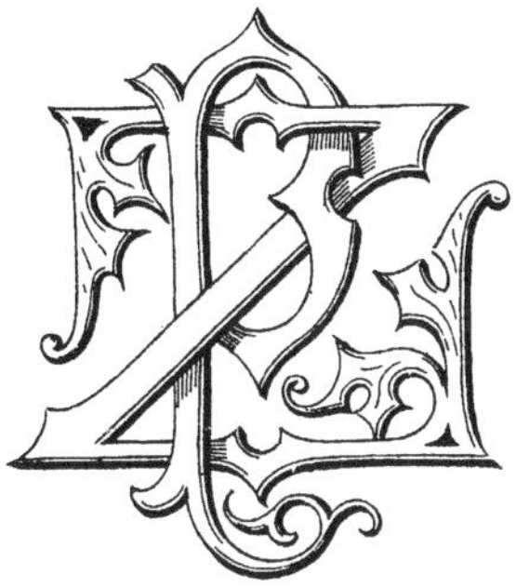

P Z

679

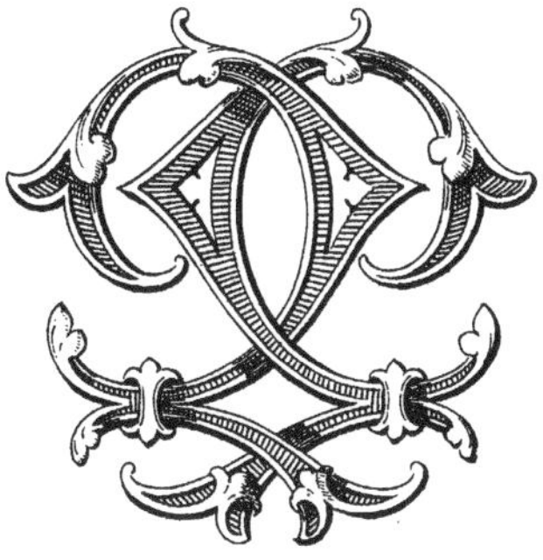

Q Q

680

Q R

681

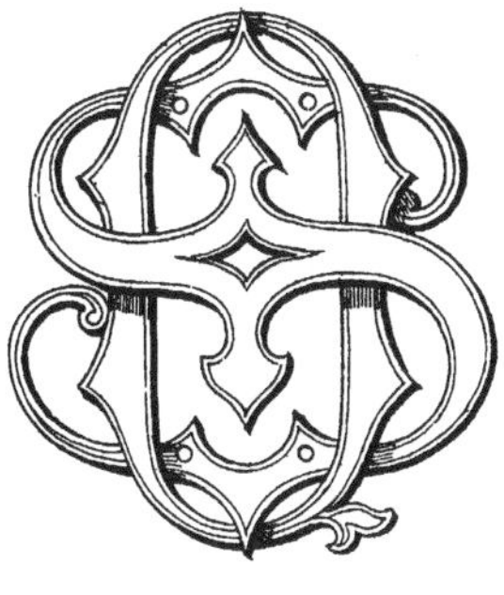

Q S

682

Q T

683

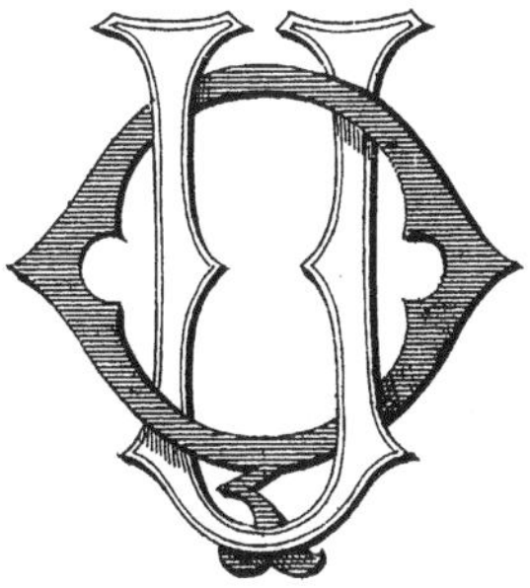

Q U

684

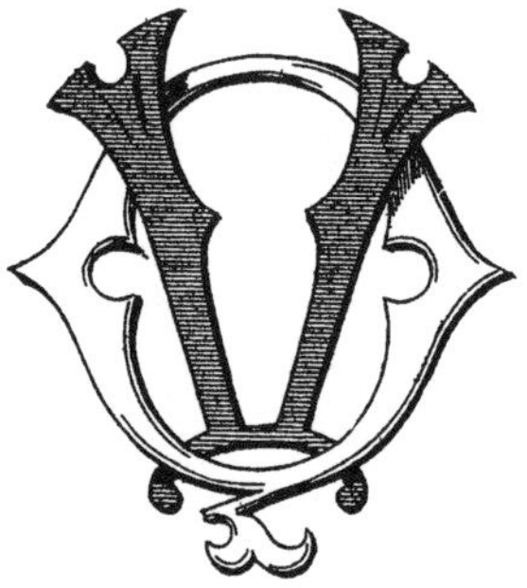

Q V
685

Q V
686

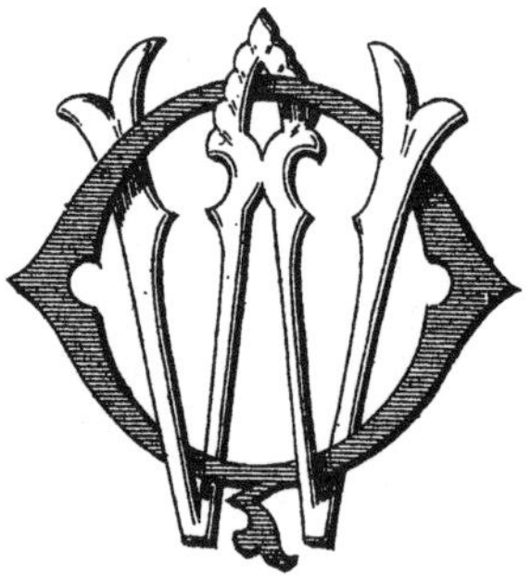

Q W
687

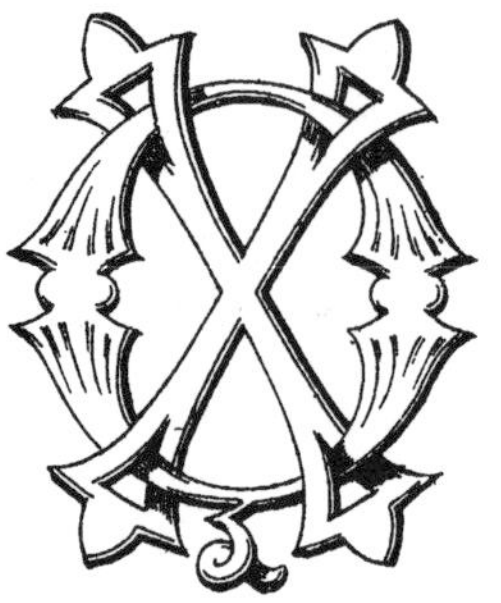

Q X
688

Q Y
689

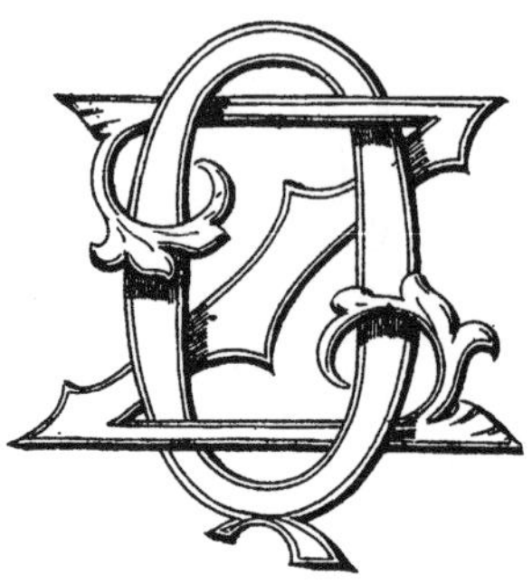

Q Z
690

R R
691

R R
692

R R
693

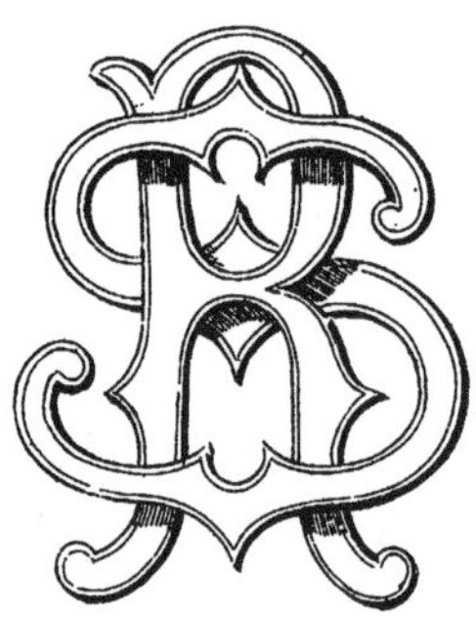

R S
694

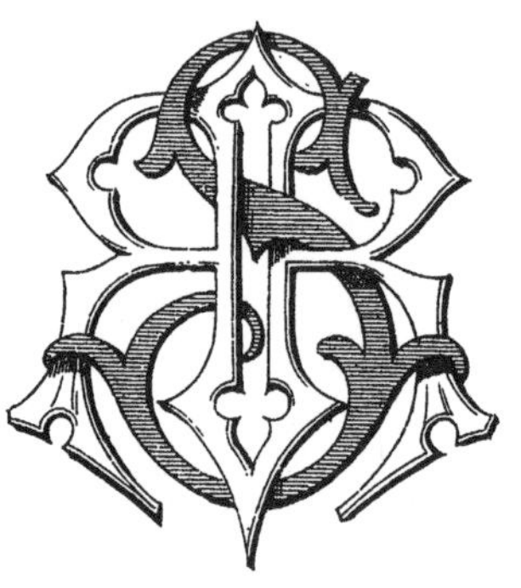

R S
695

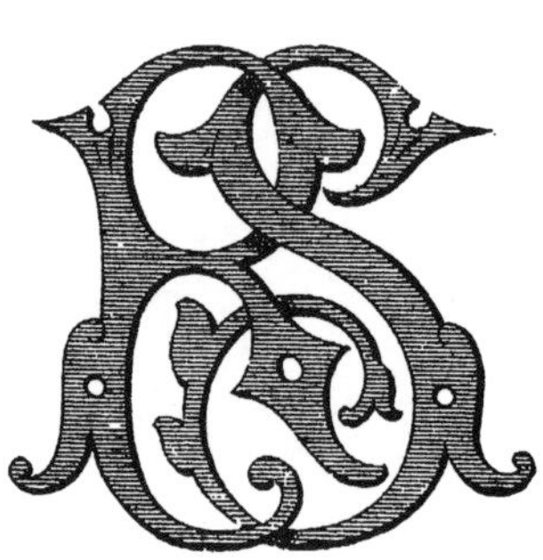

R S
696

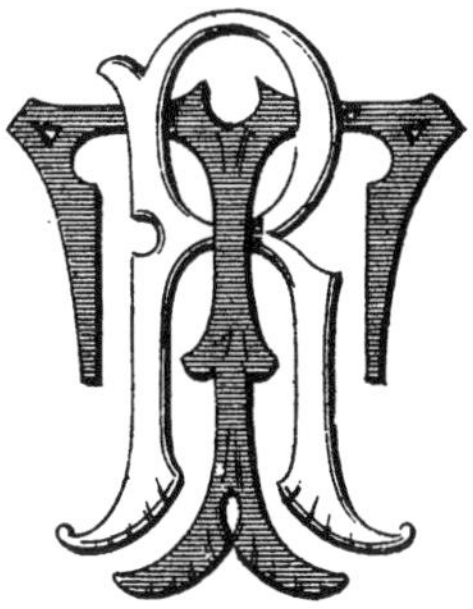

R T

697

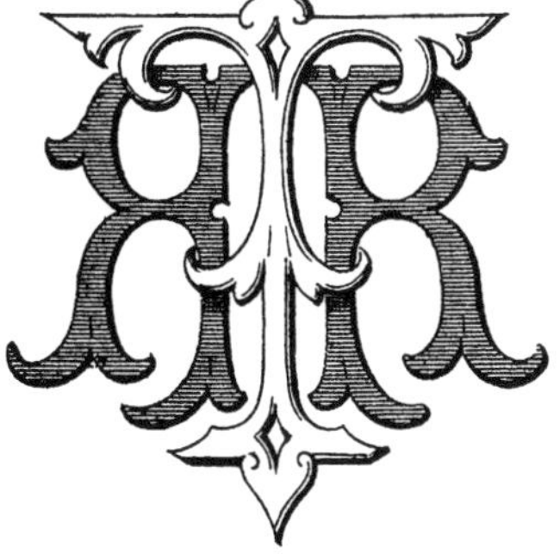

R T

698

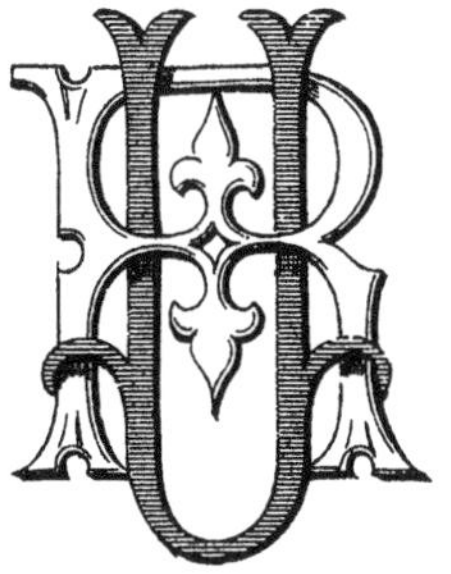

R U

699

R V

700

R V

701

R W

702

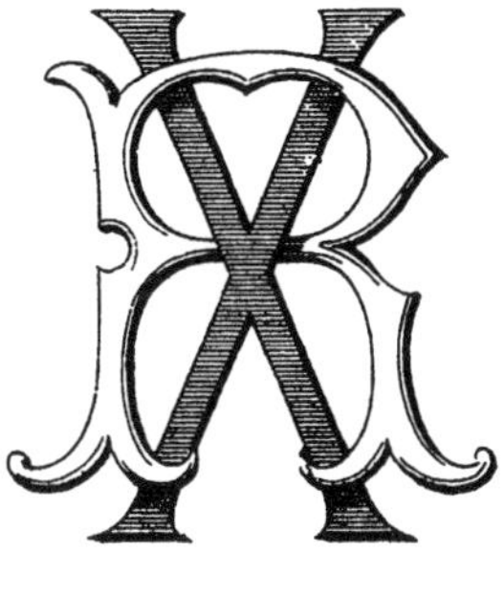

R X

703

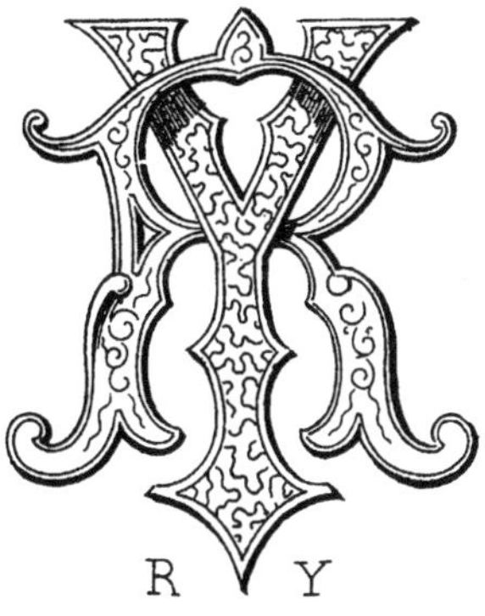

R Y

704

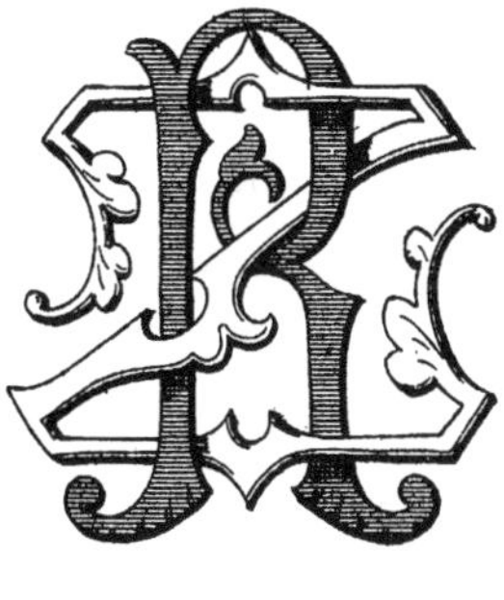

R Z

705

S S

706

S S

707

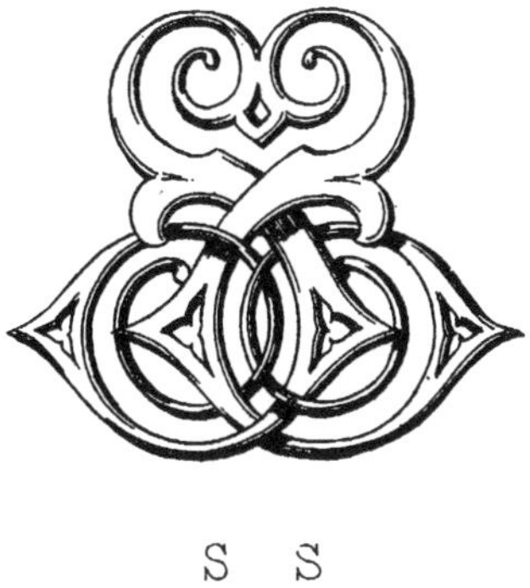

S S

708

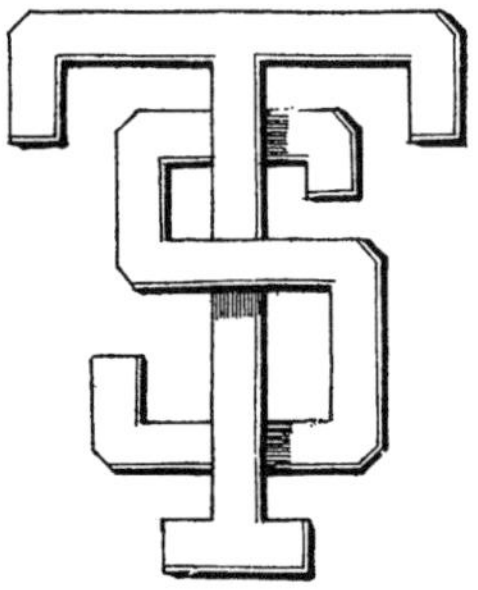

S T

709

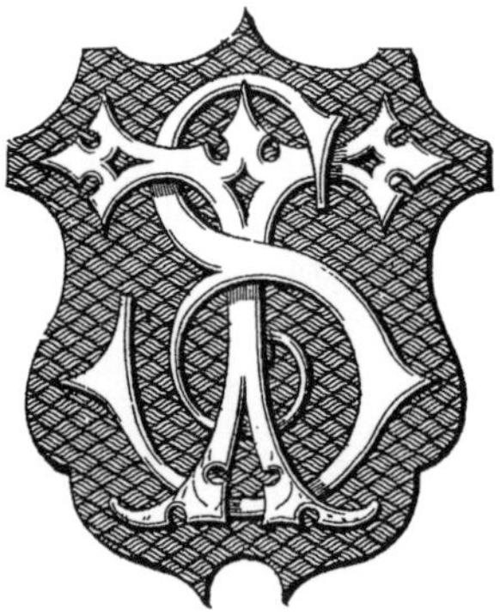

S T

710

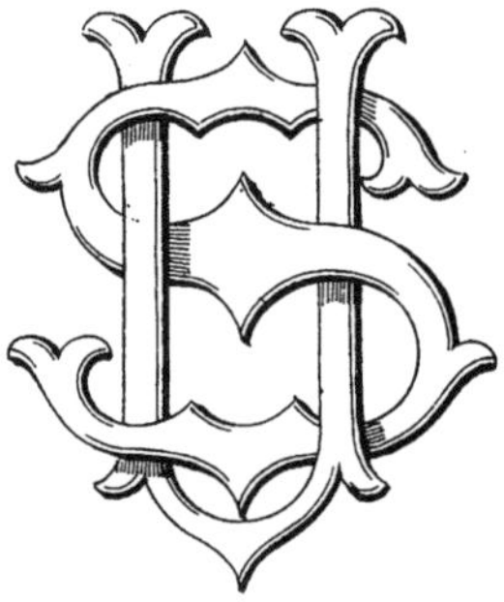

S U

711

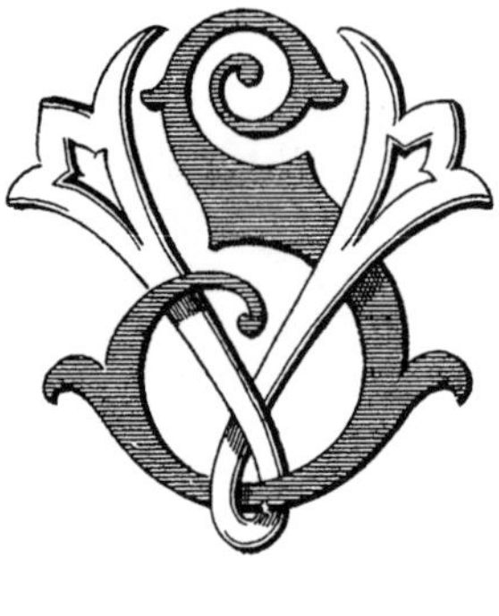

S V

712

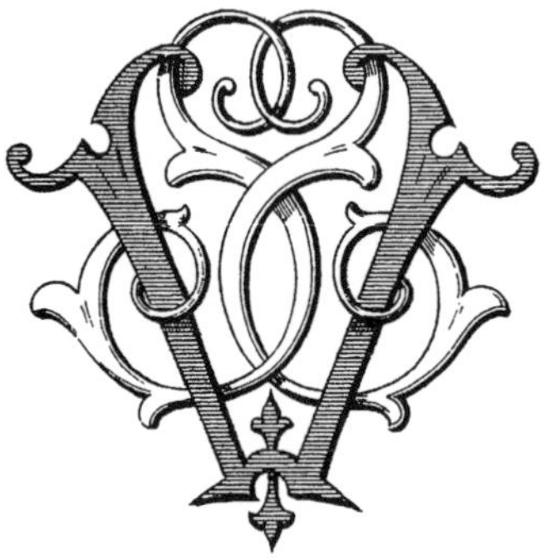

S V

713

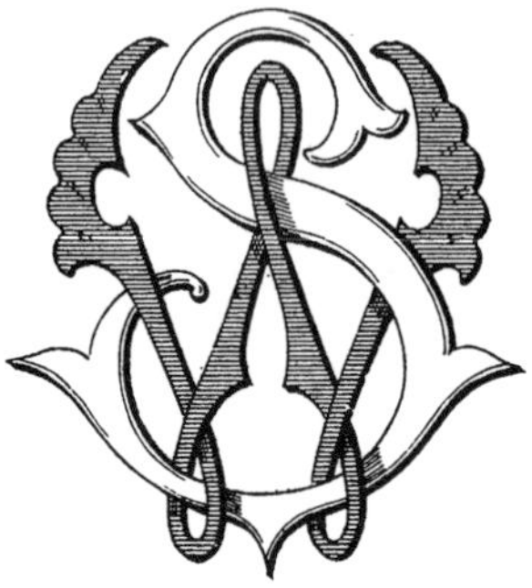

S W

714

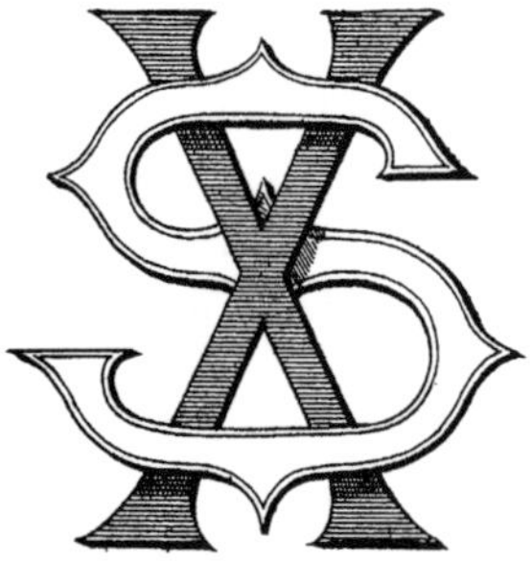

S X

715

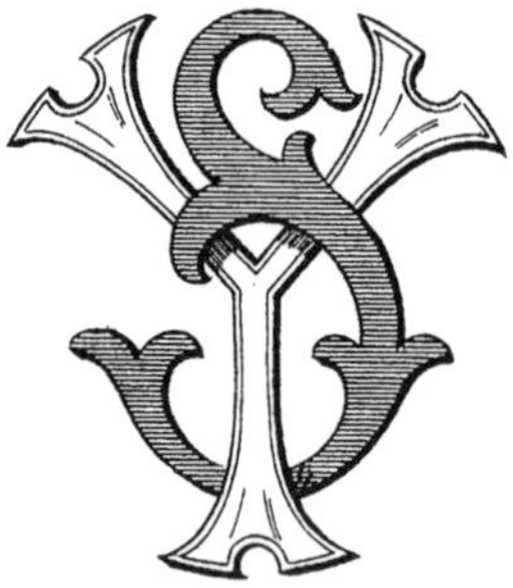

S Y

716

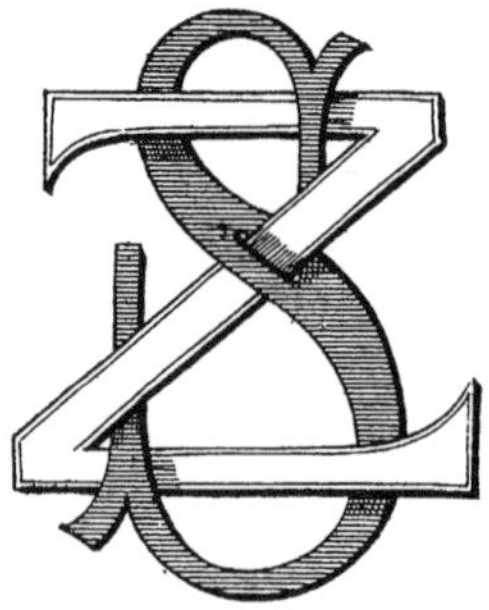

S Z

717

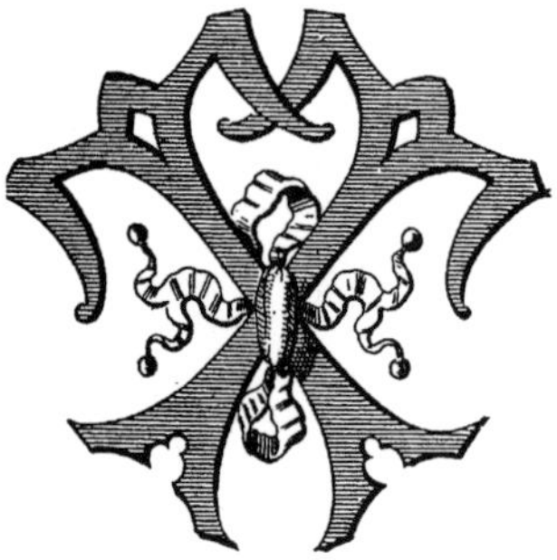

T T

718

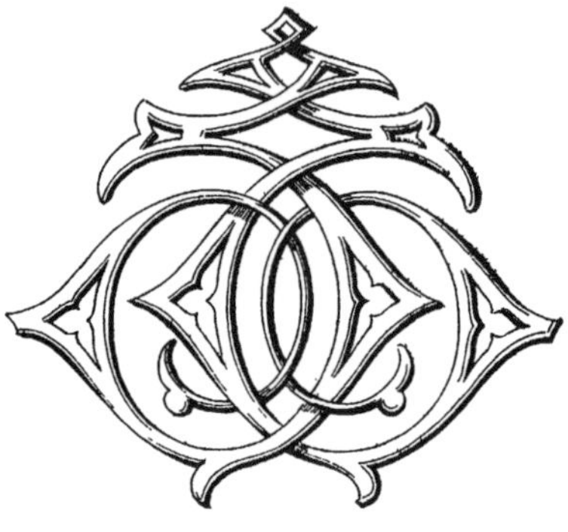

T T

719

T T

720

T U

721

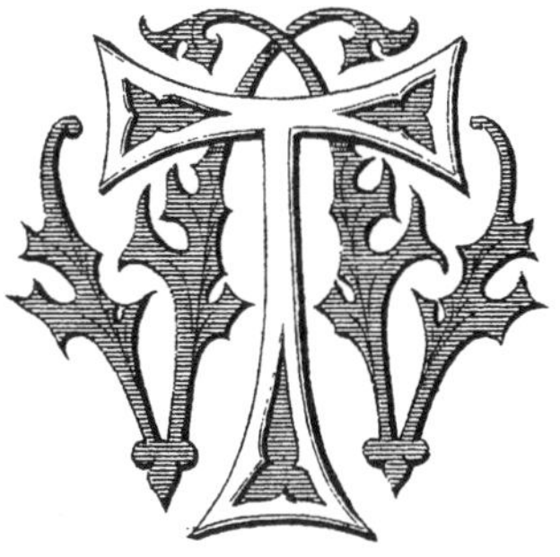

T V

722

T V

723

T W

724

T X

725

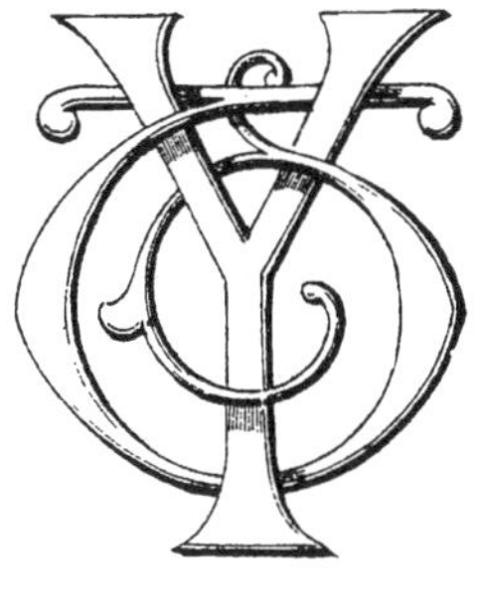

T Y

726

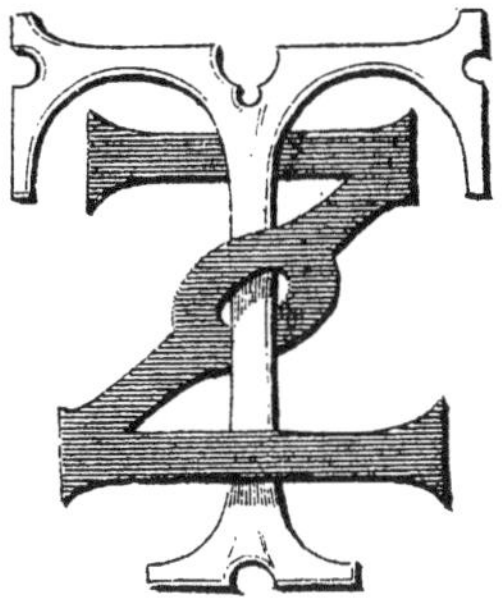

T Z

727

U U

728

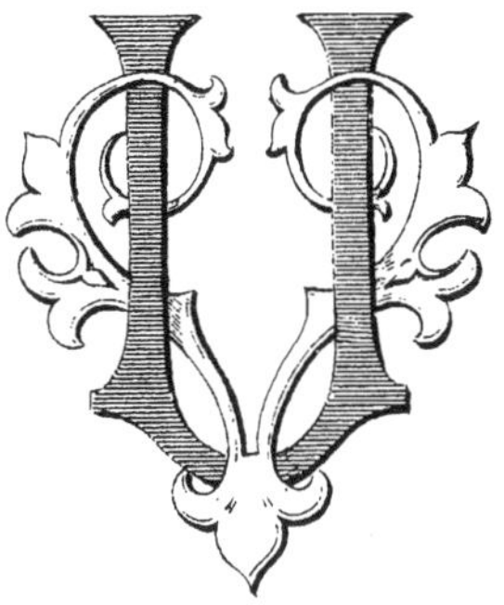

U V

729

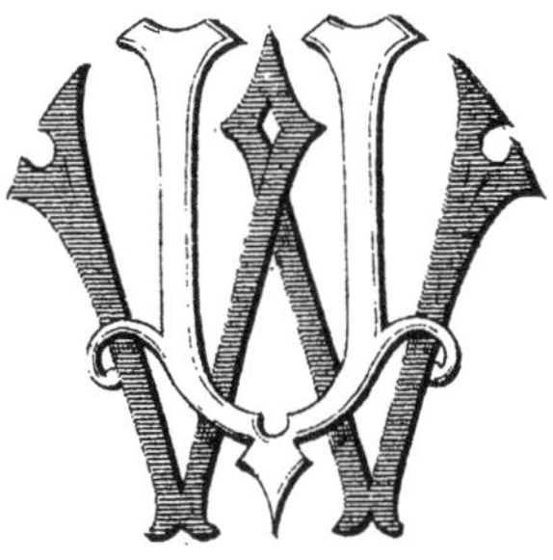

U W

730

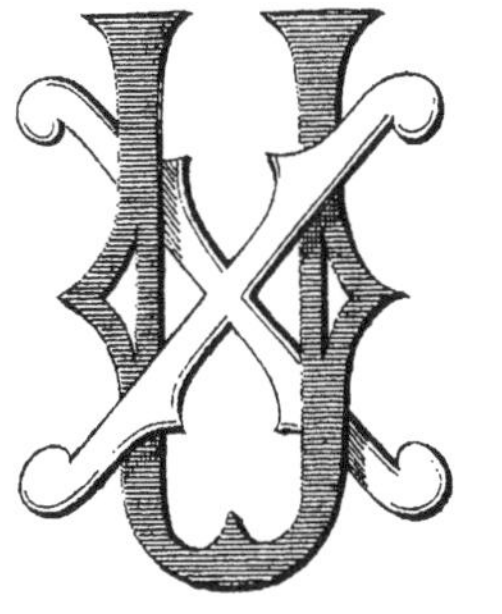

U X

731

U Y

732

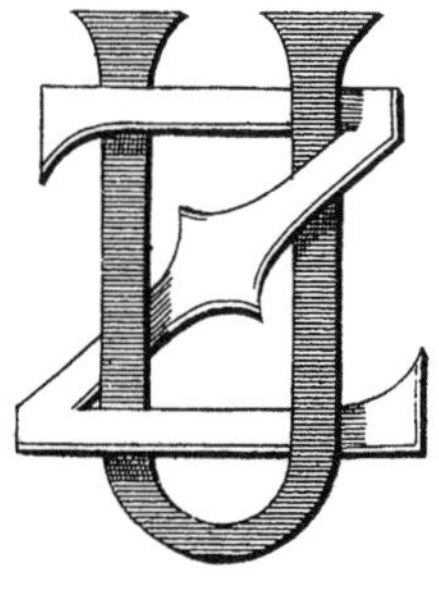

U Z

733

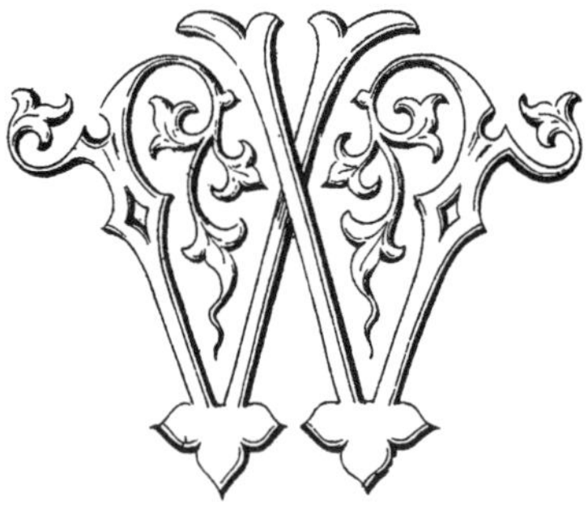

V V

734

V V

735

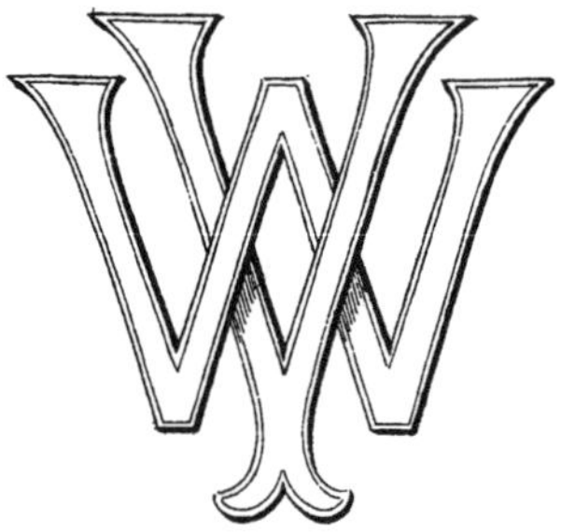

V W

736

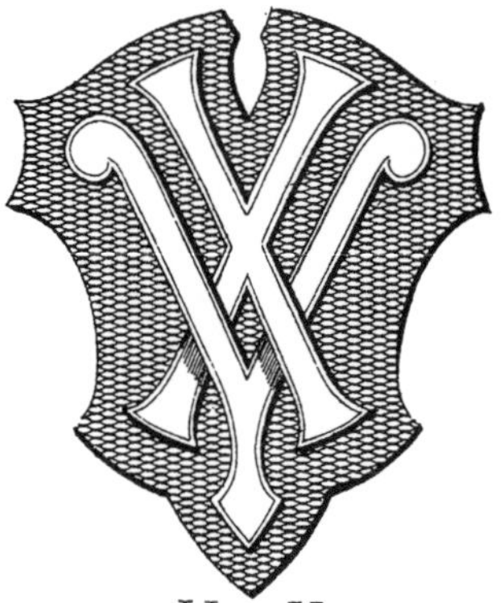

V X

737

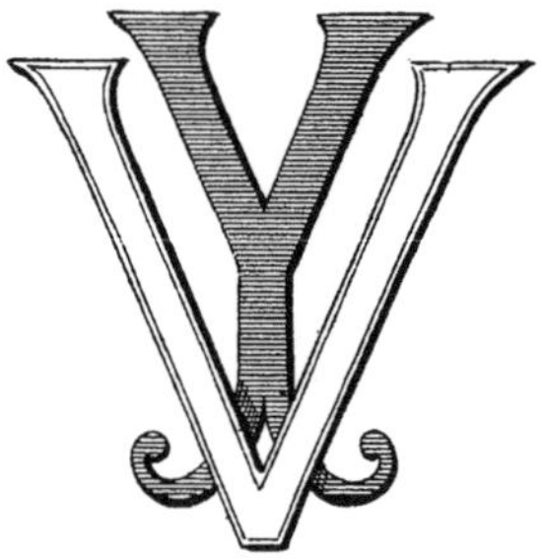

V Y

738

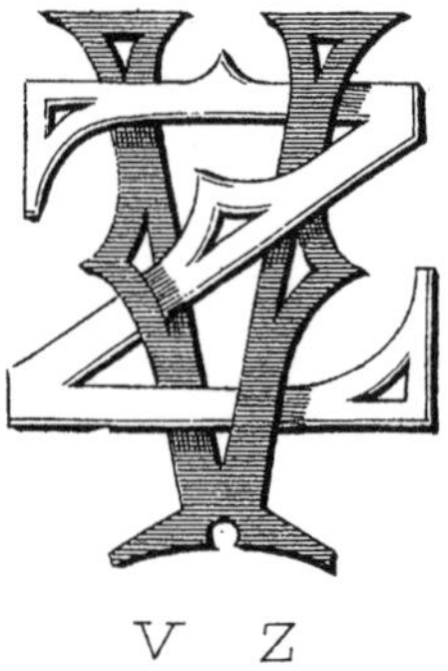

V Z

739

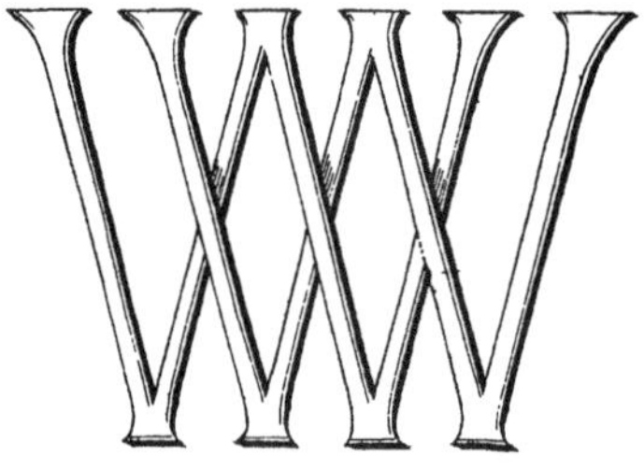

W W

740

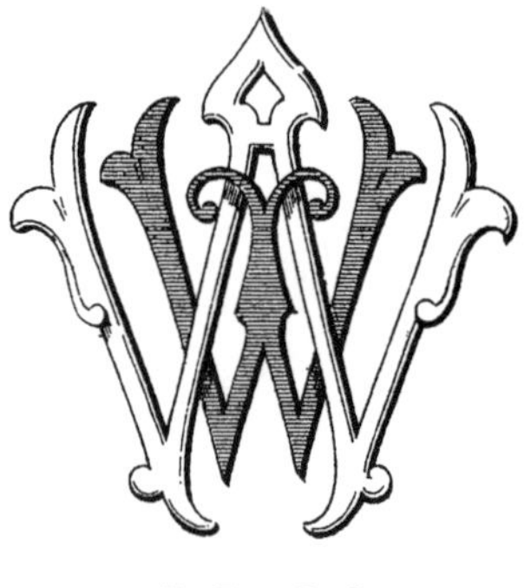

W W

741

X W

742

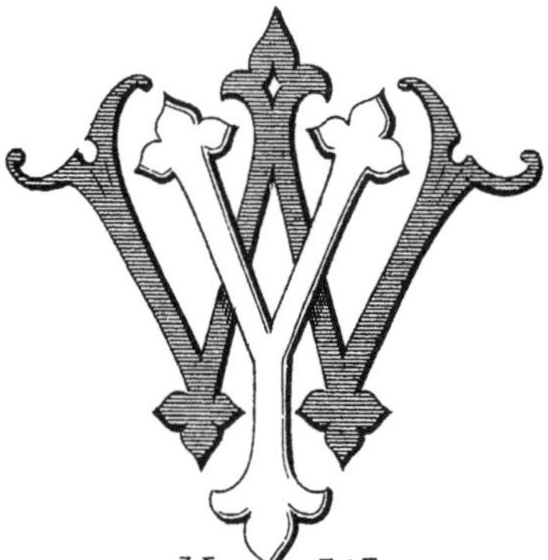

Y W

743

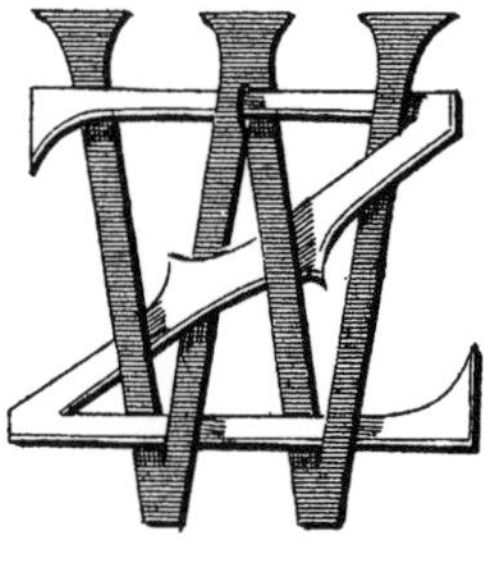

W Z

744

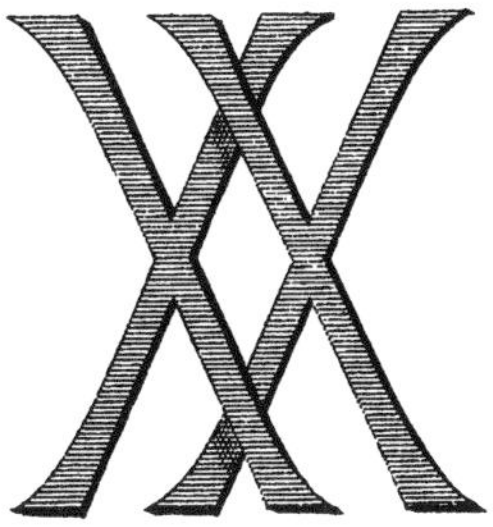

X X

745

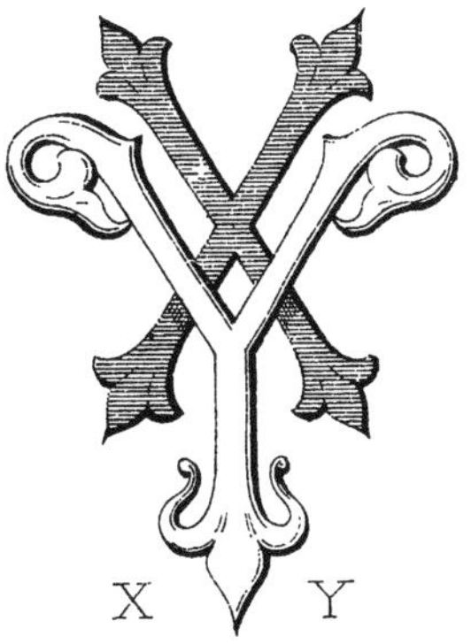

X Y

746

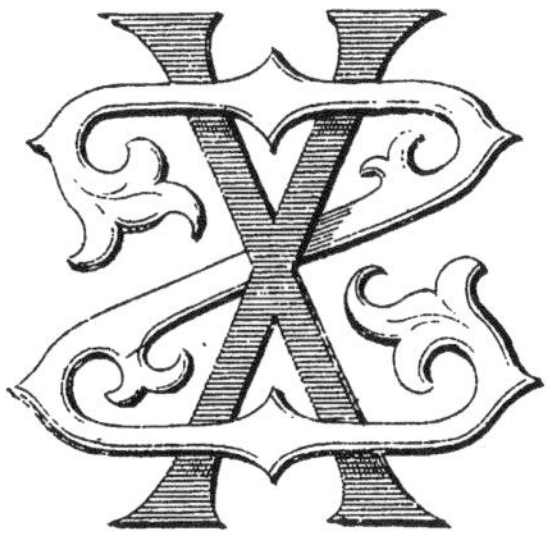

X Z

747

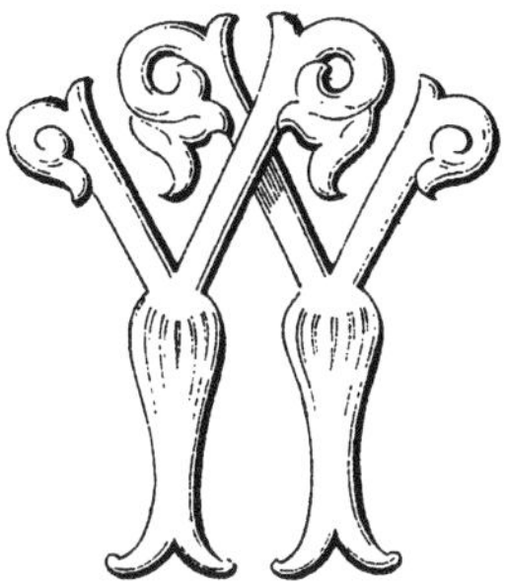

Y Y

748

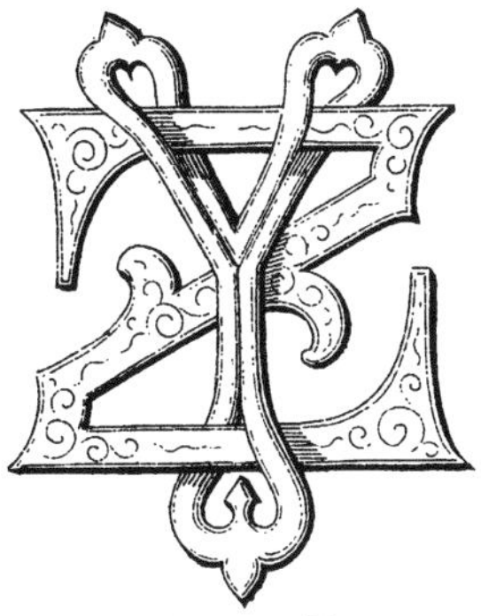

Y Z

749

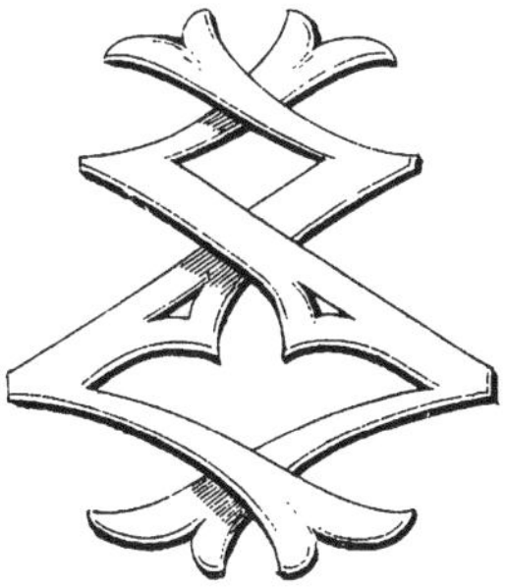

Z Z

750

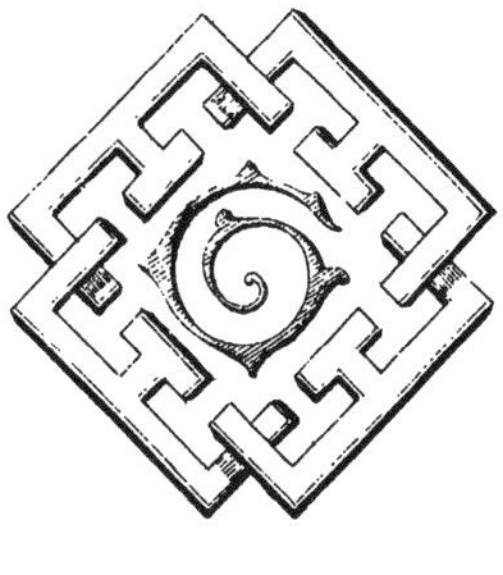

G E

751

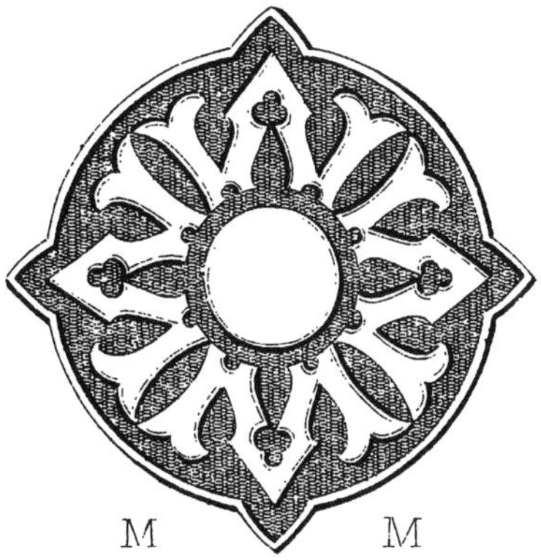

M M

752

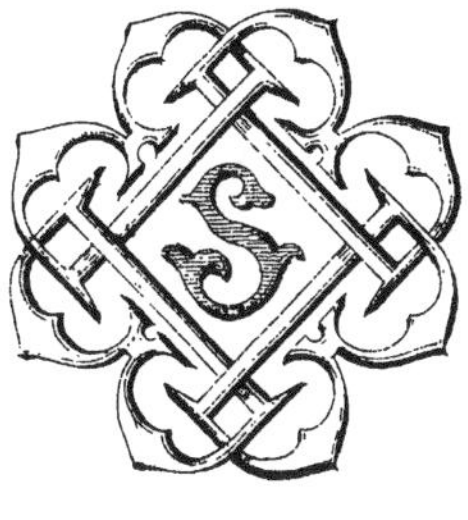

S B

753

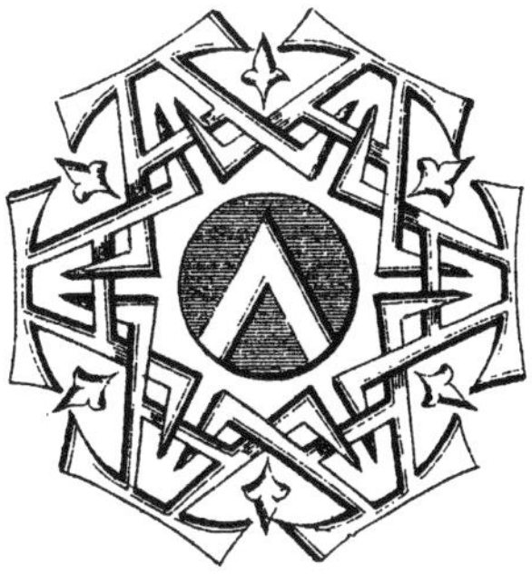

A A

754

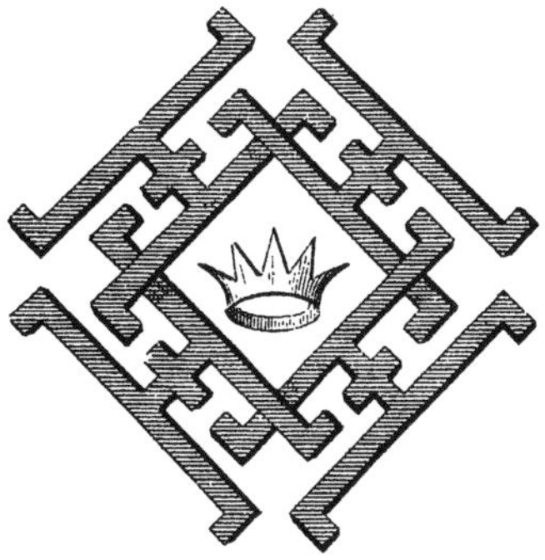

H H

755

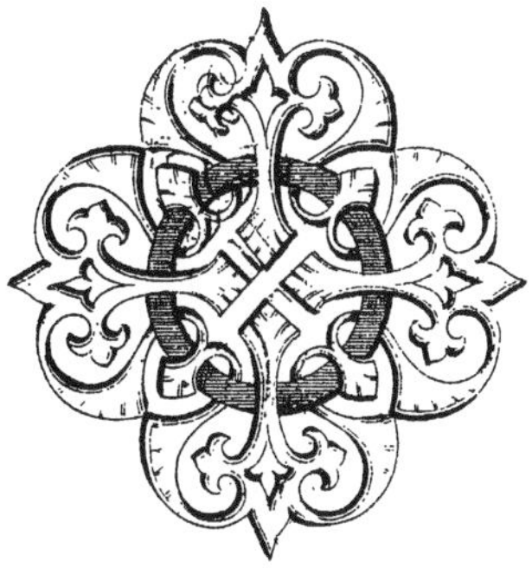

O M

756

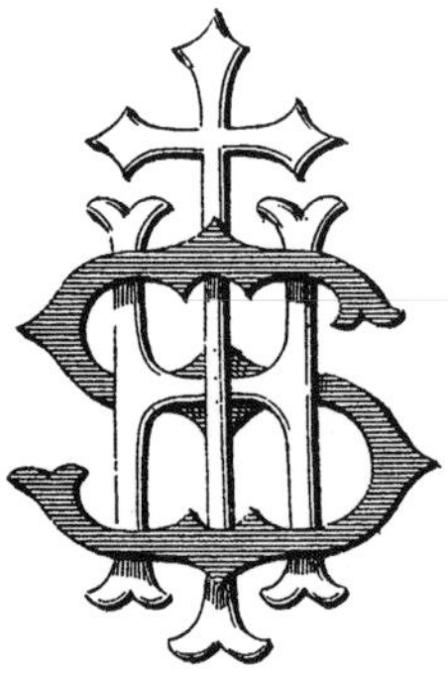

I H S

757

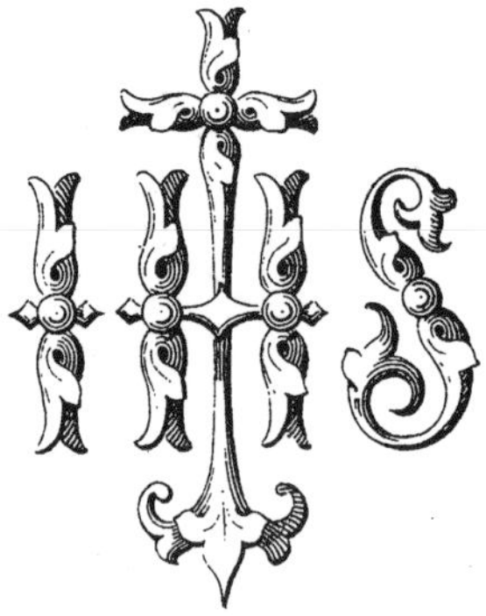

I H S

758

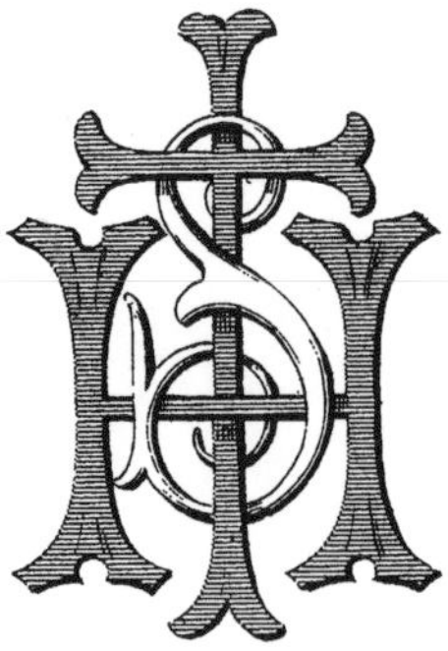

I H S

759

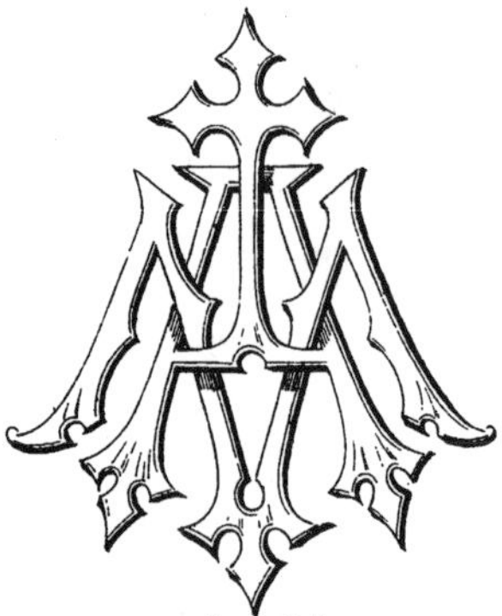

A M

760

INRI

761

A M

762

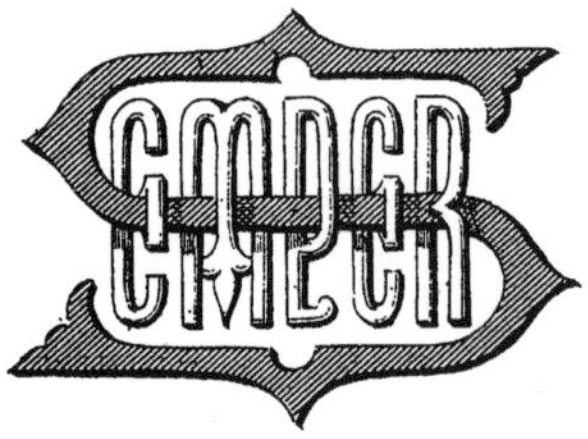

SEMPER

763

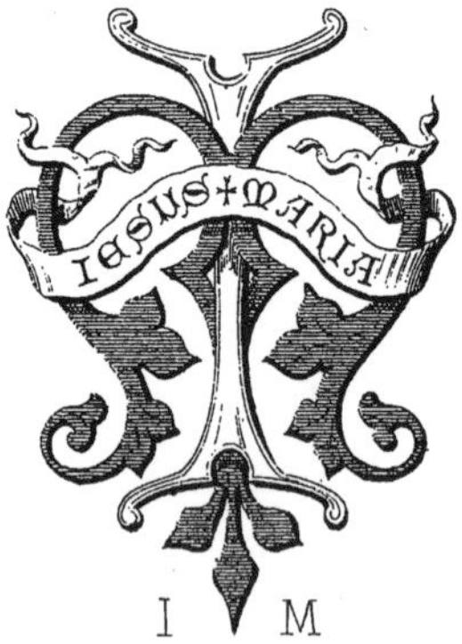

I M

764

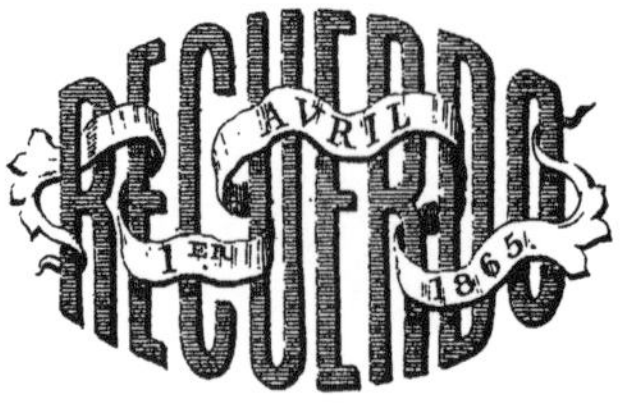

RECUERDO

765

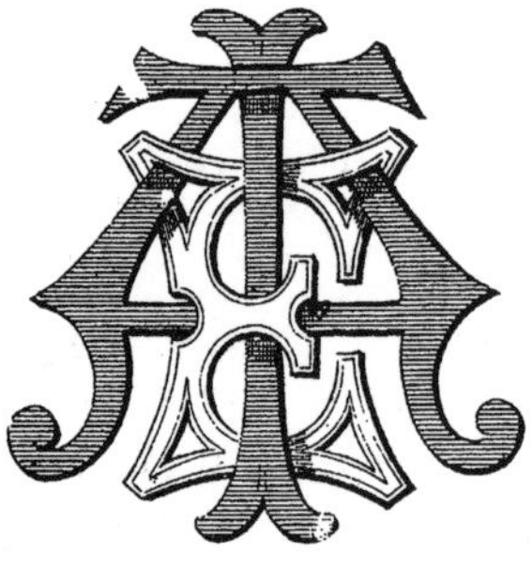

A E I

766

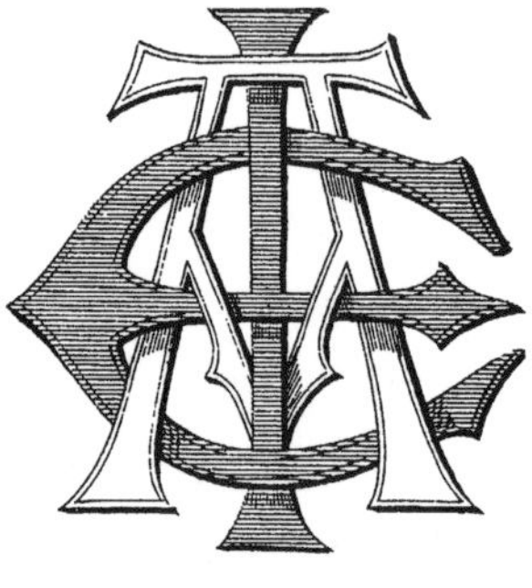

A E I

767

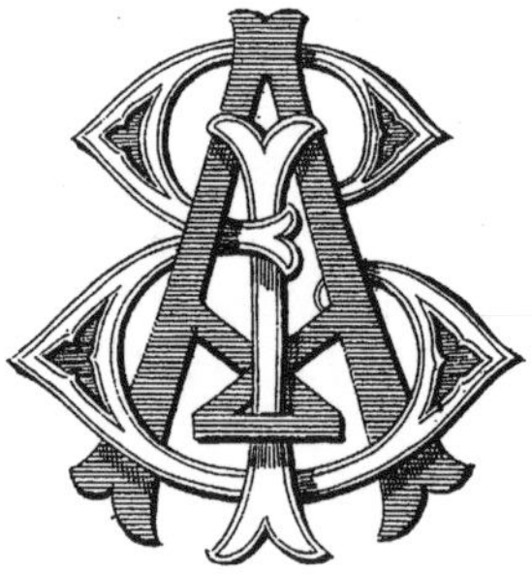

A E I

768